元華文創
頂尖文庫 EA018

學校教育系列叢書 002

學校行政的
理念與分析

蔡金田 著

自 序

　　學校教育是教育的根本所在，是培養國家未來棟樑的苗圃，因此在時代教育的洪流中必須有立足當前，前瞻未來的大器，藉由教育深耕，積極開拓教育的藍海與藍天策略，成為引領風騷的教育領航者。

　　本書以近年來學校教育的重要發展理念為論述核心，首先在第一章，藉由教育趨勢的探究，來剖析學校環境、領導管理以及教與學的變革趨勢，並接續提出在此教育趨勢發展下的學校領導思維與策略；接續第一章的探討，在第二章部分，深化學校領導的脈絡分析，將領導分為領導的過去、現在與未來三個階段，並提出其實踐策略；第三章則進一步提出在全球競爭趨勢與國際教育改革的潮流下，學校領導者應有的省思與因應，進而提升學習者、學校及國家的全球競爭能力；第四章延續領導的理念，強調學校領導者如何兼顧有效與倫理的決定，在當前的組織正處於全球多元文化環境體系，面對國際領導能力的挑戰，由文化差異所衍生出的領導決策倫理，對組織領導者而言誠屬重要；在第五章部分則以近年來學校教育興起的教育品牌行銷做論述重點，在少子化與學生來源日漸萎縮的威脅下，學校如何建立優質的品牌聲譽，並規劃有效的行銷策略，是學校教育實踐的重要課題；第六章的焦點則以全民教育的核心理念－教育品質，來闡述教育品質的實施內涵，藉以提升學校教育的競爭力；第七章學習社群為當前學校教育正積極推動的教育策略，經由提升學校成員在校園學習社群的態度、技巧與知識，以成就理想的社群文化，建構優質的學校教育。

　　第八章到第十四章則在延續第一章至第七章的理論探究，進一步進行實

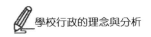

證分析，以了解學校教育的實施現況及未來發展趨勢。其中第八章在強調校長的社會正義領導，面對當前多元化的種族、社經地位、宗教和文化背景的學生來源，校長社會正義領導的實踐，當能有效落實公平與正義之教育原則；第九章則在探討校長有效倫理決定的實施情形。學校領導者每天的工作都面對著數量不一、程度高低不同的道德價值衝突，因此有效的倫理決定是學校領導者不可或缺的能力之一；第十章則在探討校長的行銷策略，藉由一所學校的成功案例，來強調學校行銷的重要性與必要性；第十一章則在分析當前顧客導向的教育趨勢中，家長對於學校教育品質實踐的滿意情形，提供學校積極、有效的擇定相關教育措施，進行教育品質改善運動；第十二章則以校園學習社群在學校場域的實踐，作為分析之依據，從不同的校園學習社群團隊來分析歸納學習社群的有效實踐策略；第十三章則進行上述相關學校理念的整合分析，從校長領導、教師學習社群與教師專業發展三個理念來深入探討三者之關係，強化學校辦學的整合性策略；第十四章亦奠基於上述學校理念的整合，分析校長效能與教師效能對學生學習成就的關係，將校園中的三個主要核心角色連結，探討三者間的關係。

　　這是一本以學校教育為基礎的教育書籍，除了進行學校相關理念的分析與探討外，並透過實證分析來將理念與實務現場進行連結，讓從事學校教育工作者在未來推動相關工作上有所依循與參考。本書出版盼望能學校教育帶來些微之貢獻，讓本土學校教育之研究再添一新頁。

蔡金田 謹識

於 暨南國際大學

中華民國 107 年 7 月

目 次

自 序 I

第一章　教育趨勢與發展 3

　　一、學校與其所處環境的改變 5

　　二、學校組織與管理 6

　　三、教與學的本質 8

　　四、因應學校教育環境變革與挑戰的領導理念 10

　　五、結語 17

第二章　領導發展的省思與實踐 19

　　一、領導的源起 19

　　二、領導發展的省思 21

　　三、領導發展的實踐策略 31

第三章　全球化與學校領導 47

　　一、前言 47

　　二、全球化 48

　　三、國際教育改革與教育競爭力 52

　　四、校長領導理念的省思 58

　　五、結論 63

第四章　有效倫理決定 65

　　一、倫理的內涵 66

二、倫理的決定 ··· 69

三、有效的決定 ··· 73

四、有效的倫理決定 ··· 76

五、有效倫理決定之相關研究 ······························ 79

第五章　學校行銷 ··· 81

一、學校品牌的內涵 ··· 82

二、學校品牌的建構策略 ······································ 87

三、學校品牌行銷規劃 ··· 92

四、結語 ··· 102

第六章　教育品質 ··· 105

一、學校教育事務與教育品質 ······························ 107

二、教育品質意涵 ··· 111

三、教育品質的理論層面 ······································ 118

四、教育品質相關研究 ··· 123

第七章　學習社群 ··· 125

一、學習社群的意涵 ··· 126

二、學習社群理論層面的建構 ······························ 128

三、學習社群的實踐策略 ······································ 131

四、學習社群相關研究 ··· 132

第八章　校長社會正義領導分析 ·························· 139

一、研究目的 ··· 140

二、概念架構 ··· 140

三、研究方法與資料編碼 ······································ 141

四、研究對象 ·· 143

五、研究信、效度 ·· 145

六、研究結果 ·· 146

七、結果與分析 ·· 156

八、結論 ·· 157

九、發展趨勢 ·· 158

第九章　校長有效倫理決定分析 ······················· 161

一、研究目的 ·· 161

二、研究樣本 ·· 161

三、研究架構 ·· 162

四、研究工具 ·· 162

五、研究結果 ·· 164

六、結論 ·· 174

七、發展趨勢 ·· 175

第十章　校長學校行銷策略分析 ······················· 181

一、研究目的 ·· 181

二、研究樣本 ·· 181

三、訪談進行 ·· 182

四、資料的蒐集 ·· 183

五、研究的信、效度 ·· 184

六、研究倫理 ·· 185

七、研究結果 ·· 185

八、結論 ·· 197

九、發展趨勢 ·· 200

第十一章　家長教育品質滿意度分析 ················· 203

　　一、研究目的 ······················· 203

　　二、研究樣本 ······················· 204

　　三、研究架構 ······················· 204

　　四、研究工具 ······················· 205

　　五、研究結果與討論 ···················· 206

　　六、結論 ························· 216

　　七、發展趨勢 ······················· 217

第十二章　校園學習社群分析 ················· 221

　　一、研究目的 ······················· 221

　　二、研究樣本 ······················· 221

　　三、訪談進行 ······················· 222

　　四、資料的蒐集 ······················ 222

　　五、研究的信、效度 ···················· 223

　　六、研究倫理 ······················· 224

　　七、研究結果 ······················· 225

　　八、結論 ························· 238

　　九、發展趨勢 ······················· 240

第十三章　校長領導、教師學習社群與教師專業發展分析 ······ 243

　　一、研究目的 ······················· 243

　　二、研究架構 ······················· 244

　　三、研究對象與取樣 ···················· 245

　　四、研究工具 ······················· 246

　　五、問卷之效度與信度 ··················· 246

六、研究結果與討論 ······················· 248

七、結論 ······················· 253

八、發展趨勢 ······················· 254

第十四章　校長效能與教師效能對學生學習成就分析 ············ 257

一、研究目的 ······················· 257

二、研究架構 ······················· 258

三、研究樣本 ······················· 259

四、研究工具 ······················· 260

五、問卷之信度與效度 ······················· 260

六、結果與討論 ······················· 262

七、結論 ······················· 271

八、發展趨勢 ······················· 272

參考文獻 ······················· 275

学校行政的理念與分析

圖目錄

圖 1　研究流程 ·· 21

圖 2　品牌建立區塊的次層面 ···································· 86

圖 3　學校行銷管理實施程序 ···································· 96

圖 4　研究架構圖 ·· 141

圖 5　研究架構圖 ·· 162

圖 6　校長、學校人員、與家長關係行銷策略互動關係圖 ········ 198

圖 7　調查研究架構圖 ·· 204

圖 8　研究架構 ·· 244

圖 9　整體影響因素關係之模式圖 ································ 250

圖 10　研究架構 ··· 258

圖 11　整體影響因素關係之結構方程模式圖 ····················· 269

表目錄

表 1 不同學者所提出領導發展議題彙整表 ·················30

表 2 不同領導發展議題之歸納表 ·················31

表 3 國內外學者、機構教育品質內涵歸納表 ············· 118

表 4 國內外學者、機構教育品質層面之比較分析表 ············· 119

表 5 教育品質相關研究歸納分析表 ············· 123

表 6 國內外學者與機構學習社群理論層面歸納表 ············· 129

表 7 國內外學習社群相關研究彙整表 ············· 133

表 8 訪談與焦點座談資料編碼 ············· 143

表 9 八位受訪國民小學校長基本資料表 ············· 144

表 10 樣本學校學生特性 ············· 144

表 11 有效倫理決定各層面因素分析摘要表 ············· 163

表 12 有效倫理決定各層面信度分析摘要表 ············· 164

表 13 有效倫理決定各因素之平均數與標準差 ············· 164

表 14 校長背景變項在有效倫理決定情境層面之變異數分析、
      事後比較摘要表 ············· 166

表 15 校長背景變項在有效倫理決定過程層面之變異數分析、
      事後比較摘要表 ············· 168

表 16 校長背景變項在有效倫理決定行為層面之變異數分析、
      事後比較摘要表 ············· 171

表 17 有效倫理決定環境、過程及行為層面之相關係數摘要表 ············· 173

表 18 有效倫理決定行為層面之多元逐步迴歸分析結果摘要表 ············· 174

表 19 接受訪談人員資料表 ············· 183

表 20 施測家長之背景變項分析 ············· 205

表 21 家長知覺學校教育品質滿意度各層面因素之平均數與標準差 ······ 206

學校行政的理念與分析

表 22 家長背景變項在「師資素質」層面滿意度之變異數分析、事後比較摘要表 ……………………………… 209

表 23 家長背景變項在「環境設施」層面滿意度之變異數分析、事後比較摘要表 ……………………………… 211

表 24 家長背景變項在「課程教學」層面滿意度之變異數分析、事後比較摘要表 ……………………………… 212

表 25 家長背景變項在「行政管理」層面滿意度之變異數分析、事後比較摘要表 ……………………………… 213

表 26 學校教育品質四個層面之相關係數摘要表 …………… 215

表 27 學校教育品質「課程教學」層面之多元逐步迴歸分析結果摘要表 …………………………………………… 216

表 28 接受訪談人員資料表 ……………………………………… 222

表 29 有效樣本基本資料 ………………………………………… 245

表 30 校長領導與教師學習社群相關分析摘要表 …………… 248

表 31 校長領導與教師專業發展相關分析摘要表 …………… 249

表 32 教師學習社群與教師專業發展相關分析摘要表 ……… 249

表 33 校長領導、教師學習社群及教師專業發展之相關分析摘要表 …… 249

表 34 標準化迴歸加權數值摘要表 …………………………… 251

表 35 路徑分析各項效果值摘要表 …………………………… 251

表 36 校長領導、教師學習社群對教師專業發展複迴歸分析摘要表 …… 252

表 37 研究樣本之背景變項描述性統計 ……………………… 259

表 38 不同背景變項教師對校長效能層面變異數分析摘要表 …………… 262

表 39 不同背景變項教師對教師效能層面變異數分析摘要表 …………… 264

表 40 不同背景教育人員對學生學習成就層面變異數分析摘要表 ……… 266

表 41 校長效能、教師效能及學生學習成就之相關分析摘要表 ………… 268

表 42 標準化迴歸加權數值摘要表 …………………………… 269

表 43 路徑分析各項效果值摘要表 …………………………… 270

表 44 校長效能、教師效能對學生學習成就複迴歸分析摘要表 ………… 270

理論篇

第一章　教育趨勢與發展

　　二十世紀中葉的後工業資訊時代，是人類發展的新階段。面對新的人類發展，學校教育在新的年代中應有新的思維、新的觀點和新的願景，以改進我們的教育系統，建構新的教育圖像。

　　行政領導不僅需要對歷史有所解析，而且需更進一步對社會、教育和學校教育有最佳的了解。從工業至資訊社會運動期間，學校與其所處環境間產生了微妙的改變，尤其近年來在全球化，這個世界重要歷史發展趨勢的推波助瀾下，如何提升學校教育競爭力，讓學生具備未來生存與競爭的能力，成為學校教育改革的重大方針，也讓世界上許多國家重新檢視教育的內涵、原則及傳輸之策略與方針，如聯合國（United Nations, UN）在全球教育上，倡導以教育力量化解世界問題，於 2012 年啟動全球教育優先（Global Education First Initiative）計畫，推動教育普及，改善學習品質以及培養負責任的全球公民（陳貞君、楊淑晴，2016）；聯合國教科文組織（United Nations Education Scientific and Cultural Organization, UNESCO）在 2012 年推出為未來而學習（Learning For the Future, LFF）計畫中，強調資訊科技在教育（Information Technologies in Education, IITE）的運用，計有十四個國家四十二所學校參與計畫（Fraser, 2014）；又接續推動 2014-2017 教育計畫，將全球公民教育列為推動項目，經由技術指導、資源提供、國際合作等方式，促進全球公民教育實踐，培養學生全球責任感（UNESCO, 2014）。

　　美國總統柯林頓在一九九四年提出「目標兩千年教育法案」（Goals 2000: EducateAmerica Act）出現以提升教育品質、關切國際競爭內容與學生成就

為目的之條文，強調運用理性能力、解決問題、應用知識、書寫溝通、以及會一種以上的語言能力（沈姍姍，1998）；英國在一九九二年教育白皮書「選擇與多樣化──學校架構」中所提出之教育原則，亦期許英國教育能創造成功的未來，因此教育應提供未來的勞動力以及建立英國經濟發展與競爭的基礎（DfEE, 1992）；另外歐盟在區域整合中亦賦予教育相當的使命已完成政經整合的目標，以促使學生對歐盟文化的認同（Block& Tulasiewicz, 1994）；法國 1990 年公佈的「未來教育政策－2000 年教育計劃」中強調法國經濟的活力與競爭能力，而此經濟的活力與競爭力取決於教育的活力與競爭能力（王小平、吳立崗與夏惠賢，1997）；紐西蘭 1993 年修訂的「新紐西蘭課程架構」（The New Zealand Curriculum Framework）提出八個重要能力：溝通、算數、資訊、問題解決、自我管理與競爭能力、社交與合作能力、運動技能、工作與研究能力（王小平等，1997）。

我國教育部則於 2011 年公布中小學國際教育白皮書，提出國家認同、國際素養、全球競合立即全球責任感等四項目標，明訂國際教育實施策略，採融入課程、國際交流、教師專業成長、學校國際際化四軌並進，並從地理區域與國際知能兩方面擴大學習（教育部，2011）；並於 2014 年提出「十二年國民基本教育課程綱要」課程目標（啟發生命潛能、陶養生活知能、促進生涯發展、涵育公民責任）、核心素養（自主行動、溝通互動、社會參與三大面向，再細分為九大項目：身心素質與自我精進、系統思考與解決問題、規劃執行與創新應變、符號運用與溝通表達、科技資訊與媒體素養、藝術涵養與美感素養、道德實踐與公民意識、人際關係與團隊合作、多元文化與國際理解），做為高級中等以下學校課程教學之依據。

在面對全球化的教育，學校教育已無法置身於外，學校與其所處內外部環境間之關係、學校教育的管理與組織以及教與學的本質等都追隨著新世紀的到來產生了根本的改變。在這波新世紀教育變遷的浪潮中，學校領導者的領導思維、觀念與策略上應如何因應，方不至於在這波浪潮中中箭落馬，是學校領導者不可忽視的課題。以下作者從學校環境、學校組織與管理、教與

學的本質等因素之分析，來探討新世紀學校領導者應有之思維與策略，以建構新世紀的學校面貌。

一、學校與其所處環境的改變

　　我們生活在以知識為本位的資訊社會，新的科技與資訊都會在每天降臨。由於數位資訊正在改變這個時代，資訊通訊科技（Information Communication Technology, ICT）的運用將無法避免。當前資訊社會已逐步轉進到智慧社會，無論是社會學家、哲學家、資訊科技專業人員或教育專業人員正將此概念應用到社會品質層面，人們透過資訊科技的訓練與使用來進行工作品質的革新，創造更佳的社會、經濟與教育效益（Tikhomirov, 2012）；Morze 與 Glazunova（2017）認為，在智慧社會中，教育典範與教育科技自然地進行變革，而此智慧社會成功的因素，有賴智慧學校統整科技的革新與網路的運用，提供高品質的教育和科學的過程。

　　今日的學校並非因應資訊科技社會所設計，學校要在新年代持續、快速的改變，必須建構一個新的願景，這個新願景包括學校與其所處環境間關係的觀點需產生根本改變。在新世紀的學校，政府在教育上開放整個社區的權力，學校賦予家長和社區成員對於學校決定有更多的控制，因此，學校與其所處之社區及其外在環境，產生微妙的變化，學校與其所處環境間改變的因應，成為學校領導者必須重視之能力。

　　美國學校行政人員協會於 2001 年在學校領導挑戰（The School Leadership Challenge）一文中提到，學校領導者在發展學校層級的政策與實務的領導上需重視家長與社區的投入以及夥伴關係的管理，以促進學校的改革與提升學生的學習；英國教育領導學院（National College for School Leadership, 2001）在二十一世紀學校領導校長任務的報告書「為學生學習的領導：校長的再造」中談到，為明日挑戰的校長培育，二十一世紀將需要一位全新的校長，扮演社群領導的角色，擴大學校角色的大型圖像，包括與教育工作者、社區

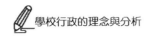

家長與居民分享領導；和家長與他人保持親密關係；支持學校能力的建構與資源。

　　綜上，新世紀的學校領導者必須聯合學校、企業、國家、學生及其家人的需要，將不同種類的服務機構（教育及學校教育）做網狀的結合，以及發展學校成為社區的教育服務中心，建構學校與外部社群成為更密切的夥伴關係，支持協助學校能力的建構與資源的供應，讓所有改變更加可行。

二、學校組織與管理

　　新世紀的學校圖像，將使學校組織與管理系統更加分權化和專業控制，這根本性的改變乃從「權力的控制」到「權力的分享」，而這包括了成員的參與、社區的溝通與領導者的自我省思。

　　另在學校組織的改變上，行政人員與教師角色變得模糊，領導將與執行任務所需的能力相連結而非正式地位，合作性取代個人單獨的工作。如陳木金、楊念湘（2008）分析學校推動優質行政管理的方案，發現如能掌握優質學校行政管理四大向度：知識管理、e 化管理、品質管理及績效管理的內涵，進行規劃、執行、評估及省思，透過推動優質學校行政管理的四大向度的指標策略，可協助學校發展出一套優質學校之經營系統知識；Stewart（1997）認為創新是組織知識資產的產出，因此知識資產管理本身即具有促進創新的意涵；陳瑜芬、劉家樺（2011）認為創新係屬一種持續改善的過程，會對個人、團體、組織、產業或社會產生極大的價值，透過策略活動可以改善企業的創新能力，而創新的能力也與企業創造競爭優勢密切相關；林進山（2016）指出，學校行政的創新經營，可透過「智慧行政」建構校務行政模組系統；「智慧管理」建立智慧資源管理系統；「智慧社群」應用「雲端產學聯盟」的「產學合作方案」，以發展行政創新經營，再創優質學校；近年來提倡的大數據概念一是學校經營不可或缺的實踐理念，Luo 與 Childress（2009）曾談到資料導向決定，起始於企業組織的決策應用，其中以「知

識管理」（knowledge management）、「全面品質管理」（total quality management）以及「資料倉儲」（datawarehouse）這三種理論做為其基礎依據，然而受到知識經濟社會的快速變遷，逐漸成為學校領導者在實務上的領導及變革上的新興決策方式。而後因美國教育對績效責任與資料利用的重視，便逐漸地受到教育界的重視。

　　英國國家學校領導學院（National College for School Leadership）在 2003 年提出學校領導者應具備個人的影響與態度、新思想與環境的適應力、體力、活力與毅力、自信心、熱忱、智慧、可靠性與誠實、承諾等特質；Sergiovanni（1994）認為建構校園的學習社群，有助於成員專業能力的發展，而在建構校園學習社群的過程中，一位有效能的領導者應具備文化塑造能力、象徵性能力、教育專業能力等；Lam（2001）在平衡變遷與穩定──香港校長專業能力之培育與發展的運用一文中指出，因應當前的教育變革，校長應扮演授權與增能給教師的領導角色，以維續校園穩定與持續發展；Hallinger（2001）歸納美國、澳洲、紐西蘭、英國等國家校長培訓與必備能力中，提出校長應具有分享決策權責、創造高效能管理團隊的能力。American Association of School Administrators（2001）在學校領導挑戰（The School Leadership Challenge）一文中提到，學校領導者在發展學校層級的政策與實務的領導上需重視家長與社區的投入以及夥伴關係的管理，以促進學校的改革與提升學生的學習。ICT IRELAND（無日期）談到，智慧學校的管理過程中，教育夥伴間的分享、承諾是成功的重要因素，其中包含個別教師、學校管理者、教師團體與行政團隊。Grzybowski（2013）談到，教育機構管理者的角色，在為數位學習環境創造與維持一個充分、適當與有效的 ICT 系統與環境。為實踐智慧學校目標，智慧學校的管理需要堅強又具專業的行政人員和老師，他們能清楚地建構學校目標、領導教學並獲得家長與社區的支持。

　　由上可知，在新世紀學校組織與管理的變革中，學校整體效能的提升有賴於嚴謹的學校領導與管理。學校轉型的重新定位將更重視道德權威、專業

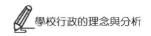

的授權、目的與價值分享以及和同僚的相互依賴,學校領導者面對此一變革,在領導上應更專注於品德規範、教育專業能力、授權與增能以及建立合作團隊。

三、教與學的本質

當教育發生在學生身上,將是教育的真諦(Carroll, 1994),聯合國教科文組織(United Nations Educational, Scientific and Cultural Organization, UNESCO)也認為學習結果是最適當顯示教育平均品質的單一指標(UNESCO, 2008)。相關研究對於學生學習情形或是評量標準有以學習成效、學業成就、學習表現、學習興趣、學習行為等定義,在研究中對其定義也有所不同。而在討論學校效能議題政策中,關注焦點更聚焦在改善學生學習成效上(Hattie, 2009; Reynolds, Sammons, De Fraine, Van Damme, Townsend, & Teddlie, 2014)。此外,教育大辭書指出「學習成果指標」(learning outcomes indicators)可同等為「學習成就指標」,又稱為「學習表現的指標」。學習成果指標必須要能反映學生於經歷一段教育的歷程之後,其科學素養等學習成果的成就狀況(國家教育研究院,2015)。

愈來愈多研究試圖找出教育領導與學生學習的關係(Lancer, 2015; Leithwood, Patten & Jantzi, 2010; Robinsol1, L1oyd & Rowe, 2008; Sergiovanni & Green, 2015),因此,以學生學習為焦點的領導議題成為近年來教育研究的新趨勢(Hallinger, 2011)。此訊息直接指出學校領導與學生學習成效有其不可分離的關係。

在二十一世紀的學校,教育傳統強調訊息的獲得將被「學習去學習」及「使用知識的能力」所取代。學校教育改革者致力於學校的重新設計,如解決傳統學校所強調的「知識的零碎性」;「學生中心」的教學取代傳統「教師中心」的教學;對話成為教與學的中心媒介;學校是「知識工作」的組織,學習是「意義的製造」,而教學在「促進意義的建構」等改革願景,對

學校教與學的本質產生根本性的改變，也影響了學校領導者的領導作為，學校領導者必須具備更完整的教學領導能力，而這些能力也持續在教育領導中被提及，如 Michael、Barbara 與 Mary（2000）談到，在面對二十一世紀全球化發展，學校領導者必須成為教學領導者；Velsor 與 Hellawell（1992）在檢視和比較分析十六種管理人員的回饋量表中發現，身為學校領導者應具備教學領導能力；陳文宗（2004）在針對嘉義縣市國民小學校長專業成長需求之調查研究中提出，一位稱職的國民小學校長應具備策略領導、教學領導、道德領導等基本能力。

　　源於數位時代此一不可逆的教育趨勢，數位科技的衝擊，也帶來翻轉教室與翻轉教學的軌跡，接續上演的便是智慧教育、智慧學校與智慧教室的誕生。而此趨勢也促使我們有機會去轉化教育系統，成為致力於學生學習、授權教師與行政人員，以及發展高價值且具備全球技術的能力。其中智慧學校扮演新的教育角色，藉由數位課程與教學確保學生學習需求，也因智慧學校的形成，教育資源建構、取得與運用亦將翻轉傳統教科書的教學模式，因此，社會趨勢與移動以及科技的取得、有效性與開放性逐漸成為智慧學校的重要特徵（Measuring the information society, 2012）。McAuley、Stewart、Siemens 與 Cormier（2017）亦談到，社會趨勢指向教育的個人化，建構個人化的教育；社會移動乃指透過移動的設備取得教育內容。科技的取得係指進入數位學習、科學資料庫、媒體圖書館等線上資源的取用；科技的有效性則指提供有效資訊科技的基礎設施，如雲端科技、虛擬科技與開放介面等；科技的開放性則指數位課程與學生訓練所需教育題材的可取得性。

　　在各國教育發展方面，加拿大國際教育局（Canadian Bureau for International Education, CBIE, 2013）論及國際教育乃跨越國家疆界進行教育連結，其重要性可分為三個層級：在個人層級方面，可拓展視野並培養未來職涯發展、構築專業網絡和建立國際友誼之能力；在學校機構層級方面，可提升學術品質，增進學生、教師和行政支援間的人際鏈結，並能強化教學研究和實務知能；在國家層級方面，能裨益建構穩定的民主社會，在國家內部和

國際之間建立諒解、合作和團結，並能實現經濟繁榮。同時，隨著科技發展與全球化，不同文化背景的人們之間的交流，儼然成為人類社會生活的重要部分，而國際教育主軸之一的國際交流正是學習跨文化的體現。OECD（2016）則將「國際素養」或「全球素養」定義為：以尊重為前提，具備從多元觀點對全球與跨文化議題分析判斷能力；能充分理解偏見如何影響自我及他人的觀點、判斷與詮釋；並擁有與不同背景的夥伴公平而有效溝通的知能。有鑑於學校越來越需要培養青少年面對全球世界之知能，如前所述，在Reimers（2013）的建言下，2018 納入國際素養項目的 PISA 測驗將帶動世界各國對國際教育之關注；《世界是平的》作者 Friedman（2005）在文本中也提出面對全球化，開放的利益大於壁壘分明的觀點。隨著國際與區域組織之紛紛成立，諸如：UNESCO、OECD、世界貿易組織（WTO）、亞太經濟合作組織（Asia-Pacific Economic Cooperation, APEC）、歐洲聯盟（European Union, EU，簡稱歐盟）、跨太平洋夥伴關係協定（Trans-Pacific Partnership, TPP）等，均以共同關注及解決全球或區域的國際議題為結盟訴求，達成跨國界之人才整合與交流。

由上述教與學本質的改變與學校成效之重要性，作者認為今日學校的教與學應建立一個跨越學科的願景，強調校長領導效能、教師教學效能與培養學生高層次的思考技巧、幫助學生去尋找和組織不同的資源以進行有意義的學習以及多元性的評量，提升學生整體學習成效，以迎合國際趨勢所需具備的能力與素養，藉以提升全球競爭力。

四、因應學校教育環境變革與挑戰的領導理念

領導是一豐富與兼具多元面向的概念，領導者必須發現現在與過去的不同，以建構一所富教育性及社會所期盼的學校。今日學校領導者所面對的挑戰，是處理學校所產生的問題以及描述與執行新世紀的學校願景。學校領導者未來將比以前更具挑戰性與艱辛，在過去半世紀，我們較少注意教育的專

業與非專業的人力資源發展，錯放了權威和責任，以及忽略兒童的特別需要。今日的學校領導者必須改善教育的產出，並領導學校教育進入資訊時代，因此必須有不同的管理和領導，方能產出更好的學校教育成果。

　　權衡上開之論述，首先，學校與其所處環境的改變，突顯出學校領導者應了解當代的領導議題、擁有全球化的思維、因應學校內外部環境改變的能力；其次，在學校組織與管理變革上則強調學校領導者運用智慧以及透過權力分享建立專業合作社群的重要；最後，在教與學本質的改變上，爲提升教學成效與學習品質，學校領導者應致力於建構校園學習社群，經由學校行政的支持、校內外相關成員的合作來提升整體教育成果。因此，筆者以爲面對上述學校教育領導的議題與挑戰，學校領導者應具備全球化思維、適應組織內外部環境的能力、強化資訊科技的理解、夥伴關係的建立與建立校園專業學習社群等五項能力，方能有效跨越教育的變革迎向未來挑戰，茲將其分述如下：

（一）全球化的思維

　　Waters（1995）提出全球化是一種社會歷程，不受時空限制，在此歷程中，原先受地理條件限制所形成的社會與文化型態將趨於鬆散，而社會成員亦能查此變化；Green（1997）提出經濟的全球化是資本無限增值與擴張的表現，加上人類往來互動的頻繁，生產與貿易的依存度提高，使經濟聯繫更加密切；Norhasni（2009）亦提出，全球化衍生今日無疆界的世界，無法預期的環境改變，將對現存教育系統產生直接的影響，面對未來競爭與挑戰，以及數位經濟、數位革新的時代，教育系統必須進行有效的，從根本性產生變革。而此變革將直接切入學校行政管理、學校文化、人力素質的提升、教學與學習方法、課程教材與學習成效等教育重大要素，直接影響學校教育品質。因此，全球化帶動全球環境的改變，跨越時空的距離，影響人類生活與工作的各個層面。

　　在未來，教育領導者在領導執行過程，將處於一種不自然與複雜的環境

脈絡中（Leo & Barton, 2006）。過去的組織往往將其市場聚焦在所屬的地域、國家或區域性國家內，然而面對全球教育市場連結的趨勢，教育組織的全球化思維已成為學校教育未來生存發展的重要利器。學校組織若欲成就其競爭優勢，必須對各國間有更正確的認知，才能面對快速變遷與競爭壓力的全球市場進行有效的領導管理，正如 Goldsmith（2005a）談到全球化是未來領導者應擁有的重要能力因子，全球化的市場在未來將是一重要發展趨勢，隨著環境競爭壓力的快速成長，領導者必須進行跨國間的了解，籌組組織專業團隊，創造組織成功的優勢；Broome 與 Hughes（2004）提出未來領導者領導概念、建構與發展方法應具全球化（國際化）趨勢。

聯合國教科文組織（United Nations Educational, Scientific and Cultural Organization, UNESCO）鑒於人類和各國必須共同努力發展全球意識，去除刻板印象和偏見才能實現國際安全和社會包容，促進世界和平，因此在 21 世紀初提出「2001-2010 年和平文化與非暴力兒童世界國際十年」（International Decade for a Culture of Peace and Non-Violence for the Children of the World 2001-2010）（UNESCO, 2001），並繼「2010 國際文化和睦年」（the International Year for the Rapprochement of Cultures 2010）（UNESCO, 2010）之後再提出 2013-2022 國際文化和睦十年（UNESCO, 2013）；經濟合作暨發展組織（Organization for Economic Co-operation and Development, OECD）（2016）更指出全球化激發創新、新經驗和更高的生活水平。

綜上所云，全球化的加速促成了國際間政治、經濟、文化、社會結構的改變，也促動了學校教育的領導革新。而資訊通訊科技的發達也徹底改變了傳統的競爭模式，完全競爭者的遠景正逐漸成為事實，在教育市場中，競爭者可能位於世界的任一個國家，在跨越地理條件的限制後，人人立於公平的競爭條件上。因此，全球化所帶動的革新風潮，正考驗著學校領導者如何放眼世界、迎向未來的領導能力。

(二) 組織內、外環境的因應

　　全球化趨勢所帶來環境的改變，促使組織領導者必須以全球化為基礎來處理組織內外在複雜環境所衍生的問題。面對組織內外在環境的變遷，學校領導者應規劃成員不同的專業成長計畫，教練、師徒制、行動學習等，以提升其專業知能，並能提供成員在真實世界中運用專業知能的機會，以提升其績效表現。Dotlich 與 Noel（1998）談到，今日的領導發展應提供組織成員在他們的工作中不斷學習的機會，統整每一個人的工作經驗與方法，在不斷變遷的環境中，執行創新的工作。

　　而近年普遍受到國際間重視的國際教育，更是全球發展趨勢之一，如美國、加拿大、英國、新加坡、南韓、日本、中國與澳洲……等國，透過提供獎助學金、各種期程之留學、研習或遊學課程、訂定各項國際教育相關法案或計畫、建置網路交流互動平台、結合非營利組織機構辦理營隊、國際志工培訓與服務學習、境外開設語言學校或文化交流參訪活動等，企圖達成國家文化傳承、經濟發展與確保國家安全之目的（邱玉蟾，2012；洪雯柔，2012；教育部，2011；黃月純、王如哲，2013；廖文靜，2013；劉靜宜，2013；蔡靜儀，2013；鄭以萱，2013；Canadian Bureau for International Education, CBIE, 2013）。聯合國教科文組織和經濟合作暨發展組織（OECD, 2016）收集 200 個國家之數據調查分析提出《2016 全球文化素養與國家排名》，結果發現芬蘭名列第一，美國排名第 7，南韓第 22 名，中國則第 39 名，臺灣並未列入其中（黃捷，2016）；OECD 主張未來公民應具備全球素養，因此於 2016 年 5 月 15 日宣佈：自 2018 年起將增列「國際素養或全球競合力」（global competence）測驗項目於國際學生評量計畫（the Programed for International Student Assessment, PISA）中，同時提出「平等（equity）」、「和諧（cohesion）」、「永續（sustainability）」為國際素養的三大指標。OECD 指出孩子是否具備理解國際新聞及分析議題的能力，將決定他面對全球化衝擊下的生活能力與職涯競爭力。林素微受訪時表示這是培養學生具備

解決問題的方向性之「導航能力」（王彩鸝，2016）。教育部於 2014 年起亦委託台中教育大學辦理「教師合作問題解決教學能力提升計畫」之全球競合力課程推動（教育部，2014），以因應十二年國民基本教育之實施，培養現代公民素養，達成引導多元適性發展等目標。2015 年聯合國教科文組織在韓國仁川市舉辦世界教育論壇，並通過《2030 年教育：仁川宣言》及其《行動框架》，更提出未來 15 年之新的教育願景：邁向包容、公平和優質的教育，以促進全民享有終身學習機會（UNESCO, 2015）等，都是學校因應組織內外環境變化的重要方針。

（三）資訊科技的能力

新科技的誕生是未來領導的另一重要因素。科技的革新改變了個人與組織的生活型態，加速了人與人、組織與組織間的互動與交流。具全球化思維的領導者應擁有使用與理解新科技的能力，透過通訊科技與網路的連結迅速與他人溝通，並有效的進行資訊、知識的取得、傳播與分享。基此，科技有助於打破時空的障礙，讓學校組織進入全球市場的脈絡，擁抱更多競爭優勢，擁有新科技的能力是未來領導者須具備的重要能力之一，誠如 Broome 與 Hughes（2004）提出未來領導者應扮演科技的角色以促使組織的發展與實踐；Barrett 與 Besson（2002）未來領導者應扮演網路關係的建構者；經濟合作與發展組織（Organization for Economic Co-operation and Development, OECD, 2005）提出未來領導者應能使用新的科技進行學習；當前資訊社會已逐步轉進到智慧社會，無論是社會學家、哲學家、資訊科技專業人員或教育專業人員正將此概念應用到社會品質層面，人們透過資訊科技的訓練與使用來進行工作品質的革新，創造更佳的社會、經濟與教育效益（Tikhomirov, 2012）。

過去 20 年資訊科技的快速發展，讓組織與領導者持續關注科技變革的趨勢，也讓領導者無法跳脫於科技革新所帶來的挑戰，而以知識為基礎的網路經濟與社會提供領導者另一專業領導的情境。資訊科技的能力打破了傳統

科層體制的領導思維，走入組織外部以及網路虛擬的領導境地，讓領導發展呈現多元而豐富的型態。資訊通訊科技的發達也打破國與國間的障礙，讓組織直接面對全球化的競爭市場，領導發展策略也快速的轉移到國際市場、世界經濟趨勢與區域策略聯盟，進入以全球化為基礎的策略構思。學校組織迎向全球化工作環境的同時，組織的行動、技術與策略的運行以及領導者能否有效運用科技的理解能力，正考驗著學校領導者如何維繫組織的競爭優勢，確保組織的永續發展與成功

(四) 夥伴關係的建立

在成就健全的個人與社群過程中，擁有合作的夥伴關係是重要的因素，因為唯有透過夥伴間的共識與承諾方能追求個人與團隊間的共同利益。Goldsmith（2005b）曾談到建立夥伴關係與聯盟是未來領導發展的重要理念；Barrett 與 Besson（2002）亦提出籌組組織的團隊是未來領導者所應具備之能力；經濟合作與發展組織（OECD, 2005）提出外來領導者應能將個人工作置於廣大的社群脈絡，平衡專業並擱置利益；Goldsmith（2005b）提出夥伴關係的建立可分為內部夥伴關係（長官、同事與部屬）及外部夥伴關係（顧客、供應商與競爭者），是組織迎向成功的重要利器；在教育競爭的過程中，教育市場中的各級學校不只是只有競爭，也不僅是合作，更不是競爭與合作交替出現，而是競爭與合作同時出現，因此過去所強調的競爭優勢已逐漸由合作優勢所取代（黃強倪，2002）。學校領導者在此學校內外環境驟變的時代，更應連結學校、企業、社區、國家等學校內外在資源，將不同種類的服務機構做網狀的結合，成為周延而完善的教育資源網，以提升學校整體競爭力。

承上所言，夥伴社群的建立主要在追求個人與團體的共同利益，因此夥伴社群的建構應基於共同的理想與關注的焦點。因此，夥伴關係的建立主要是經由成員的多元性來獲得各種利基，包括：（一）促成資源的取得與共享；（二）有機會學得新的技巧與能力；（三）知識的分享與創新；（四）能

結合社群的能力因應快速變遷的環境。夥伴關係的建立，營造了人際互動的另一境界，促成了人與人之間緊緊的結合以共同面對挑戰與發展，並藉由彼此專長屬性的互補來成就共同的目的與利益。過去的組織很少建構組織間的夥伴與策略聯盟關係，在全球化的市場下夥伴與策略聯盟的建構被視為重要的手段。夥伴關係改變了傳統顧客、供應商的角色，夥伴關係的建立已成為今日領導者的重要理念，在未來與相關組織間建立正向、長期與雙贏的關係是重要的，因為在多元的環境中，相同屬性的組織多可能同時成為顧客、競爭者與夥伴的關係，而不再如過去一般能清楚的界定誰是朋友，誰是敵人。因此，如何建置正向、長期、雙贏的策略夥伴關係是學校領導者應思考的重要趨勢。

（五）建立校園學習社群

Senge（1994）談到任何機構如果想要競爭的環境中生存，必須將機構轉化為一種學習型組織，他所提出得五項修練 —— 自我超越、改變心智模式、團隊學習、系統性思考、建立共同遠景來建立學習型組織，一直是當前校園環境耳熟能詳的組織策略，也讓教育界更感受到學校是學習者社群觀念的到來。

為何校園要關注於社群的建構？Roberts（2001）認為，學習社群是學校進步的有效模式，高品質的學習活動是改善教與學的必然因素，透過學習社群的合作、權力分享與持續學習有助於學校特色的建立與專業的發展；Senge（1994）從有關學校改革的文獻中分析發現，學校將逐漸轉化為學習者社群，學校成員間需要有時間進行合作、有持續的行政支持、資訊分享與溝通管道，方能有效提升學校運作與成員的專業；Grossman、Wingburg 與 Woolth（2000）認為社群的建構是困難的，而社群的維持更疏屬不易，但基於以下幾個理由讓我們確信校園社群的建構是必須的：（一）智慧的更新；（二）社群是學習的場所；（三）社群是培育領導的場所；（四）教師智慧更新與專業社群有助於學生的學習。Hord（2004）提出學習社群中成員的改變

會重組教師、行政人員、學生以及社群中其他人員間的角色、規則與關係，其中學校學習社群對教師影響可分為五個方面：（一）教師是同事，持續的討論有助於學習新知識，促進相互的成長與發展。這種相互支持的關係更能使教師覺察他們的責任，一起努力處理教學有關的事務；（二）教師是領導者，當教師實踐其對個人與團體的承諾，為學校福祉而努力時，即以實踐其領導角色（Barth, 1990）；（三）教師是學習者，教師專注於學習便能獲得更多資訊融入新的知識，使其更能協助學生成為成功的學習者；（四）.教師是教學者，教師透過社群的運作便能分享教學策略與教學計畫，尋找改善教學的方法（Kruse, S. D., Louis, K. S. & Bryk, A., 1995）；（五）親師關係，家長參與學習提升教與學的知識，也擴充了學生的學習機會（Speck, 1999）。

　　綜合上開論述，校園學習社群影響了學生的學習、教師的教學、學校同儕的互動與親師的關係，是一種學校改善教與學的高品質學習活動。藉由社群的建立重新組合行政人員、教師、學生以及社群其他成員的角色、規範與關係，在團隊合作的工作模式下彼此支持、分享、解決專業實務，提升專業成長，以實現個人與團隊的承諾與目標。

五、結語

　　Lauder 曾說：「未來不是一件禮物，而是一種成就」（Leo & Barton, 2006）。在當前知識經濟與全球化的時代中，學校教育已無法置身於外，學校與其所處內外部環境間之關係、學校教育的管理與組織以及教與學的本質等都追隨著新世紀的到來產生了根本的改變，正如 Putnam（2004）所言學校面對的未來圖像在反映一種卓越、高成就的教育成果與挑戰；大前言一在2006 年提出「M 型社會」，認為教育將成為本世紀初「M 型社會」階層流動的主要因素，教育可開啟人民智慧、提升人力素質並帶動社會向上流動的力量，而人才的培育有賴學校整體教育品質的提升，因此學校的辦學績效受到社會各界的關注與期待，領導者的挑戰不僅須接受從執行者到創造者的改

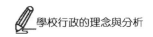

變、從過程的焦點到結果的關注、從危機的避免到衝突的管理及危機的掌控，而且須採用新的領導策略與型式，這些策略包括了解領導是從人際關係的網狀連結、學習授權、當一位教學的支持者、建立分享的約定、具有內在深層價值的道德觀。

　　有效的領導品質在過去、現在與未來同等重要（Goldsmith, 2005a）。新世紀的學校領導者面對學校以及所處環境的改變，必須重視組織內外環境的變遷，重視家長與社區的投入以及夥伴關係的管理，以促進學校的改革與提升學生的學習；而在組織與管理上將推翻科層組織控制、指揮、監督等教條，採取合作、授權、參與、分享等原則；在教學與學習上，領導者必須去建構校園學習社群，支持教師的專業發展與教學自主，對於不同的學生問題能提供更多的解答，並且將孩子教育服務型式傳遞給不同的團體，以提升整體教學效能。因此，處於新世紀的學校領導者如何去清晰的意識到自己的價值與使命、不斷地追求自己的人生理想與辦學理念、具備「與時俱進」革新與創新的理念、能夠創造教師與學生輝煌的舞台、能凝聚人力與物力資源以促進學校發展，進而提升學習者、學校及國家教育競爭力，將是今日學校領導者責無旁貸的使命。

第二章　領導發展的省思與實踐

一、領導的源起

　　自從 Barnard 在 1948 年寫下「領導」一詞以來，到 1990 年領導文獻的累積幾已成一座小山（Rost, 1993）。在過去漫長的領導研究歷史中，我們很難去為它定義一個起始點，但毫無爭議的，領導一直是一個引人注意的概念。在 1990 年後的過去近 20 年來，領導理論有著明顯的發展趨勢，如新領導發展理論的擴充、領導者與成員情緒的共鳴、及如何去有效的執行領導者的能力等都是領導發展的重要論述。面對未來全球環境的快速變遷與發展，在社會科學領域的研究上更應重新投入於領導發展的全新思維上，以建構更佳領導品質。

　　在當前全球知識驅動的年代，資訊科技的創新引發了全球環境的變動，也增進了人與人之間的互動，促成多元文化的融合。社會學家 Gidden（1994）指出，全球化是全球政治、經濟、文化的相互聯結，是一種不受距離限制的生活與行為方式；Green（1997）認為全球化預示了國家經濟型態與教育系統的式微，在密切互動與文化交流下，傳統國家系統所服務的要項，如勞動人力、產業結構、組織管理與再製功能將受到衝擊；Dale 與 Robertson（2002）提及，全球化力量透過國際組織與非政府組織的機制來影響各國教育政策；Apple（2002）指出，全球化關係的轉變包括政治、經濟、文化與教育的範疇。基此，面對全球化所帶來組織環境與人際互動的變革，在複雜、競爭、衝突的經濟、社會、政治與文化脈絡中，資訊科技、多

元文化、組織夥伴關係與權力的運用等思維，儼然成為未來領導發展必須面對與探究的重要課題。

　　領導品質的維繫必須對於人與環境的議題做出有效的因應與處理，諸如管理衝突與執行、組織內外在環境衝擊、多元文化族群所帶來決策與判斷的倫理考量等影響，都是組織領導過程中無可避免的問題。Thomas 與 Bainbridge（2002）談到未來的教育領導者仰賴的不再只是地位，而必須經由知識、智慧與能力來說服同僚，以及對教育的公正性與公平性作出承諾，以確保領導品質。因此，組織領導者如何運用本身的智慧遂行領導，以有效解決組織衝突，並對於發生於組織內、外的事件進行深度的了解、敏銳的識別以進行正確的判斷；另外，透過網路科技設施進行知識的擴大、擴展、傳遞與分享，並經由夥伴關係的建立以成就領導品質並建構組織內外競爭的優勢，是未來教育領導者的應關注的焦點。

　　相較於過去領導的相關研究，如鄭彩鳳與吳慧君（2009）〈國小校長競值領導效能評估〉、〈360 度回饋態度與型為改變意圖關係之研究〉、陳利銘（2006）〈智慧領導模式的評論及教育實踐〉、林思伶（2004）〈析論僕人式／服務領導（Servant- Leadership）的概念發展與研究〉及顏肇廷、曾冠堯與高三福（2008）〈運動團隊家長式領導研究之探討〉等，大多聚焦於單一領導理論進行探究，對於領導論點做整全性探討者，則相對闕如；然而，誠如上開所言，領導理論發展至今其相關論述已汗牛充棟，若欲一一加以歸納分析，則實有其難度。因此作者僅以 1990 年後之領導理論部分論點進行初步之整全性探究，希冀透過國外學者、機構之論述，加以分析整合，歸納出 1990 年後領導之重要議題，以作為擬定領導實踐策略之依據。

　　本章節首先探究 1990 年後領導理論之相關研究與論述，藉以了解 1990 年後領導理論之現況；其次，則針對相關文獻之論述主旨，將其區分為領導研究的過去、現在與未來三個階段，以收統合歸納之效；最後依統合歸納之領導議題進一步提出領導實踐策略。其探討流程如圖 1。

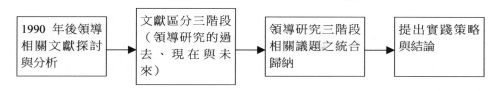

圖 1　研究流程

其中有關領導的過去、現在與未來分別說明如下：

（一）領導研究的過去

領導研究的過去係指 1990 年後有關學者或機構所提出之領導論點，將其歸納為領導研究的過去。

（二）領導研究的現在

領導研究的現在係指 1990 年後有關學者或機構所提出之領導論點中，其論述內涵有提及「今日領導」等相關論述者，將其歸為領導研究的現在。

（三）領導研究的未來

領導研究的未來係指 1990 年後有關學者或機構所提出之領導論點中，其論述內涵有提及「未來領導」等相關論述者，將其歸為領導研究的未來。

二、領導發展的省思

就轉型領導的概念而言，領導發展的過程取向與經驗是領導趨勢的重要內涵，正如 Goldsmith（2005a）談到有效的領導品質在過去、現在與未來同等重要。因此，本節將從領導研究的過去、現在與未來三個階段，從相關學者的論述中初步探究，藉以了解領導發展的議題。

（一）領導研究的過去

　　1990 年後，領導發展理論以及與領導有關的一些重要課題激增，諸如在領導關係的發展上有著教導（coaching）概念的提出，如 Broome 與 Hughes（2004）提到「教導」有助於專業領導技巧的發展，最有效的教導是透過組織成員的合作共同去評估與了解組織任務的發展，挑戰當前組織的困境，並進一步探索達成組織目標與組織永續發展的可能性措施；在組織的學習上，Palus 與 Horth（2004）談到「行動學習」是組織發展實踐的一部分，透過行動學習能有效、及時的來處理組織所發生的問題，它包含三個部分：傳遞可測量的組織成果、特殊環境脈絡的溝通學習、發展更多的領導技巧與能力。此外，Marsick（2002）也提及有效的行動學習在工作可採取隱性（tacit）、非促進式（unfacilitated）的學習，聚焦於高影響力的學習計畫，促使組織與個人的轉型；在領導者的角色上，Deal 與 Peterson（1994）指出領導者應同時扮演技術性與藝術性的角色，其中技術性角色包括計畫者、資源分配者、協調者、視導者、資訊傳播者、裁判者、把關者、分析家等角色，而藝術性角色則包含歷史學家、人類學偵探、願景專家、符號、陶匠、詩人、演員與療傷者；在領導能力的評鑑上，如 Chappelow（2004）主張用 360 度回饋來評鑑領導者的能力，而部分學者（Atwater & Waldam,1998；London & Beatty,1993）亦認為 360 度回饋是過去十年來最重要的管理革新機制；在領導倫理上，Rost（1993）認為領導所涉及的倫理議題包含過程與內容兩部分，過程意指當人們企圖影響他人時，它與人們關係的建立是否依道德而行，而其影響過程是否符合倫理規範。而內容則指個人所支持與推動的改革內容是否為道德所接受；另外組織團體的革新亦是過去二十年領導發展理論的重點，Goldsmith（2005b）訪談 200 多位高潛力的領導者發現，理想的領導者應建構組織的內、外團隊。

　　由過去領導研究的相關論述可知，過去的領導研究涉及幾個重要的議題：領導能力與角色（Deal & Peterson, 1994）、組織的學習團隊（Palus &

Horth,2004; Goldsmith, 2005b）、領導品質（Chappelow, 2004; Atwater & Waldam, 1998; London & Beatty, 1993）、領導倫理（Rost, 1993）等。

（二）領導研究的現在

　　有效的領導是今日組織成功的共同觀點。而形塑優質的領導者不再是領導發展的唯一焦點，可預見的，領導的過程與關係的建立、組織的工作環境營造等將較過去相對的重要，Ohlott（2004）認為挑戰任務的安排是今日領導發展與組織提供發展機會的有效方式，組織任務的安排是領導過程的一部分，是組織目標與利益的達成，也是組織維持競爭優勢的作為；Dotlich 與 Noel（1998）談到，今日的領導發展應提供組織成員在他們的工作中不斷學習的機會，統整每一個人的工作經驗與方法，在不斷變遷的環境中，執行創新的工作；Hodgson 與 White（2001）曾談到面對今日不確定性的環境，「學習領導」將是一個新的領導型態，它意謂著領導者能夠引導組織進入當前不確定及模糊的環境中去獲得豐碩的成就與競爭的優勢；Broome 與 Hughes（2004）亦提出，今日的領導發展應聚焦於三個層面：

　　（一）領導發展逐漸發生於組織內部的工作環境中：領導者透過訓練計畫、教導、師徒制、行動學習等方式，讓組織成員從他們的工作中獲取重要的知識與技能，而這過程強調的是領導者的行動，而非僅停留在知識階段。

　　（二）領導發展角色與能力的重要反思：在大多數組織中，領導的屬性、技巧、特質與能力是領導發展活動的核心層面，領導的能力需與組織的策略、模式相符應。因此組織應能定義組織領導者的能力、成功領導者的品質與特徵，以促使領導者擁有適合組織本身的最佳實踐能力。

　　（三）工作與生活平衡的問題：良好的工作與健康的身體逐漸受到領導發展的重視。在持續改變與競爭的環境體系中，管理的壓力、人事的更新以及可能產生的職業倦怠都將成為領導發展的焦點議題，因此領導者應適時改變組織，致力於組織成員工作與生活的平衡。

　　Beech（2002）提出今日的領導者應創造一個足以讓組織成員從事最佳

工作實務的環境，這意謂著組織應能適才適所的安排每一個工作與職位。而適才適所的領導理念也解決了組織的一些根本問題，引導組織的成功，如

（一）我是否知道在工作上他人對我的期待是什麼？

（二）我是否已具備完成任務所需要的器材和設備？

（三）在每一天的工作上，我是否有機會去做最佳的表現？

（四）對於過去優良的表現，我是否已獲得認同與獎賞？

（五）在工作上的領導人員是否能將我視為人一般的關懷？

（六）領導人員在工作上是否能鼓勵我持續發展？

由上開不同學者面對今日領導研究之論述可知，今日領導研究呈現以下幾項重要議題：組織環境（Dotlich & Noel, 1998; Hodgson, 2001 & White; Beech, 2002）、領導能力與角色（Broome & Hughes, 2004）、組織學習團隊（Broome & Hughes, 2004）這些議題都將帶動領導發展方向。

（三）領導研究的未來

在領導研究的未來一節中，本文將透過未來領導發展的挑戰及未來領導發展的議題兩個層面來加以探討。

1.未來領導發展的挑戰

揆諸當前全球競爭環境，教育也正受此全球化的大旗所牽引，無法自視於外，如 Putnam（2004）提到學校面對的未來圖像在反映一種卓越、高成就的教育成果與挑戰；Fullan（2003）也在〈未來領導的希望〉一文中談到，在未來，學校共同面臨的問題包括：

1. 縮短學校低成就學生與高成就學生在語文及數學表現上的缺口。

2. 重視早期兒童社會——情緒的發展。

3. 應致力於提升學生學習。

4. 教育工作者面對過度教與學、多元創導的體力負荷。

5. 在持續改革的過程中，無法獲得教師與領導者的支持，導致系統的失敗。

Covinfton（2005）認為學校面對的未來挑戰，在於學生被視為學習者以及建立終身學習發展過程的社會與教學環境，因此未來領導者必須面對以下的挑戰：

1. 領導的品質
2. 教師的實踐
3. 建立終身學習者發展的文化、價值與關係。
4. 學生學習如何去思考他們的未來。

經濟合作與發展組織（Organization for Economic Co-operation and Development, OECD, 2005）提出未來的學校與領導者將面臨以下的任務與挑戰：

1. 能有效處理地方社區的需要及多元學生族群的問題。
2. 能感知於文化與性別的議題。
3. 能提升容忍力與社會凝聚力。
4. 能使用新的科技進行學習。
5. 能持續知識領域、領導與管理取向的快速發展以及專業的學習與發展。
6. 能取得高品質的研究以作為發展課程與教學的基礎。
7. 能結合實務與理論知識以提升及促進教學實踐。
8. 能強化民主的領導模式。
9. 能將個人工作置於廣大的社群脈絡，平衡專業並擱置利益。
10. 能適應並持續改進組織與實踐的能力。
11. 縮小高成就學生與低成就學生的落差。

2. 未來領導發展的議題

在未來，領導者在領導執行過程，將處於一種不自然與複雜的環境脈絡中（Leo & Barton, 2006）。Goldsmith（2005a）談到全球化是未來領導者應擁有的重要能力因子，全球化的市場在未來將是一重要發展趨勢，隨著環境

競爭壓力的快速成長，領導者必須進行跨國間的了解，籌組組織專業團隊，
創造組織成功的優勢，此外，Goldsmith 亦強調未來領導者應具備以下科技
的理解能力：

　　1. 領導者能運用新科技的智慧促進組織的成長。

　　2. 吸收、發展與維持網路科技的能力。

　　3. 知道如何運用新科技進行管理與投資。

　　4. 扮演引導成員使用新科技的積極角色。

　　Filed（2006）在〈未來領導〉一文中提到，隨著科技發展的新趨勢，未
來的領導者將面對新的挑戰：

（1）虛擬領導

　　領導者應透過現代科技來改善與輔助過去書面溝通的技巧，因此未來領
導者應致力於三方面的能力：（1）發展優異的書寫技巧，（2）了解電子溝通
的多元面貌，（3）了解電子溝通的多元文化型態。

（2）外部組織的領導

　　過去的領導者透過命令、地位與職銜來執行領導，現在則聚焦於領導者
的核心能力，且正朝向跨組織疆界的領導趨勢。未來的領導者應致力對整體
環境系統的了解而不在僅限於組織本身，而高度的真實領導技巧以及組織的
夥伴社群關係

（3）贏得領導信任

　　過去由於地位與職銜的關係，部屬對於領導者缺乏足夠的信賴，外來領
導者應積極建立組織的信賴關係，以及採取必要的措施來改善信賴的程度，
建立穩固的信賴基礎來促使組織的成功。

　　Thomas 與 Bainbridge（2002）認為面對多元環境的變化，一位成功的
未來教育領導者應擁有個人能力與專門能力，其中個人能力包括：

　　1. 有效傾聽的能力藉以了解真實的狀況與感受。

　　2. 有效吸收正確資訊的能力。

　　3. 有效清楚陳述議題的能力。

4. 積極面對工作、生活與自我的能力。

5. 能了解並描述學習過程的能力。

6. 能有效綜合、運用知識與研究的能力。

7. 能從工作中提升滿意度與自我增強的能力。

8. 具備激勵自我與同僚的能力。

9. 能嘗試新理念，並鼓勵他人勇於冒險挑戰的能力。

10.能清楚描述目標、建立願景並激勵同仁工作信心的能力。

專門能力則包含：

1. 專業與倫理的領導。

2. 資訊管理與教育。

3. 課程、教學與學習環境。

4. 專業發展與人力資源。

5. 學生服務

6. 組織管理。

7. 人際關係。

8. 財政管理與資源分配。

9. 科技與資訊系統。

Mamp（2004）提出未來領導者因應組織環境的改變，應重視以下課題：

A.傾聽基層的聲音

組織應建立與成員的合作關係，使用高品質的領導工具和科技來與成員進行傳達與溝通，致力傾聽成員工作的回饋、抱怨及觀察成員的互動，建立組織領導的趨勢、機會與挑戰的共享文化。

B.傾聽基層以外的聲音

新世紀的領導者必須認知到每一事件、趨勢與發展對組織的影響遠甚於一般的規範，因此傾聽組織外的聲音是領導者必須執行的一項重要工作。

C.傾聽反對者的聲音

尋找組織成員中的反對者，雖然領導者可能不喜歡他們所說的，但他們

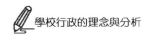

說的可能是對的。領導者必須承認每一個人都有其不同的態度、觀點、文化與生活取向，願意去傾聽他們的意見，因為改變往往從他們開始。

D.維持意願去進行對的改變

不可置疑的，在今日的世界改變進行的相當快速。許多新興的議題與事件都會衝擊組織與領導者本身，因此必須擁有強化自我的能力，以因應快速變化的真實世界。

E.持續創造與成員適宜的關係

面對預算的縮減、大眾期望的遞增、組織與角色的轉換以及更多管理挑戰的議題，組織必須持續提供更多的價值、服務與活動來迎合新的時代。因此如何與組織成員建立適宜的關係，在對的時間，以對的方式傳遞他們應做的工作、影響成員做改變，並確認領導者是他們的最佳助手，建構領導者與成員的適宜關係。

F.面對困境尋找非傳統的解決策略

面對多變、革新的年代所發生的問題已非傳統的解答所能因應，如何採取成熟的與智慧的思考與工作模式、建立高度合作的工作團隊，是領導者所需具備的認知。

G.避免優柔寡斷

不確定性的環境影響決策的停滯。領導者應能及時的、適時的去執行目標與願景，建立一種標準的決策文化，而非拖延討論的文化。

H.儲存工作的熱忱與意志

面對未來世界的諸多挑戰，領導者應持續保有繼續工作的熱忱與意志，迎向新世紀的領導挑戰。

由 Dimmock 所著，Routledge 於 2012 年出版《領導、能力建立與學校改進：概念、主題及影響》一書中談到透過領導能力的整合概念，領導架構可包括五個要素（陳文彥，2017）：

1. 道德目的：領導者需對道德目的有強烈的承諾。

2. 智慧資本：領導者應重視學校中的人力資源（智慧資本）。

3. 社會資本：領導者應建立同僚合作關係（社會資本）。

4. 槓桿策略：領導者應重視學校中教與學方法的更新。

5. 組織資本：組織資本亦即領導的知識與技術，是組織有效運作並發揮效能之關鍵因素。

綜上，面對當前全球化、資訊科技所帶動的革命性風潮，未來領導發展的一些重要議題將較以往更加突顯與重要。歸納上述學者就未來領導發展的挑戰與議題之論述，可歸納出未來領導發展的議題涵蓋領導的能力與角色（OECD, 2005; Covinfton, 2005; Goldsmith, 2005a; Filed, 2006; Thomas & Bainbridge, 2002; Dimmock, 2012）、領導品質（OECD, 2005）、組織學習團隊（Covinfton, 2005; OECD, 2005; Filed, 2006; Thomas & Bainbridge, 2002; Dimmock, 2012）、組織環境（Leo & Barton, 2006; Thomas & Bainbridge, 2002; Mamp, 2004）、夥伴關係（Filed, 2006; Goldsmith, 2005a; Dimmock, 2012）、人力資源的管理（Goldsmith, 2005a; Thomas & Bainbridge, 2002; Dimmock, 2012; Dimmock, 2012）、領導倫理（Thomas & Bainbridge, 2002）、多元文化（OECD, 2005; Filed, 2006）、與同僚關係（Filed, 2006; Thomas & Bainbridge, 2002; Mamp, 2004; Dimmock, 2012）等。

由上述領導發展的省思中可發現領導始終存在著一些重要議題，茲將上述學者對於領導發展所提出之議題加以統整，如表 1，藉以探究領導發展之重要議題，擬定領導實踐策略。

表 1　不同學者所提出領導發展議題彙整表

學者 ＼ 領導發展議題	領導能力與角色	組織學習團隊	領導品質	領導倫理	組織環境	夥伴關係	人力資源管理	多元文化	與同僚關係
Deal&Peterson（1994）	V								
Palus & Horth（2004）		V							
Goldsmith（2005）	V	V				V	V		
Chappelow（2004）			V						
Atwater&Waldam（1998）			V						
London & Beatty（1993）			V						
Rost（1993）				V					
Dotlich & Noel（1998）					V				
Hodgson& White（2001）					V				
Beech（2002）					V				
OECD（2005）	V	V	V					V	
Covinfton（2005）	V	V							
Broome & Hughes（2004）	V	V			V				
Field（2006）	V	V				V		V	V
Thomas & Bainbridge（2002）	V	V		V	V		V		V
Fullan（2003）			V		V				
Leo & Barton（2006）					V				
Mamp（2004）					V				V
Dimmock,2012	V	V				V	V		V

　　由表 1 可知，不同學者在領導發展的議題上有著不同的見解，上述學者在領導的發展議題上可統整歸納出領導發展的九個議題，其中在領導研究的過去、現在與未來中同時出現的發展取向有領導能力與角色、組織學習；其

次，在領導的過去、現在與未來中出現兩次的發展取向有組織環境（領導發展的現在與未來）、領導品質（領導發展的過去與未來）、領導倫理（領導發展的過去與未來）的取向；最後，夥伴關係、人力資源管理、多元文化以及與同僚關係在領導的未來中出現，顯示在領導發展過程中甚為重要。今將不同領導發展議題在上述學者中出現之次數加以彙整，如表 2。

表 2　不同領導發展議題之歸納表

領導發展議題	領導能力與角色	組織學習團隊	領導品質	領導倫理	組織環境	夥伴關係	人力資源管理	多元文化	與同僚關係
總數	18	18	18	18	18	18	18	18	18
出現次數	7	7	5	2	8	2	2	2	3

　　由表 2 得知，在領導發展的過程中，領導能力與角色、組織學習團隊、組織環境、領導品質是最常被提及的領導議題，顯示此四項領導發展議題已成為領導發展的重要因子；而領導倫理、夥伴關係、人力資源管理、多元文化以及與同僚關係等五個領導議題，同時出現在未來的領導發展過程中，顯示其在領導發展的過程中扮演重要的角色。

　　綜上，從領導研究的過去、現在與未來的省思中可歸納出領導發展的九大議題（領導能力與角色、組織學習、組織環境、領導品質、領導倫理、夥伴關係、人力資源管理、多元文化以及與同僚關係）。領導者日後欲在組織環境中進行有效的領導，必須妥適掌控上述九項領導議題，方能規劃有效的領導因應策略。

三、領導發展的實踐策略

　　因應上開領導發展的九項議題，筆者認為領導者的具體實踐策略可從領

導能力、領導型態以及領導環境三個層面來加以探討,其中領導能力層面包括應具備在領導議題中最常被提及的兩項能力——全球化思維與資訊科技的能力;其次在領導層面上,為兼顧領導發展省思中多元文化、民主領導情境等,領導者應強化跨文化領導與倫理決定、分享領導、人力資源管理等領導方式;最後,在領導環境層面則應專注領導發展省思中組織內外部環境的改變,建構組織外部夥伴關係與組織內部學習社群等策略。茲將其分述如下:

(一)領導能力層面

由領導的省思中可知,領導者能力的自我更新策略首重全球化的思維與資訊科技的理解能力,茲將其分述如下:

1. 具備全球化的思維

全球化是未來領導發展環境的重要因子,也是世界歷史發展的重要趨勢,亦是領導者面對領導環境變遷與領導發展趨勢中無法避免的一種思維能力,它隱然成為領導決策的依據。如 Waters(1995)提出全球化是一種社會歷程,不受時空限制,在此歷程中,原先受地理條件現制所形成的社會與文化型態將趨於鬆散,而社會成員亦能察此變化;Green(1997)認為全球化是經濟發展的必然趨勢,國際貿易的擴大亦是經濟發展的利基所在,因此無論是原料的供應、訊息的溝通與傳遞、市場的自由開放以及資本的流動,都展現全球化的發展趨勢。由上可知,全球化帶動全球環境的改變,影響人類生活與工作的各個層面。

在未來,領導者在領導執行過程,將處於一種不自然與複雜的環境脈絡中(Leo & Barton, 2006)。過去的組織往往將其市場聚焦在所屬的地域、國家或區域性國家內,然而面對全球市場連結的趨勢,組織的全球化思維以成為組織未來生存發展的重要利器。面對未來,組織若欲成就其競爭優勢,必須對各國間有更正確的認知,才能面對快速變遷與競爭壓力的全球市場進行有效的領導管理,正如 Goldsmith(2005a)談到全球化是未來領導者應擁有

的重要能力因子，全球化的市場在未來將是一重要的領導發展趨勢，隨著環境競爭壓力的快速成長，領導者必須進行跨國間的了解，籌組組織專業團隊，創造組織成功的優勢；Broome 與 Hughes（2004）提出未來領導者領導概念、建構與發展方法應具全球化（國際化）趨勢。

　　綜上所云，全球化的加速促成了國際間政治、經濟、文化、社會結構的改變；全球化多元發展的特性，撼動了國家的地位與權力，以國家為主要組織的傳統功能將逐漸式微，國家角色的改變，成為全球化發展的必然趨勢；全球化改變了傳統的競爭模式，完全競爭者的遠景正逐漸成為事實，在市場中，競爭者可能位於世界的任一個國家，在跨越地理條件的限制後，人人立於公平的競爭條件上。因此，全球化所帶動的革新風潮，正考驗著領導者如何放眼世界、迎向未來的領導能力。

2. 擁有資訊科技的理解能力

　　新科技的誕生是未來領導發展的另一重要因素，也是領導者必須具備的一項領導革新能力。科技的革新改變了個人與組織的生活型態，加速了人與人、組織與組織間的互動與交流。具全球化思維的未來領導者應擁有使用與理解新科技的能力，透過通訊科技與網路的連結迅速與他人溝通，並有效的進行資訊、知識的取得、傳播與分享。基此，科技有助於打破時空的障礙，讓組織進入全球市場的脈絡，擁抱更多競爭優勢，擁有新科技的能力是未來領導者須具備的重要能力之一，誠如 Broome 與 Hughes（2004）提出未來領導者應扮演科技的角色以促使組織的發展與實踐；Barrett 與 Besson（2002）未來領導者應扮演網路關係的建構者；經濟合作與發展組織（OECD, 2005）提出外來領導者應能使用新的科技進行學習。資訊科技的能力打破了傳統科層體制的領導思維，走入組織外部以及網路虛擬的領導境地，讓領導發展趨勢呈現多元而豐富的型態。資訊通訊科技的發達也打破國與國間的障礙，讓組織直接面對全球的競爭市場，領導發展策略也快速的轉移到國際市場、世界經濟趨勢與區域策略聯盟，進入以全球為基礎的策略構思。組織迎向全球

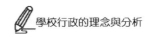

化工作環境的同時，組織的行動、技術與策略的運行以及組織領導者能否有效運用科技的理解能力，關係著領導者如何維繫組織的競爭優勢，確保組織的永續發展與成功。

（二）領導型態層面

領導型態影響著領導的品質，組織無法靠單一的領導而竟全功。由領導發展的省思中可知，領導的發展趨勢已因全球化的環境變遷帶動組織內、外部環境的改變，讓組織呈現多元文化的面貌，也使得領導者與部屬間的關係有了微妙的變化。此外，為迎接全球市場的開放提升組織本身的競爭力，國際人才的厚實有賴人力資源的管理；而面對組織多元文化的新面貌，領導者欲有效的實施領導、提升領導品質，則應採取兼具跨文化的領導與執行倫理的決定；另為營造領導者與組織內團體的共同工作，建立分享平台，建構領導者與同僚間的信賴關係，分享領導模式則是可行的實踐策略。綜上，領導者應採取的領導策略包括：

1. 跨文化領導

在全球化的背景下，工作環境中日益增加的種族與文化差異，要求領導者對於文化在業務聯繫與人事管理中所扮演的角色有更加敏感及深刻的認識。雖然世界已經趨於扁平化，但是在文化層面，這個全球日益標準化的世界尚存在許多差異。只有了解一個國家地區的文化，管理才有可能是成功有效的（每日頭條，2018）。

面對多元文化的領導發展環境變革，領導者應擁有跨文化的領導能力，方能提升領導的品質。MBA（2008）提出跨文化領導可從兩分面來敘述，一種是從組織的角度來理解跨文化領導，即跨文化領導就是領導者在由不同國籍、不同價值觀念和不同文化背景的員工構成的組織中所實施的一種統領和協調的行為。從這個角度來說，跨文化領導是存在於跨國企業和跨國組織之中的；另外一種理解是從文化交流和文化變遷的角度，把跨文化領導視為

適應全球化浪潮和服務世界性文化浪潮的一種新型領導活動。從這個角度來說，跨文化領導乃是考驗領導者駕馭和適應文化挑戰能力的一種獨特現象。

　　隨著全球資訊科技擴張，打破時空的疆界，組織正面臨多元文化環境中，全球領導能力的挑戰，因此選擇和發展有效的跨文化領導者對組織而言誠屬重要（Tracey, 2003）；經濟合作與發展組織（OECD, 2005）亦提出未來的學校與領導者應能有效處理地方社區的需要、多元學生族群的問題以及能感知於文化與性別的議題。面向多元文化族群的環境脈絡，未來領導者應具有欣賞多元文化的能力，除了能了解不同族群在經濟與法律層面的不同外，亦能體會其社會與行為上的差異，因為對不同族群的尊重與關係的建立是成功的未來領導者一項很重要的特質。

　　在人與人之間的互動上，Rhinsmith（1992）提到文化與人格的不同並非人與人之間衝突的主要來源，人與人之間衝突的大部分主因在於人們如何去看這個世界、自我與他人的「心態」。因此多元文化的到來也預告了學校領導者在形塑關係的能力與具備開放的新思維的重要，正如 Black 與 Gregersen（1999）談到一位成功的全球化與多元化的領導者應迎接新的經驗與具備卓越的關係技巧；Manning（2001）亦陳述成功領導者的新思維與形塑關係的能力，源自於領導者對自我與他人的正向心態。

　　有效的跨文化領導者應具備哪些特質，從國外研究發現有效跨文化領導者特質主要包括：1.形塑關係的能力（Black & Gregersen, 1999; Clark & Matze, 1999; Adytia & House, 2002; Manning, 2001）；2.能進行情感的連結（Green & Reis, 1998; Joplin & Daus, 1997）；3.能接受新經驗與新思維（Spreitzer, McCall, & Mahoney, 1997; Black & Gregersen, 1999）；4.能採取鼓勵、正向、激勵、公平等態度來對待部屬（Adytia & House, 2002; Den et all., 1999; Hopkins & Hopkins, 1998）。

　　隨著組織多元文化的特性，跨文化領導儼然成為領導的重要趨勢。領導的對象為人，當人的屬性趨於多元時，領導的複雜性也就相對的提高。領導者與不同文化成員間的互動關係，領導者所具備的對人及處事的領導技巧更

顯得重要。由上述論述可知,文化的多元性衝擊了領導趨勢的發展,在國與國間、組織與組織間,更專業化的人際關係技巧與態度、組織的知識與智慧的運用以及開放的新思維都是未來跨文化領導發展的新取向。

2. 倫理決定

由於領導環境的不確定性與複雜性,加上人與人間互動的頻繁,領導者在領導過程中容易涉及倫理的議題,領導倫理的思維,將是領導發展趨勢中不可或缺的革新策略。Wittmer（1994）認為倫理決定是一種行動與決策,必須對別人做出影響的抉擇,學校領導者在校務推展過程中所做的決定或選擇都存在著倫理道德的意義;Dor. Debbie Long 在他的專書《做對的事》（Doing the Right Thing）談到要做倫理的決定可以善用四個取向（Bassett, 1999）:

1.最後的結果（最後的結果會是什麼?）

2.法律與規範（法律會告訴我們去做什麼。）

3.社會的契約（團體或社群的規範與習慣會告訴我們去做什麼。）

4.個人的良心（良心是決定行為的最佳引導）

Arizona Character Education Foundation（2006）在〈做倫理決定〉一文中談到,要做倫理的決定應兼顧四項要素:

1. 領導人應謹慎思考行為之後可能產生的影響,所做的決定應是有助益的,並且能降低可能產生的傷害。

2. 應遵守倫理的原則（值得信賴、尊重、責任、公平、關懷、公民道德）。

3. 重視倫理價值（值得信賴、尊重、責任、公平、關懷、公民道德）遠甚於非倫理行為。

4. 重視最後的影響而非短暫的利益。

另外 Wikipedia（2006）亦提到要做倫理決定的先決條件包括以下要素:

（1）信賴的關係

信賴關係是所有倫理決定的基礎。人們必須從不同的角色模式與道德案

例中去學習什麼是好的？什麼是倫理？一致性的描述所有倫理與道德的判斷致力於在複雜的情境愈困難的決定中能有一致性的描述，倫理決定可從人們的生活，特別是政治活動中加以觀察。

（2）縮小規模

倫理決定的思考面向之一，便是降低未來的衝突，在縮小道德衝突規模的觀點上，這包括以下三個要素：a. 非暴力的解決方法、b. 降低傷害、c. 透過教育使每一位參與者即使在衝突的情境中仍能重視他人的觀點。

（3）避免道德絕對論

亦即「我是對的，你是錯的，你去執行我所說的」，如此容易落入所謂「道德絕對論」，回到以權威為基礎，容易產生暴力。

（4）能專注傾聽

係指面對爭執時仍能專注傾聽因為每一種聲音都可能存在著一些好的、對的觀點。

（5）環境與脈絡

倫理常被視為是早已存在假設的道德基點，當面對衝突時，可能大部分由外在的環境或情境所控制，個體所能控制的只是從眾多解決方案中去做選擇。

由上可知，領導者在做決定之前，首先應考量倫理的規範與訴求，進而建立成員彼此的信賴關係；接著評估所處內外在環境的因素，掌握外在環境的控制，專注傾聽內部不同的聲音；最後能以最大的利益、最小的衝突與傷害為考量來做出倫理的決定。

3. 人力資源管理

因應全球化的領導發展趨勢，隨著環境競爭壓力的快速成長，欲對全球市場進行有效的領導管理，組織人才的招募與培育是領導發展的重要趨勢。Shachter（1999）認為任何組織均應做好人力資源管理，儘可能了解與評估潛在員工的知識、技術與態度，以及潛在員工的需求；沈介文、陳銘嘉和徐

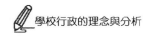

明儀（2004）提出人力資源的主要活動內涵包括：

（1）人力資源的規劃

　　主要任務在預測長、短期人力需求與市場供給情形，因而需進行工作分析，以獲得必要資訊，方有利於人力資源規劃進行。

（2）招募任用

　　組織所招募的潛在員工，將是以後與組織重要的互動者（Shachter, 1999）。因此，組織應審慎完成此一階段任務，了解與評估潛在員工的知識、技術、態度與需求。

（3）績效評估

　　人員被任用後，組織可透過績效評估來了解員工的具體表現，作為薪酬與升遷的參考以及教育訓練設計的依據。

（4）薪酬制度

　　薪酬制度是吸引員工願意任職與留任的主要因素，因此在設計時應格外謹慎。

（5）訓練發展

　　訓練通常是指與工作內容較直接相關的能力養成；發展則指與工作間接相關而範圍較為廣泛的能力養成。訓練或發展計畫的擬定需注意以下因素：受訓對象、受訓者參與受訓計畫的程度、受訓者接受訓練的情形。

（6）勞資關係

　　改善勞資關係包括工作環境的改善、提升員工的權利、訓練員工了解本身的權利與義務、建立申訴管道與制度。

　　另洪榮昭（1995）提出人力資源管理包括四個層面：

　　1.人力資源的取得：根據組織目標選任適當人力過程，包括招募、遴（甄）選與任用。

　　2.績效管理：對成員工作表現加以評估，以提供合理薪酬與激勵。

　　3.薪酬管理：依成員對組織的貢獻度，給予合理酬勞與激勵。

　　4.人力資源發展：提供成長活動與機會，以提升成員素質與組織效能。

綜上，人力資源管理主要在根據組織環境的需求，規劃組織長、短期所需之人力，透過人員的招募、任用、績效獎酬、培育與留才等措施，來完成組織人力架構，實現適才適所的理想。此外，亦應建構良善的組織與成員關係，了解成員在工作與生活上的需求，促使成員能專注於工作，散發其潛力，以充分達成組織目標，並促使個人自我實現。

4. 分享領導

分享領導可有效分散領導者的管理壓力及鼓勵員工持續的專業發展，進而帶動組織與成員的共同成長，營造領導者與同僚間的良好關係；分享領導是領導型態的轉化，主張領導者應與組織內的團體共同工作，而這些團體成員來自於組織的所有成員中；分享領導是領導者的一項重要功能，透過分享領導，領導者更能掌控組織的工作，實現組織的願景，當前分享領導亦是社會成功的一項重要因素。如 National College for School Leadership（2006）在〈網路領導行動──分享領導〉一文中提到，分享領導者應具備四項重要特質：1.領導的學習；2.分散領導；3.以探究為基礎的領導；4.以道德為目的的領導；Phelps（2001）提出分享領導的方法可分為：

1.告知：當領導階層支持時，如何在危機的情境中將工作做好。

2.行銷：當領導者擁有豐富知識的時候，能行銷好的理念。

3.諮詢：運用知識的優勢，讓團體成員更加的投入，領導者保有權威與責任。

4.授權：在低危機的情境中，能給予缺乏經驗的成員實踐的機會。

5.參與與共識：高品質的最佳決策對團體的影響，以及團體承諾的需求。

而在執行分享領導的過程中，亦可能產生以下一些障礙：

1. 不同的價值觀。

2. 角色的衝突。

3. 模糊的目標。

4. 動態的環境。

5. 領導的競爭。

6 缺乏團隊架構。

7. 團體成員的選擇。

8. 領導者的信任度。

9. 缺乏承諾。

10. 溝通的問題。

11. 缺乏由上到下的支持。

　　由上可知，分享領導強化領導者與組織內團體生命共同體的概念。領導者透過與組織內團體成員工作的結合，建立資訊與知識的分享、提供各種挑戰與機會，讓團隊成員能更加投注於工作，領導者更能掌控組織的運作，以共同實現組織的目標與利益。然而，在執行分享領導時，諸如成員的選擇、角色與價值觀的議題；領導者的承諾以及與團體成員的信任度與溝通議題；以及組織團體的架構與支持等，都是領導者在實施分享領導時必須先予以克服的。

5. 社會正義領導

　　Shoho、Merchant 與 Lugg（2005）曾談到在當前社會正義的論述中仍缺乏一個能被廣泛確認的定義；部分學者則認為社會正義在尋找不公平的現象，對於弱勢學生提供機會與教育公平的實踐（McKenzie & Scheurich, 2004）；康新貴（2009）提到社會正義應有兩個基本原則：一為平等自由原則，即每個人應平等的享有基本自由；第二是差異原則，確立社會和經濟的不平等時，應當對整個社會，特別是應當對處於最不利地位的人有利，而且所有的社會地位和官職，對一切人開放或提供平等機會；潘佑廷（2012）指出社會正義所要關注的並不僅僅是身體或智能上弱於他人的族群，而是在相對的角度之下，即便是身體健全的普通人，也可能會是權貴有形無形壓迫之下的弱勢族群；Theoharis（2004）強調社會正義是以道德價值、公平、關懷

與尊重來對待少數種族、族群、階層等學生，使其在教育的過程中獲得公平的對待。

　　學校是社會的縮影也是支撐社會活動的骨架，在公民社會中如何融入一種民主與平等的原則，以改善不公平的現象，是必須有效加以理解的重要理念。決策者政策的擬定與學術研究人員透過學校教育的連結有助於成就公平的實現，而教育領導者在學校教育的過程中則應傳達教育的公平與社會正義的實現。

（1）社會正義領導的內涵

　　社會正義強調以道德價值、公平、關懷與尊重來對待少數種族、族群、階層等學生，使其在教育的過程中獲得公平的對待，進而促進其教育的成功。Marshall 與 Oliva（2010）在其共同著作《Leadership for social justice: Making revolutions in education》第二版中提出，在教育環境中，社會正義領導有三個目標：（1）社會正義的領導者必須提高校內所有學生的表現、（2）領導者推動社會正義必須培養學生成為有批判能力的公民、（3）社會正義的領導者必須確保學生在異質性、融入性的班級正常學習；Shield（2004）亦談到社會正義領導者應進行一種道德的對話，針對不同地區、族群、階級等學生建立良好的互動關係，並進一步發展其學術成就，以促使所有學生教育成功；邱國良、王文君（2007）認為所謂社會正義必定是體現社會發展階段的崇高價值，它可被理解為經濟發展、政治民主、社會和諧穩定以及人全面發展的社會狀態。

　　由上可知，社會正義領導的策略著重在道德、公平、關懷與尊重的基礎上；其實施對象主要是針對少數種族、族群、階層、文化不利地區等學生；而其目的則在進行來自不同地區、種族、族群、階層等學生的融入與關係的建立，以促使所有學生教育成功，實現公平、正義的教育。

（2）社會正義領導的能力基礎

　　Marshall（2004）認為傳統強調管理的教育行政知識基礎窄化了領導理論的觀點。學校教育反映了社會不公平與缺乏正義的生態，教育領導者為兼

顧不同學生的需求與培育計畫，推動社會正義與教育公平的教育活動，需要更多相關的知識作為學校領導的基礎。根據 Theoharis（2004）的研究發現，為落實社會正義的推動，學校領導者應具備特殊教育、語言學習能力、課程、多元教學、資料使用、表達技巧、種族、貧窮、與不同家庭互動以及全球觀點的知識能力；Marshall 與 Oliva（2010）認為社會正義領導的檢視應對以下議題做出適切的回應：1.擁有正義的良知與熱忱，缺乏實踐的技巧與知識，2.缺乏正義的良知與熱忱，擁有實踐的技巧與知識，3.缺乏正義的良知與熱忱，缺乏實踐的技巧與知識，4.擁有正義的良知與熱忱，擁有實踐的技巧與知識。此外 Marshall 與 Oliva 更進一步指出，社會正義領導者應以關心（caring）、關懷（concern）與關聯（connection）來取代創造力（creativity）、勇氣（courage）與同情心（compassion）等 3C 的領導新視野。

　　綜上，社會正義領導者能力的建構，是一連串理論、研究與實務工作的反省；是致力於課程與教學工具的設計；是擁有教育正義的熱忱、良知、關心、關懷與關聯的視野，並能運用專業的實踐技巧與知識，致力於策略建構以及在真實世界中面對政策與實踐的挑戰。

（3）社會正義領導的挑戰與策略

　　Oliva 與 Menchaca（2001）曾提到，在美國隨著各州地域性的差異，學校中所存在的社群與學生人口正在逐步的改變，少數族群的學生在國民小學階段逐漸成為主流，這些弱勢族群在學習與生活上的適應問題，逐漸造成國民小學校園中學生輟學率的提高。教育政策制訂者及教育人員已經感受到，如何讓這些學生能正常學習，以及提升這些學生的學習成就乃教育的當務之急。因此逐步提升教育人員與新移民、少數族群與多元文化的學生與家庭的互動成為學校教育的重要課題（Gerstl-Pepin, 2001）；Marshall 與 Oliva（2010）提到社會正義領導面對挑戰很多，而最常被提及的有 1.學童的被標籤化、2.學校校長及教師對學生能力的假設及信念、3.降低標準或不提供協助成為學生進入下階段教育的障礙、4.在協助學生補救計畫中再度將學生標籤化，讓他們以為自身能力不足；而張鈿富、張曉琪（2010）則提出面對社

會正義領導的挑戰，政策制訂者如何去面對人口、文化差異與認同？如何去面對貧窮所造成少數族群及經濟不利學生在學習上的表現，以獲得公平結果？以及如何培育行政領導者面對這些問題？等都是執行社會正領導時所需面對挑戰。

　　由上可知，教育單位在執行社會正義領導時必須考量人口、文化差異、少數族群及經濟不利學生在學習過程中所產生的不公平現象，並給予積極性差別待遇，改善其學習成效，方有助於社會正義的實現。

6. 智慧領導

　　Harman（1990）指出，面對全球性的溝通、全球化的經濟與競爭，領導者應該跨越國界，擁有全球化經營的能力與責任，……因此，組織應跳脫過去政府機構嚴謹的科層組織，具備更佳的彈性與適應力，建立組織新的氛圍，引導倫理標準。針對 Harman 以上論述，Miller 與 Miller（2006）認為所謂建立組織領導倫理新氛圍的方法即是「智慧領導」。Miller 二人接續表示，智慧是知識、智力、經驗與革新思維的總和，真正的智慧是一種深度的了解、敏銳的識別以及正確的判斷；它源自於自我洞察的程度、個人與組織的價值以及具有文化的多元心智；另外，Kuper 在 2005 年提出組織智慧除專注於認知層面的智慧意涵外，亦應包含情境實踐，組織是一生活世界的體現，組織成員所體悟到的是一種交互關聯的感受，不僅受到領導者與追隨者思想之影響，也受其情感、意象等之牽引（陳利銘，2006）。

　　智慧是領導者最根本的重要特徵（Hammer, 2002）。在多元與動態的組織運作歷程中，領導功能的有效發揮，有賴於領導者運用其智慧去了解組織成員的心理狀態，並調和組織的動態發展歷程，以達成組織目標與願景（Korac-Kakabadse, Korac-Kakabadse & Kouzmin, 2001）；另 Kahn（1998）談及未來領導者應以「量子跳躍（quantum leap）方式進入以人為基礎而非以物為基礎的社會」，經由知識、智慧以及對公平與正義的承諾來說服他人，而不再僅限於職位，應以倫理、理想、說服為基礎，透過管理的認同來

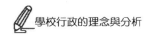

形塑領導。因此他認為未來領導者應具備：1.欣賞與保護民主的原則、2.保護與擴展人權基礎、3.堅持、倫理、平等、公平與正義、4.致力於最佳實物知識、有效教學、智力發展與教育研究、5.堅持標竿原則。

　　全球趨勢、科技革新所帶來的競爭壓力正急速衝擊著組織的生存與發展，亦考驗著學校領導者的智慧。面對急遽的組織變革，領導者能否感知環境的變遷、敏銳的洞察，以做出正確的判斷？能否以其知識、智慧以及公平、正義的處事態度來說服他人？能否以智慧與實踐的能力，來影響自我與組織成員創造共同的利基？都是未來領導者必須修習的課題。

（三）領導環境層面

　　領導者應致力於對整體環境系統的了解，建立社群夥伴關係，以朝向跨組織疆界的領導趨勢，而其主要領導策略則包括建立組織外部夥伴關係、建立組織內部學習社群，今將其敘述如下：

1.建立組織外部夥伴關係

　　夥伴關係的營造是領導發展趨勢的重要理念，隨著全球市場的開放，領導者應致力於整體環境系統的了解，朝向跨越組織疆界的領導，因成就健全的個人與社群過程中，擁有合作的夥伴關係是重要的因素，因為唯有透過夥伴間的共識與承諾方能追求個人與團隊間的共同利益。Goldsmith（2005b）提出夥伴關係的建立可分為內部夥伴關係（長官、同事與部屬）及外部夥伴關係（顧客、供應商與競爭者），是組織迎向成功的重要利器。

　　夥伴社群的建立主要在追求個人與團體的共同利益，因此夥伴社群的建構應基於共同的理想與關注的焦點。一般而言，夥伴關係的建立主要是經由成員的多元性來獲得各種利基，包括：1.促成資源的取得與共享；2.有機會學得新的技巧與能力；3.知識的分享與創新；4.能結合社群的能力因應快速變遷的環境。然而組織團體中應如何去建立夥伴關係，Kaye 與 Wolff（2002）提出建立夥伴關係的策略包括：

1. 在建立夥伴關係之前應先處理夥伴關係的相關議題。
2. 確認夥伴社群的相關議題與人員。
3. 確保每一位成員均能參與。
4. 能以適當的方式,有意義的融入多元的團隊中,並能了解不同社會資源(如收入、種族、性別)的優勢與劣勢。
5. 鼓勵成員去了解夥伴社群中的他人,並給予在夥伴社群內如何去工作的能力。

Baker、Homan、Schonhoff 與 Kreuter(1999)也提到在建立夥伴過程中應包括幾項步驟:

1. 先建立夥伴關係的信任。
2. 確認並尊重不同夥伴所提出的議題。
3. 強化分享領導。
4. 重視夥伴社群的進入與關係。
5. 了解夥伴關係在不同階段所面對的挑戰與發展。
6. 組織內部成員能了解和支持夥伴關係的活動。
7. 確保高層次的思考影響夥伴社群的利益與議題。
8. 跨領域取向的思考。
9. 對於相關事件能採取一致性態度與方法。
10. 重視夥伴的績效責任。

夥伴關係的建立,營造了人際互動的另一境界,促成了人與人之間緊緊的結合以共同面對挑戰與發展,並藉由彼此專長屬性的互補來成就共同的目的與利益。夥伴關係改變了傳統顧客、競爭者的角色,夥伴關係的建立以成為今日領導者的重要理念,在未來與相關組織間建立正向、長期與雙贏的關係是重要的,因為在多元的環境中,相同屬性的組織多可能同時成為顧客、競爭者與夥伴的關係,而不再如過去一般能清楚的界定誰是朋友,誰是敵人。因此,如何建置正向、長期、雙贏的策略夥伴關係是未來領導者應思考的重要趨勢。

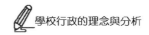

2. 建立組織內部學習社群

　　為有效改善學生學習、教師教學與行政服務，促進教師、家長、學生與行政人員的有效互動，以提升整體教育品質，校園學習社群的建構，是領導發展的有效革新策略。Roberts（2001）認為，學習社群是學校進步的有效模式，高品質的學習活動是改善教與學的必然因素，透過學習社群的合作、權力分享與持續學習有助於學校特色的建立與專業的發展；Senge（1994）從有關學校改革的文獻中分析發現，學校將逐漸轉化為學習者社群，學校成員間需要有時間進行合作、有持續的行政支持、資訊分享與溝通管道，方能有效提升學校運作與成員的專業；Grossman、Wingburg 與 Woolth（2000）認為基於以下幾個理由，校園社群的建構是必須的：1.智慧的更新；2.社群是學習的場所；3.社群是培育領導的場所；4.教師智慧更新與專業社群有助於學生的學習；Hord（2004）提出學習社群中成員的改變會重組教師、行政人員、學生以及社群中其他人員間的角色、規則與關係，其中學校學習社群對教師影響可分為五個方面：1.教師是同事，持續的討論有助於學習新知識，促進相互的成長與發展。這種相互支持的關係更能使教師覺察他們的責任，一起努力處理教學有關的事務；2.教師是領導者，當教師實踐其對個人與團體的承諾，為學校福祉而努力時，即以實踐其領導角色；3.教師是學習者，教師專注於學習便能獲得更多資訊融入新的知識，使其更能協助學生成為成功的學習者；4.教師是教學者，教師透過社群的運作便能分享教學策略與教學計畫，尋找改善教學的方法；5.親師關係，家長參與學習提升教與學的知識，也擴充了學生的學習機會。

　　綜合上開論述，學習社群影響了學生的學習、教師的教學、學校同儕的互動與親師的關係，是一種改善教與學的高品質學習活動。藉由社群的建立重新組合行政人員、教師、學生以及社群其他成員的角色、規範與關係，在團隊合作的工作模式下彼此支持、分享、解決專業實務，提升專業成長，以實現個人與團隊的承諾與目標。

第三章　全球化與學校領導

一、前言

　　全球化的發展影響人類生活的各個層面，它縮短國與國之間的距離，增進入與人之間的互動，如社會學家 Giddens（1994）亦指出，全球化是全球經濟、政治、文化的相互連結，是一種不受距離限制的生活與行為方式；Robertson（1995）指出，全球化在創造一個文化型態的新混合體；Waters（1995）提出，全球化是一種社會的歷程，在此歷程中，原先基於地理條件限制所形成的社會與文化型態漸趨鬆散；Green（1997）對於全球化的觀點主張，全球化預示國家經濟型態與教育系統的式微，而在密切互動與文化交流下，傳統國家系統所服務的要項，如勞動人力、產業結構、組織管理及再製功能將受到衝擊；Dale 與 Robertson（2002）提及，全球化力量透過國際組織與非政府組織的機制，來影響各國教育政策；Apple（2002）指出全球化關係的轉變包括政治、經濟、文化與教育的範疇；我國學者石之瑜（2003）指出，全球化是一種跨越疆界的現象。由上可知，人類社會全球化的過程實際涵蓋政治、經濟、文化、教育、科技等各個層面，並透過資訊通訊科技進步與應用來跨越疆界，使人類在全球化的過程中進行密切的交流活動。

　　全球化不僅具體反映在政治、經濟、文化、科技、法律、軍事、環境，也在教育的範疇中共同搭起複雜的關係網路，而其對教育的衝擊在於促成了

一連串的教育改革。如美國總統柯林頓在一九九四年提出「目標兩千年教育法案」（Goals 2000: Educate America Act）出現以提升教育品質、關切國際競爭內容與學生成就為目的之條文（沈姍姍，1998）；英國在一九九二年教育白皮書「選擇與多樣化－學校架構」中所提出之教育原則，亦期許英國教育能創造成功的未來，因此教育應提供未來的勞動力以及建立英國經濟發展與競爭的基礎（DfEE, 1992）；另外歐盟在區域整合中亦賦予教育相當的使命已完成政經整合的目標，以促使學生對歐盟文化的認同（Brock & Tulasiewicz, 1994）；而我國則在 1966 年提出「教育改革總諮議報告書」（行政院教育改革審議委員會，1996），報告書中強調因應二十一世紀的社會特點與變遷方向，教育現代化應配合主體性的追求，反映出人本化、民主化、多元化、科技化、國際化的方向。而這一連串國內外教育改革的動向亦影響學校教育政策的走向、學校生態的改變學校行政是教育的一環，校長領導影響學校教育推動之有效性、經濟性與競爭性，因此校長如何在全球化教育競爭年代中，透過計畫、組織、溝通、協調、執行、評鑑等功能，有效整合學校人力、物力、財力以及內外資源以達成學校教育目標，將成為校長領導的重要課題，誠如王如哲（2000a）所言，迎接二十一世紀全球化知識經濟時代的挑戰，實乃新世紀學校行政領導必須面對的課題。以下將從全球化、國際教育改革與教育競爭力的觀點來探討校長領導。

二、全球化

全球化科技的蓬勃發展帶來了資訊化的社會，面對二十一世紀的變革，世界上越來越多國家認識到，社會、經濟的發展將有賴於科技的進步與人力素質的提升，而科技進步與人力素質的提升則有賴於教育的發展。因此，教育成為許多國家的重要戰略地位，並積極的從事相關的教育改革與發展，全球化與教育改革緊緊相連、環環相扣。

（一）全球化的內涵

全球化是世界歷史發展的重要趨勢，其發展源起，大多數人認為與資本主義的出現有關。至於全球化的內涵則隨著不同面向的敘述，看法分歧，有的主張全球化是各個國家、民族、以及不同文明體系之間在生活方式、生產方式、溝通交流與價值觀上的同一化，如 Waters（1995）提出全球化是一種社會歷程，不受時空所限制，在此歷程中，原先受限於地理條件因素所形成的社會與文化型態將趨於鬆散，而社會成員亦能覺察此變化；另外 Beck 亦認為，全球化是日常生活行為疆界的瓦解，這些行為發生於經濟、資訊、生態、技術、跨文化衝突和公民社會等面向（孫治本，1999）。另外有些學者亦主張全球化是經濟發展的必然趨勢，是國際貿易活動的擴大，也是經濟發展的利基所在，所以無論是原料的供應、訊息的溝通與傳遞、市場的自由開放以及資本的流動，都體現經濟全球化的發展趨勢。全球化是經濟上的統整活動，其發生源自便捷的交通運輸網絡與快速的國際資訊流通體系，它的到來使得因為鄰近地區所提供的原料、科學家、資本家及技術人員而獲得的主要競爭優勢將不復存在。

由上述對全球化的論述可歸納出，全球化是一種不受時空限制的社會發展趨勢，它逐漸超越傳統的國家、地域、種族的觀念，透過資訊通訊科技的發展，以知識創新、資本流動與國際合作的方式，在全球各地展現出全方位的溝通、交流與互動。

（二）全球化的特徵

Green（1997）指出，人類社會在全球化過程中所產生的交流與互動，表現出以下特徵：

1. 全球化過程的加速化

由於資訊通訊科技的發達，縮短了人與人之間的距離，形成所謂的地球

村，也使得當代人類實現了全球範圍內訊息接收與處理的同時性，在此同時性的特徵下，各個地域、民族與國家之間的政治、經濟、文化的互動，以及訊息，資金，人員的流動將愈趨頻繁。

2. 全球化內容的多樣化

全球化的內容包括政治、經濟、文化、生活、科技、觀念全球化等方面。

3. 全球化方式的內在化

二十世紀起，人類社會全球化的方式開始朝向內在化，也就是在全球範圍內各個地域、民族與國家間有機結合的方向發展，因此區域發生的問題將不再侷限於區域內，任何國家必須共謀對策，促進全球性社會的形成。

4. 全球化效應的兩極化

全球化的發展過程中，由於金錢、資訊無祖國的時代特性，一方面改善人類生存與發展條件，為人類社會進步帶來福祉；另一方面也帶來了一系列的全球性問題，如環境保護、毒品擴散等，使人類社會生存發展陷入嚴重困境，此兩極化現象正考驗人類的智慧。

（三）全球化的趨勢

由於資訊與通訊科技的出現，完全競爭者（perfect competition）的願景正逐漸成為事實。知識經濟的全球化特質改變了競爭的動態，在市場中，「競爭者（competitior）」可能位於世界的任一國家，全球化的影響將不再受到地理之限制，透過資訊通訊科技的應用，得以並立於公平的競爭條件（王如哲，2002b）。

（四）全球化的發展

全球化的發展呈現多元的特性，它不僅改變傳統的競爭方式，也撼動了

國家的權力，有些全球化理論預言，國家式的經濟模式即將宣告終止，以國家作為主要政治組織的傳統功能也將逐漸式微，國家角色的遞變，成為全球化發展中的必然趨勢（Green, 1997）。以下從政治、經濟與文化探討全球化的發展。

1. 政治全球化

著名的政治學者 Samuelp. Huntington 在其《文明衝突與世界秩序的重建》（The Clash of Civilizations and the Remarking Of Word Order）一書中指出，檢視目前全球政治發展，可追溯至一九七〇與一九八〇年代，當時有三十幾個國家由威權政府轉向民主體制，這些轉型和前蘇聯的垮臺，使全球展開大規模的民主革命。此後西方在美國的人力宣導下，人權觀念與民主政治成為普世的價值，成為政治全球化的主要象徵（黃裕美譯，1999）。

事實，政治全球化除了人權與民主所引發之效應外，從全球視野來看包括醫療、教育、人口、糧食、環境、區域和平與衝突等問題。因此政治全球化應建立在人類和平共處、權利平等、消除敵對與解除紛爭已建立國際新秩序為目標。

2. 經濟全球化

經濟的全球化從本質來看，它是資本的無限增值與擴張的表現，再加上人類往來互動的頻繁，生產與貿易的依存度提高，使經濟聯繫更為密切。由於全球化有助於人類的全面發展和解放，個人可透過全球化擺脫民族與地域之侷限，以獲得全球性生產的能力（紀玉祥，1998）。是以，全球化自始即與經濟有密切關係。

3. 文化全球化

資本的流動與重構是經濟全球化之重要特性，而文化是資本組織與傳播生產之欲望所在，因此資本必將滲透並充斥著文化生產的空間，文化進入跨國際的歷程形成文化的全球化（王逢振，1998）。值此，文化全球化可能在

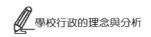

經濟全球化的助瀾下,使文化交流更加熱絡,這不僅衝擊本身文化之發展,亦應以更廣大的智慧來處理全球文化。

(五)全球化與本土化

在全球化的浪潮席捲下,世界各國莫不戮力於與世界接軌,投入「地球村」的社會。而在追求全球化的過程中如無法思索本身的國情與特性,將可能造成本土化發展的危機。

其實全球化與本土化並非對立無法並存,相對的,應該是相輔相成而非截然二分的。如俞可平(1998)談到世界上的多數國家都同意接受和遵守有關環境保護等國際公約,但在解釋和執行這些公約時,仍帶有每個國家的深深烙印。因此,在追求全球與發展本土化的過程中,如能採取更寬容、開放、反省與彈性的態度,不僅能將全球化思維融入本土的行動中,更能將本土化的發展推向全球化的舞台。

三、國際教育改革與教育競爭力

在全球文化的倡導與全球教育的驅使下,世界上許多國家重新檢視教育的內涵、原則及傳輸之策略與方針,如美國總統柯林頓在 1994 年簽署的「美國兩千年教育目標法」,強調的能力為運用理性能力、解決問題、應用知識、書寫溝通以及會一種以上的語言能力;法國 1990 年公布的「未來教育政策-2000 年教育計畫」中強調法國經濟的活力與競爭能力,而此經濟的活力與競爭力取決於教育的活力與競爭能力;英國在 1991 年公布的面向二十一世紀的教育和訓練」白皮書強調滿足未來參加工作青年的需要與抱負,充分發展其特有才能,在生活競爭中擁有最佳的起點機會;紐西蘭 1993 年修訂的「新紐西蘭課程架構」(The New Zealand Curriculum Framework)提出八個重要能力:溝通、算數、資訊、問題解決、自我管理與競爭能力、社交與合作能力、運動技能、工作與研究能力;德國在聯合國教科文組織贊

助下進行的學校計畫等；Werner 在檢視美國、英國、加拿大、德國及紐西蘭所要求之能力後發現，世界各國普遍要求溝通、資訊蒐集、分析與組織、計畫、人際社交、算數、問題解決能力與技術等（沈珊珊，1998）。而我國於 2001 起正式實施的九年一貫課程亦提出培養學生十大基本能力，其主要目標之一是促進文化學習與國際理解，培養學生尊重並學習不同族群文化，體認世界為一整體的地球村與互信互助的世界觀，成為優質的世界公民。在此全球性教育改革浪潮中，在強調讓學生具備未來生存與競爭能力的同時，以下將分別探討各國教育改革趨勢與教育競爭力，以就全球化對教育的影響有更深入的剖析。

（一）各國教育改革之趨勢

隨著全球化的到來，各國無不積極致力於教育制度的改革，以追求在世界的舞臺上居於領先地位。王小平、吳立崗、夏惠賢等（1997）指出各國的教育改革存在著以下共同趨勢：

1. 重視國際教育

在當前不斷發展的經濟國際化趨勢中，各國均不約而同的提出了教育要「面向世界，面向未來」的主張，觀念、資訊與服務在全球化的社會中是相聯繫的，因此學校教育的國際化、教育思想的國際化，很快的盛行於世界各地。如美國課程發展與管理協會全球／國際教育委員會提出國際教育的一般性原理包括：

1. 國際教育是跨學科的，包括人文、科學、數學、外語、地理和社會研究等學科，並且應從小學階段開始進行。
2. 所有教師、學生均應有機會與不同於自己倫理與文化背景的人一起學習與生活。
3. 國際教育課程應包括各國間相互影響來增強對個人與社會的影響。
4. 應透過教學材料來闡明世界體系中各國不斷變革的作用。
5. 美國在世界事務中的變革與發展，應包括國際發展趨勢的研究。

2. 重視道德教育

在全球化時代，國際社會的現實生活中存在著「高度發展的物質文明與作為精神文明的道德文明出現『明顯的落差』」，道德文明的嚴重下降成為教育工作的重要議題。因此 1989 年聯合國教科文組織在「面向一十一世紀教育國際研討會」上提出，未來教育應將道德教育放在教育的首位，並提出「學會關心」宣言。

在教育中無論社會如何變遷，「道德教育」是超越時代的不變價值，它在培養具有豐富人文、正義感、公正心、能夠自律，善於與他人協調及替他人著想的人。

3. 重視外語教育

語言是人與人溝通的工具，人類藉由語言認識自然、運用自然，實現人類共存、共享的目標。未來是一個世界各國共榮的社會，各國所創造的文化是人類共同的財富，任一國家的發展需吸收其他國家的文化財富，才能增強其國際合作與競爭的地位，而語言是最佳的工具。

4. 普及資訊科技教育

資訊化時代促使國際間訊息的流通與人際的互動，這場猶如產業革命般的變革已波及全球，改變未來社會的面貌，因此學校教育應讓兒童在資訊社會中能合理、有效的把握和利用各種訊息為社會及自己服務，使其具備未來生存與競爭的能力。國內學者王如哲（2002a）在歸結全球教育改革動向與教育有關的策略後指出，全球教育改革策略大抵分為以下幾點：

1. 國家發展成為「學習經濟（learning economy）。
2. 人力資本的投資策略。
3. 正式教育，使其變成較少傳遞訊息，而更聚焦於教人們如何學。
4. 資訊與通訊科技，以利於進入全球資訊體系，並支持校園知識分享與管理。
5. 學校的組織學習，加速教育人員隱性知識的成長，使學校組織成員

的學習賡續不斷。

　　6. 研究者與實務人員的角色關係，以支持較佳的教育研究與發展。

(二) 教育競爭力

　　教育競爭力是指教育體系與內外部環境進行互動所產生的整體表現，而此表現指標不僅影響個人、學校、社區甚至影響整個國家在全球化時代的生存競爭地位。教育競爭力的定義也隨著個人、學校、國家立基點的不同而有差異。

1. 教育競爭力的發展

　　由於期學校經營理念不具商業色彩，因此教育競爭力的理念並未出現在教育體系中。而隨著 1957 年蘇俄發射人造衛星的表現，喚醒美國對於教育競爭能力的重視，繼而進行一系列的教育改革。當時美國的學校經營體系開始藉由策略規畫之工具來分析外部環境的機會與威脅、內部的優勢與劣勢，其主要引用之典範為 Ansoff 於 1965 年所提出的 SWOT（strength-weakness-opportunity-threat）分析（Navarro & Gallarod, 2003）；另外，美國國家卓越教育委員會（The National Commission on Excellence in Education）在 1983 年以國家在教育中為題，提出「卓越教育」的構想，以解決美國學生在國際學生能力競賽中無法獲得良好成績以及基本能力普遍低落的問題（吳清山，1989）；以及 1990 年代早期，直接促動第二波教育改革一重建運動，重點在型塑明日的學校以及探討下一世紀影響教育的三個趨勢一知覺經濟的危機；社會上，社會結構本質的改變；從工業到後工業時期的革新（Beck & Murphy, 1996）。

　　教育競爭力研究取向的演進可分為三個階段（吳天元、吳天方、樊學良、林建江等，2003）：第一階段為 1982 至 1985 年間，教育競爭力的主要議題在討論如何強化學生學習能力的表現，為一種學習取向；第二階段為 1985 至 1995 年間，主要透過科技與科學來提升學生學習成就和國家競爭力

的表現，此時期教育競爭力研究的焦點在從過去個體學習層次提升到國家競爭力層次的表現，為一種科技取向；第三階段為 1995 年以後，因應知識經濟時代的來臨，知識的吸收、運作與轉換成為個體、組織與國家競爭力的關鍵，此時期的研究重點在學校創新與再造以及全球化等，為一知識經濟取向。

從教育競爭力的發展可發現，教育競爭力儼然成為國家競爭力的基礎、無論其發展階段如何劃分、時代社會潮流如何演變，其不同處只是在過程與手段上的區別，其核心的關鍵——學校教育卻始終不一。

2. 教育競爭力的層級

如以主體來區分競爭力的層級，吳天元等（2003）將其分為二個層級：第一個層級是以學習者為競爭單位，學生學習成就、核心能力的表現，學生表現傑出在未來生涯發展便擁有相對的優勢地位，這是屬於教師教學與學生學習的面向；第二個層次是校際間的競爭，如學校所提供的服務品質與成果能優於相對的競爭學校，便能在市場擁有較佳地位，吸引更多優秀學生加入，此乃屬於行政面向；第三個層級為國家競爭力，係指學校教學與行政結合，驅動國家競爭力的成長。另外 Porter（1990）亦指出，教育競爭力對於國家競爭力的貢獻是指：在國家發展歷程中，學校能從現有基礎上持續創新，進而快速且持續的改善國民素質並增加國民財富與能力。

由上述教育競爭力之層級與影響之詮釋可發現，教育競爭力雖或有層級上之區分，但其實乃脈絡相傳，後者植基於前者之上，沒有學校教學層面與行政層面的結合，國家層級的競爭力亦只是紙上談兵。

3. 教育競爭力的思考面向

教育競爭力的思考面向隨著層級分類得不同亦有所差異。王如哲（2002）從學生的觀點出發，認為競爭力的表現在於學生能力、態度與情感的改變，主要著眼於學生成就與學校的產出；吳清山（2002） 從行政層面觀點指出，在高度競爭社會中，國與國、學校與學校間，甚至人與人之間都

會產生競爭，為求生存，不論是國家、學校或個人都應具備致勝的關鍵能力，也就是競爭力；而吳天元等（2003）歸納相關學者之論點後提出三個層次及十三個競爭力指標如下，

　　1. 學習者競爭力：學生學習成就、終身學習。
　　2. 學校競爭力：卓越願景、學校特色、知識社群、財物管理能力、科技運用能力、夥伴或群聚關係、教學與行政品質、效率與效能、經營績效、顧客滿意度。
　　3. 國家競爭力：國家生產力。

　　由上述教育競爭力之思考面向可知，其整個核心動力在於學校競爭力的提升，學校競爭力影響個人競爭力並帶動國家競爭力，成為教育競爭力的思維核心。

（三）教育改革與競爭力

　　國家競爭力除了企業界的投入外，人才的培育亦是重要的一環，而人才的培育則有賴於教育，因此教育競爭力可以說是國家競爭力的根本所在。在前述所提及各國教育改革趨勢的探討中，世界各國無不致力於培養學生帶著走的能力，以具備未來生存與競爭的潛能，而學生生存與競爭能力的培養則有賴教育經營能達到精緻、卓越與績效，如吳清山、林天祐（2003）所言，教育競爭力（education competitiveness）係指教育發展具有一定的品質與績效，能夠保持領先的能力，以促進國力的全面提升。

　　教育競爭力的提升包括國內競爭力與國際競爭力兩部分，因此教育競爭力的提升學校與政府有無可旁貸之責。由各國教育改革趨勢來看，大部分均強調學校教育應重視學生思考能力、創造能力、外語能力、資訊科技能力及終身學習能力等。羅紅（2001）曾提及學校的核心競爭力包括技術、文化與制度三方面，今分別陳述如下：

1. 技術是關鍵，學校技術主要體現在三方面的能力

　　1. 教育能力：智慧資本、師資的素質、數量與結構。

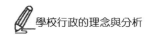

2. 管理能力：人盡其才、物盡其用、地盡其力，使人事有序、輕重有度。

3. 科研能力：校本體系、理論與實踐完美結合。

2. 文化是基礎

1. 培養團體意識：組織目標、價值觀、組織精神、道德規範、經營策略、人文環境。

2. 建立組織的文化規範與氣氛。

3. 成為學習型、研究型、創新型組織。

3. 制度是保證

建立規制、優先分配原則、公益與效益、公平與效率。

教育競爭力是時代的要求，也是教育的使命，而「與時俱進」的觀念則可常保教育之優勢。在教育改革與教育發展的過程中，應運用競爭教育的理論與方法來開展的活動以支撐其教育競爭的平臺，而校長角色則扮演了舉足輕重的地位。

四、校長領導理念的省思

由上述全球化的特徵與發展趨勢分析可知，在全球化的未來，教育無法置身於外，它不斷領受著全球教育的衝擊，其政策與改革亦受到全球化教育潮流的挑戰；而在教育競爭力的分析上，我們也體悟到學校層次在學習者與國家層次間居於樞紐的關鍵地位，扮演舉足輕重的角色，不僅影響學習者的核心競爭力，也對於國家整體競爭力的提升有著深遠的影響。

從全球化教育競爭年代，學校教育所處的核心地位而論，校長的領導角色應普遍受到重視與關注。如英國首相 Tony Blair（2000）在「全國學校領導學院（Nation College for School Leadership，簡稱 NCSL）」所召開之「新制校長卓越領導評議會（Leading of Excellence Conference for Leadership）」之開幕詞中揭示「在英國沒有比學校校長更為重要的工作」；Orr（2001）及

Young 與 King（2001）亦指出，校長角色的扮演關係學校教育發展至深且鉅；Edomonds（1997）提出，校長是教育政策的執行者，也是學校的靈魂與核心，其領導品質亦深深影響學校辦學成效。

　　校長影響學校的教育品質與發展，而學校教育影響了學習者與國家競爭力的提升，因此在目前全球化教育競爭年代，校長應具備以下的領導新理念：

（一）對國際競爭教育發展的省思

1. 對教育環境變化的體悟

　　全球化時代超越了時空的邊界，「地球村」儼然成形，在此一大的開放社會系統中，教育的環境變化亦衝擊著教育的進展，校長唯有體驗教育環境的變化，方能引導教育朝向正常發展。這些環境變化包括政策環境的壓力一國內外教育改革對於教育政策擬定所產生的影響，如秦夢群（2001）提出，美國在 1990 年以後教育改革政策中鬆綁、追求卓越、提升師資素質、重視學校革新等，均影響 1.我國現今教育改革的方針、2.社會環境改變，新知識經濟時代的來臨，對於學校教育現行結構的影響，如王如哲（2002c）提出，知識經濟的學校領導者之一項重要工作在確保學校具備三項條件：分享經驗的時間、強的網路與鼓勵分享的氣氛、創造出有助於改進學校教育的想法與理念。3.國際環境的挑戰：全球化時代的來臨，各國教育政策的擬定雖取決於該國時間點的需要，但各國面對全球化的力量、各影響機制的滲透時，某些國家的脈絡亦會參與運作過程，誠如 Apple（2001）所言，這種力量的推與拉為一動態過程，而在推與拉之間如何互動，是一值得深入研究的課題。

2. 重新認識學校教育發展的趨勢

　　我們不能以過去的知識，來教導現在的學生，去適應未來的生活；面對全球教育競爭的年代，我們更不能以傳統的學校組織結構來敷衍。教育必須加入「與時俱進」的理念，方不致在教育潮流中中箭落馬。靳希斌（2001）

曾提出教育的運作與發展未來將面臨教育產業、教育市場、教育經營與消費、教育服務等問題，而這些問題也將是學校教育發展的趨勢，在校長領導過程中應深切體認的。

3. 教育是提升國家競爭力的基礎

從全球化與教育競爭的論述中，我們已領會到學校競爭力影響個人競爭力並帶動國家競爭力的發展，尤其我國在 2002 年加入 WTO 後，教育更面臨全球化與國際競爭的挑戰。因此除了政府應在師資、設備、經費等教育資源的充分支援以及組織結構的革新外，更應營造學校具備生存競爭的環境，激發校際間的競爭關係。而校長的領導角色則應體會到學校的危機感與緊迫感，創造學校積極自我更新的能力，進而提升學校之競爭力。

4. 教育是迎向未來發展的事業

過去的知識、現在的知識都無法滿足未來的需要，教育是一種面向未來的價值觀。處於全球化知識經濟時代，「知識」、「創新」與「速度」成為競爭的利器，而創新更是永續生存的必要條件（吳京，2000），因此校長面對教育的未來，應建立多元的教育理念，以培養創新、勇於探索、適性發展與寬廣視野的學生。

（二）對學校教育實踐活動的省思

1. 學校教育應致力於人力資源的開發

國際型人才方能在全球教育競爭浪潮中居於領先地位，而國際型人才的結構依王小平等（1997）之見，應包括國際態度（如適應變化、創造未來）、國際意識（如國際理解、國際正義）、國際活動能力（如外語能力、終身學習能力）以及國際知識（如世界發展的歷史與趨勢）；國內學者尤克強（2001）亦曾提出「知識誠可貴，人才價更高」，來強調人才培育的重要性。因此，校長應營造具國際觀的學校文化，致力於學生多元智慧的啟發、人力資源的開發，提升學生素質教育，促使其在全球化競爭中位於優勢地位。

2. 重視動態教育環境下的主體創新活動

　　教育市場與資訊通訊科技的發展衝擊、穩定、平衡、有序的教育環境，校長的職責便是在此動態的教育環境中力求創新與突破；校長更應深切體會沒有創新學校便沒有未來，而未來是創造出來的。如王如哲（2000）所提出，在全球化知識經濟時代，組織的生產力與創新能力已成為影響組織成敗之關鍵。因此校長應重視學校人員的主體性與創造性以因應動態環境下的教育需要。

3. 以人為基礎的管理

　　校長必須學習領導不是從組織金字塔的頂端，而是從人際關係的網路連結，其影響的基礎必須是專業的專家見解與道德的強制性，而非線性的權威（Chapman & Boyd, 1986）；另朱永新（2001）也提到優質的教育服務是形成學校教育服務優勢的核心，也是打造學校教育品牌的有力手段。因此在全球化發展，人類互動頻繁所可能產生的衝突中，校長領導應本於人文關懷與服務意識，滿足人不同的層次需求，進而發揮人的主體性及釋放人的潛能，透過學習者競爭力的提升來強化學校的品牌與教育競爭力。

4. 重視學校歷史、文化的經營，推向國際文化舞臺

　　學校的歷史、文化都具有其唯一性與獨特性，在文化全球化的潮流中，文化進入了跨國化的過程，透過資訊通訊科技的基礎建設、語言基礎建設與企業基礎建設，使得全球文化的交流更為頻繁。在全球化的發展趨勢中，存在著全球文化多元性的發展勢力，全球化與本土化應相輔相成，方不至於在全球化的過程中危及本身的傳統文化，也不致於過度強調本土化而孤立於國際社會。如國內學者龍應台（2000）所言，本土化不能過度膨脹，而自外於全球社會。任何文化都該像湯湯大河，百川不拒地納入，取其所有健康、活潑的河流，才會是生機盎然的大文化。

　　校長在學校歷史與文化的經營上，應採取所謂的「全球化思考，本土化

行動」以及「全球性的本土化，本土性的全球化」觀點，除學校歷史、文化、資源、服務等特色的建立與維護外，更應藉文化全球化的觀點，將學校文化推向國際舞臺。

5. 營造學校成為終身學習的學習型組織

從各國教育改革趨勢來看，大部分均強調學校教育應重視學生終身學習的能力，唯有終身學習才能不斷提升學習者、學校與國家的整體競爭力。歐用生（1999）曾提及二十一世紀的新學校應是一個學習型的組織，提供成員繼續學習與成長的社區。因此面對全球教育競爭的年代，校長應營造學校成為終身學習的學習型組織、建立教育學術的知識社群，在此學習社區中的成員能不斷自我實現、自我超越，同時能透過團隊合作、激發彼此動力共塑學校願景，引導組織的永續生存發展。

6. 搭建教育夥伴的連結網

在教育競爭的過程中，教育市場內的各級學校並非只有競爭，也不僅是合作，更不是競爭與合作交替出現，而是競爭與合作同時出現，因此過去所強調的競爭優勢已逐漸由合作優勢所取代（黃強倪，2002）。

由上述敘述可知，體系內的各級學校可能同時具有競爭與合作的關係，而除了學校間合作的夥伴關係外，依 Sisaye（1990）教育體系的競合架構中尚包括：

1. 顧客：如學生、家長與社區人士。
2. 教育供應者：如教職員、軟硬體設備。
3. 可替代性教育體系：如研究機構、在職訓練機構。
4. 新教育體系：如國外教育體系。而校長領導工作的重點之一即在搭建這些教育夥伴的連結網，使學校教育成效發揮相加與相乘的效果。

7. 均衡科技與人文教育發展

二十一世紀全球化的教育競爭將是以知識為競爭的主軸，速度革命與創

新突破將伴隨資訊通訊科技而加速發展，如 Gates（1999）所言，二十一世紀是全球化知識經濟的時代，也是一個電子化的世紀，更是一個講求速度革命的世紀。因此，學校如何運用資訊科技，發揮知識創新力量、強化行政效能、提高服務品質，是學校擁有競爭的主要關鍵。然而校長在推動資訊科技之外仍應兼顧人文的發展，避免科技與人文疏離、精神與物質失衡的現象，培養全方位具競爭力的人才，校長應同步追求科技與人文、物質與精神。

8. 校長文化的催生

校長文化是校長團體在職業轉型過程中，逐步形成且共同追求的精神特質、思維品質、價值取向、行為方式等意識形態和實踐經驗的總和。校長文化的產生應植基於一種多元的文化觀，並主導著校園組織文化的發展，對於學校建設與發展具有舉足輕重的地位（王繼華，2001）。因此，面對新世紀的學校，如何形塑優質的校長文化，使校長能不斷挑戰自我、跨越障礙與創造未來，以積極創新的理念，使學校教育昇華，提升學校的能見度，是新世紀全球化時代中所有校長應共同努力的方向。

五、結論

在全球化競爭的年代，在學習者與國家競爭力的提升上，學校教育顯然居於一重要的樞紐位置，而身為學校領導者——校長，是學校教育成敗的主要關鍵，在此新世紀年代中扮演了舉足輕重的地因此，位於此時期的校長如何清晰的意識到自己的價值與使命、不斷地追求自己的人生理想與辦學理念、能兼顧科技與人文關懷的發展、能具備「與時俱進」革新與創新的理念、能夠創造教師與學生輝煌的舞臺、能凝聚人力與物力資源以促進學校發展，進而提升學習者、學校及國家全球競爭的能力，是今日校長責無旁貸的使命。

第四章　有效倫理決定

　　面對全球知識驅動的年代所帶動的人與環境戲劇性的變革，領導決策品質的維繫必須對於人與環境的議題做出有效的因應與處理，諸如組織衝突的管理與執行以及組織國際化後內外在環境的因應，如文化、政治、法律與社會規範等所帶來的決策考量，都是組織領導決策過程中無可避免的問題，正如 Goldsmith（2005）認為有效的領導決策品質在過去、現在與未來同等重要；Thomas 與 Bainbridge（2002）談到，未來的教育領導者仰賴的不再只是地位，而必須經由知識、智慧與能力來說服同僚，以及對教育的公正性與公平性作出承諾，以確保領導品質。因此，學校領導者在全球教育競爭的體系中，如何運用本身的智慧在領導決策過程中融入倫理的概念，以有效解決組織環境的議題及國際間存在的文化落差，進而維護教育的公正性與公平性等倫理標準，是學校領導者在提升學校教育競爭力的過程中應關注的焦點。

　　源於前開之論述，當前的組織正處於全球多元文化環境體系，面對國際領導能力的挑戰，由文化差異所衍生出的領導決策倫理對組織領導者而言誠屬重要（Tracey, 2003）；另經濟合作與發展組織（Organization for Economic Co-operation and Development, OECD, 2005）亦提出，未來的學校與領導者應能有效處理地方社區的需要、多元學生族群的問題以及能感知於文化與性別的議題。基此，面向多元文化族群的環境脈絡，未來領導者應具有欣賞多元文化的能力，除了能了解不同族群在經濟、社會、政治、文化與法律層面等規範的不同外，亦能體會其社會與行為上的差異，因為對不同族群的尊重與關係的建立是成功的未來領導者一項很重要的特質，而要成為在多元文化

架構下的成功領導者，對於領導過程的倫理內涵，諸如公平與一致性的對待每一位成員、傾聽組織中每一位成員的聲音以及尊重組織中不同成員的需求與參與決策等都是有效領導決策過程中不可或缺的倫理要素。

　　Blanke（1993）曾談到「倫理是教育組織的重要目標。」；Starratt（1994）亦主張建構一個倫理的學校（an ethical school），因此「倫理」可視為學校教育的核心價值，影響學校教育的發展。若從領導者執行領導倫理的過程與追隨者因領導者的領導運作產生行為改變來看，筆者以為兩者間之交互作用影響，可分為以下三個主軸，亦即（一）領導者與追隨者使用倫理的過程去追求非倫理的改變；（二）領導者與追隨者使用非倫理的過程支持倫理的改變；（三）最理想的情境是領導者與追隨者使用倫理的過程來實施倫理的改變。事實上，學校領導者每天的工作都面對著數量不一、程度高低不同的道德價值衝突（Greenfield, 1993），而這些道德價值衝突亦時時影響著學校領導者如何在眾多的行為選項中去做有效的決定。正如林明地（1999）所談到的，學校領導實際本若從領導者與身就具有倫理學的意義，因為傳統學校領導的觀念忽略領導道德權威與專業權威的發揮，致使學校領導者經常面對道德的兩難問題，而無法有效解決；另外 Sergiovanni（1995）亦曾提出學校領導的倫理學觀念可彌補傳統領導觀念所忽視的激勵來源以及權威基礎。基此，領導者如何做出有效的倫理決定，為學校領導者執行行政決策時值得了解與探究的議題。

一、倫理的內涵

　　「倫理」源自於希臘社會的精神特質，意謂「性格（character）」（Wikipedia, 2006）。倫理提供行為是對、錯以及正當性的原則，它不僅是一種行為的道德議題，也意謂著如何在眾多選項中去做評估與決定。因此，倫理能告訴我們「應該去做」的行為標準，遠遠超越於我們「必須去做」的概念，並且在決定的過程中能清楚的評估並分析對與錯兩者間之不同。

　　Frankenas 在 1973 年談到「何謂倫理」時，大部分的人會認為事情對與錯的判別應奠基在宗教信念、文化核心、家庭背景、個人經驗、法律、組織價值、專業規範或是政治習性的基礎上，因而倫理即代表著：（一）倫理即根據感覺與經驗來判斷對或錯；（二）倫理應合於宗教的信念；（三）倫理須合乎法律的規定；（四）倫理是社會或組織所能接受的行為標準（Greenfield, 1993）。針對 Frankenas 對於倫理的一般概念，Velasquez 等人（1987）認為在現實社會中，倫理無法完全等同於個人的感覺、宗教的信念、法律及社會接受的行為，因此難以以此來加以界定倫理的要義，其原由主要是因為（一）倫理不是遵循感覺，感覺有時會讓人退卻而不去「做對的事情」；（二）宗教雖然倡導高度的倫理標準，但並非只有信仰宗教的人才能重視倫理；（三）法律雖然提供了倫理的標準，但有些法律亦脫離了倫理，如種族隔離政策、戰俘法令等；（四）在一個道德墮落的社會裡面，其表現出的社會行為亦難等同於倫理。此外 Velasquez 等人（1996）亦強調，倫理亦不是科學，因為社會和自然科學雖然能提供資料供我們去做最佳的倫理選擇，但科學無法告訴我們應該去做什麼。

　　倫理既然不是單純的感覺、宗教、法律、科學等所能定義的，那麼倫理應具備什麼樣的標準，方能在執行的過程中有所依循。以下藉由相關學者在倫理意涵的論述，據以歸結倫理的內涵：

　　美國 Santa Clara University（1989）曾提出五個倫理標準的來源：

（一）功利主義取向

　　專注於行動與政策的結果是否能對所有人員產生直接（或間接）最有利的影響，或是利益超越傷害之最佳平衡原則。

（二）權利取向

　　行動與政策的執行不只應考慮道德的權利，受決策影響的人亦應受到基本的告知與認同等被尊重的權利。

（三）公平或正義取向

除了因不同人群在道德等相關議題之區別外，對於所有的成員應具備一致性的公平與正義。

（四）公眾利益取向

所有成員能參與共同願景的塑造、價值的追求與目標的達成，成員能承諾追求組織的共同利益。

（五）道德取向

能在自我與社群中發展誠實、勇氣、忠誠、廉潔、值得信賴等態度、傾向、特徵等人類潛能。

Santa Clara University 所提出的五個倫理標準，主要在說明政策與行動的執行中應能考量個人與公眾之權益，並採取道德、公平與正義之思維，以成就政策與行動的倫理標準。

此外，Velasquez 等人（1996）亦提出在思考倫理過程中可能產生的五個倫理議題：

一、什麼樣的行動過程會產生何種利益與傷害？是否有其他替代措施可以產生整體的最佳結果？

二、在執行過程中應思考哪些道德權利？什麼樣的執行過程才能確保這些權利受到最大的尊重？

三、除了道德的的理由外，行動的執行如何公平一致性的對待每一位成員，而不因個人喜好與偏見而有差異？

四、什麼樣的行動過程才能有助於公眾的利益？

五、什麼樣的行動過程才能有助於道德發展？

Velasquez 等人在倫理議題的探討，仍聚焦於個人與公眾權益之可量，而在行動過程中亦應納入公平與道德之因素。

由 Santa Clara University、Velasquez 等人就倫理的選擇與議題之敘述發現，無論是倫理的選擇或倫理的議題均著眼於個人與公眾的權益考量，而在執行過程則應秉持公平、正義與道德取向等倫理因素。基此，研究者可歸納得知，倫理是一種道德取向，應以公平與正義的原則兼顧有成員的利益，近而能達成組織的願景、目標與價值。其實倫理標準的擬定故可作為行動與政策執行之焦點，但亦僅能提供做決定時的倫理思考，因為倫理標準的訂定，亦會產生相關的倫理議題，而這些倫理議題雖然無法為其提供倫理的必然解答，但在執行任何決定或選擇時仍然必須加以評估。另外，倫理的標準取向旨在協助我們面對行動與政策的決定的過程中去做最重要的倫理考量，讓行動結果更能符合個人與公眾之權益，相對的對於政策與活動結果將顯得更加有效、可行；而倫理的議題則在協助我們在執行倫理的決定時能兼顧多數人的利益與權利，並能將傷害減至最低。總而言之，倫理標準與倫理議題均為在執行倫理決定或選擇過程中所不可或缺的要素。

二、倫理的決定

倫理的決定旨在做決定過程中取決於倫理意涵的考量。倫理是教育組織的重要目標，學校領導者每天的工作都面對著數量不一、程度高低不同的道德價值衝突，而這些道德價值衝突亦時時影響著學校領導者如何在眾多的行為選項中去做有效的決定，正如 Wittmer（1994）提出倫理決定是一種行動與決策，必須對別人做出影響的抉擇；Irene 與 Cathleen（2002）在談到決定歷程與倫理規範時曾提及廉潔、誠實、倫理法則應凌駕於私人利益之上，應以客觀、公平的態度來面對公眾的檢視。因此，學校領導者在校務推展過程中所做的決定或選擇都存在著倫理道德的意義，在決定的過程中需加入公平、正義、道德、公眾利益等倫理的考量。茲將相關學者之見解敘述如下：

Dor. Debbie Long 在他的專書《做對的事》（doing the right thing）談到要做倫理的決定可以善用四個取向（Bassett, 1999）：

一、最後的結果（最後的結果會是什麼？）

二、法律與規範（法律會告訴我們去做什麼。）

三、社會的契約（團體或社群的規範與習慣會告訴我們去做什麼。）

四、個人的良心（良心是決定行為的最佳引導）

Dor. Debbie Long 倫理的四個取向，主要涉及因素在於決定者思維、決定環境與過程的法律規範與契約，以及決定行為可能產生的結果。

Arizona Character Education Foundation（2006）在「做倫理決定」一文中談到，要做倫理的決定應兼顧四項要素：

一、領導人應謹慎思考行為之後可能產生的影響，所做的決定應是有助益的，並且能降低可能產生的傷害。

二、應遵守倫理的原則（值得信賴、尊重、責任、公平、關懷、公民道德）。

三、重視倫理價值（值得信賴、尊重、責任、公平、關懷、公民道德）遠甚於非倫理行為。

四、重視最後的影響而非短暫的利益。

Arizona Character Education Foundation 倫理決定的四個要素，主要著眼於決定行為的影響，以及決定過程中應遵守倫理的原則與價值。

另外，Wikipedia（2006）亦提到要做倫理決定的先決條件包括以下要素：

一、信賴的關係：
信賴關係是所有倫理決定的基礎。人們必須從不同的角色模式與道德案例中去學習什麼是好的？什麼是倫理？

二、一致性的描述：
所有倫理與道德的判斷致力於在複雜的情境愈困難的決定中能有一致性的描述，倫理決定可從人們的生活，特別是政治活動中加以觀察。

三、縮小規模：
倫理決定的思考面向之一，便是降低未來的衝突，在縮小道德衝突規模的觀點上，這包括以下三個要素：1.非暴力的解決方法、2.

降低傷害、3.透過教育使每一位參與者即使在衝突的情境中仍能重視他人的觀點。

四、避免道德絕對論：

亦即「我是對的，你是錯的，你去執行我所說的」，如此容易落入所謂「道德絕對論」，回到以權威為基礎，容易產生暴力。

五、能專注傾聽：

係指面對爭執時仍能專注傾聽，因為每一種聲音都可能存在著一些好的、對的觀點。

六、環境與脈絡：

倫理常被視為是早已存在假設的道德基點，當面對衝突時，可能大部分由外在的環境或情境所控制，個體所能控制的只是從眾多解決方案中去做選擇。

Wikipedia 所提及倫理決定的條件，聚焦於決定者的態度、決定的環境脈絡以及決定行為所可能產生的影響。

Bruce（2002）提出倫理決定的檢視應包含以下要素：

一、它是否合法？

倫理決定第一個要過濾的因素是他能否通過合法性的檢驗。

二、新的決定如何被他人看待？

如果我們確認行動是合法的，接著我們必須去了解外部人員如何來看待這個決定，這包括了相關的社群、國家甚至整個世界。

三、所做決定是否遵循組織的價值？

組織的價值是什麼？如果組織的價值是合法的，我們的行動是否合乎組織的價值？

四、在相同情境下，決定所產生的結果是否會同樣發生在其他人身上？是否能以同理心來對待他人？

你期盼他人如何對待你？如果犯錯，你會擔負起應有的責任嗎？假使你做了一件好事，你期盼獲得適當的獎賞嗎？即便它是口頭的獎賞。你是否也會給予組織中的成員相同的獎賞？你的決定是否會關注到他人？組織成員是否認同決定的結果？

五、在決定公告周知之後，我們是否能夠面對自己？

面對自我，你是否滿意所做過的「對的事情」？你對所做決定的

感覺如何？你所做的決定是否已關照到每一個人的利益？

Bruce 的倫理決定檢視要素，著眼於決定者的個人態度與思維、決定行為對個人與組織的影響以及決定環境與過程的倫理考量。

Hanson（2002）談到在做倫理決定時應依循倫理的六大支柱：

一、值得信賴：給予成員高度的尊重與安全感，來激勵與確認他們的責任與義務，而不以欺騙等手段來壓制成員的思想與作為。值得信賴包含：

（一）誠實：能做誠實的溝通、呈現真實性的知識或事實、為人正直、處事公平等特性。

（二）廉潔：在做決定的任何情境中都能時時了解自我與確認核心價值，並時時自我反省，不會成為表裡不一的人（two-faced）。

（三）可信賴性：能對他人做出具合法性基礎的承諾，執行專業道德任務，並能負起責任去完成所做的承諾。

（四）忠誠：忠誠是維持朋友、同事、共同工作夥伴關係的重要因素，例如所提供資訊的可信任度、信息的保密等。

二、尊重：在所有情境中，即使是處理不愉快的事件，我們都有責任以莊嚴的態度給予所有的人高度的尊重與關懷。如謙恭的、禮貌的、容忍與接受的態度。

三、責任：生活中充滿了各種選擇，責任即在為我們是誰以及我們所做的事或所做的選擇所產生的結果負責，如績效、追求卓越、自制等。

四、公正：在做訊息蒐集與評估以做為決定的過程中，都能確保與平衡開放與公正的原則。它包括均等、公平、均衡等特性。

五、關懷：關懷是倫理的核心，並以此去做倫理的決定。愛人類遠超越於愛個人，在決定過程中即使需做些許的傷害，也是因執行任務需要時，無可避免所必須採取的合理與必要措施。

六、公民權：係指在組織或社區中必須去表現的公民道德與任務，如遵守法律、自我管理、分享與承諾等。

Hanson 倫理決定的六大支柱，主要重點在決定的情境應能考量法律等

因素、決定的過程應以信賴與關懷等道德為依據、而決定的行為結果則應考量個人與組織之相關權益。

綜合 Dor. Debbie Long、Bruce、Hanson 及 Wikipedia 的發現，倫理決定應包含情境、過程與行為三個層面，決策者在做倫理決定之前，應審酌決定之現況，同時考量情境、過程與行為三個層面納入相關之倫理因素，以遂行倫理決定。首先應考量自我所抱持之理念（如 Arizona Character Education Foundation 談到責任與公正）、與他人的互動（如 Hanson 談及尊重與關懷）、他人對我的概念（如 Bruce 談及新的決定如何被他人看待）以及倫理與法律的規範（如 Dor. Debbie Long 談及法律的規範），以建立倫理決定的基礎平台；接著評估所處內外在環境的因素，掌握外在環境的控制，專注傾聽內部不同的聲音（Wikipedia），統整內外環境的需求；最後應兼具合法與正確（Bruce），如合乎組織之價值、決定之結果應能接受自我與團體的檢驗（Wikipedia）、能以同理心的態度來關懷每一位成員（Bruce）以及能以最大的利益、最小的衝突與傷害為考量（Wikipedia）來做出倫理的決定。

三、有效的決定

要做有效的決定須同時兼顧內、外在主客觀環境因素及個人之狀況，茲將相關學者之論述敘述於後。

Hanson（2002）曾提出有效決定應包含七個步驟：

(一) 停止與思考

做有效決定的第一個重要步驟是：仔細思考後再去執行。停止情緒反映，仔細去思考方可避免做草率的決定；而更多的思考有助於洞察事件，做有效的決定。

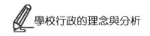

（二）釐清目標

在選擇決定之前應先釐清短期和長期目的。做決定的最大危險是去執行立即性的需要，而這些需要因缺乏周延的規劃與思考，可能會妨礙許多更重要目標的達成。

（三）決定事實

適當的資訊有助於做出聰明的選擇，假使我們了解事實真相便能做出好的決定。要決定事實首先要解決的是「你知道什麼？」以及當前「你需要知道的是什麼？」因此我們必須去獲得額外的資訊、確認假設與其他不確定的訊息。

（四）發展選擇

當我們已知道想要完成的目標，並且對相關事實做出最佳判斷，接著便是做一系列的選擇、設定行動方案來達成目標。

（五）思考結果

決定後可能產生的潛在性結果應能加以預期。我們可透過倫理的特質與核心原則加以檢閱，藉以思考所做的決定是有助益的或者是有傷害的。

（六）選擇

在選擇過程中有幾件事是必須的：

（一）告訴成員你尊重誰的判斷。

（二）這個人是最具備倫理判斷與特質的人。

（三）假使你確認每一個人都已知道你的決定，便可去執行。

（四）指導原則：尊重他人如同希望他人尊重我們一般，誠實並且維持對他人的承諾。

（七）監視與校正

倫理的決定者能監控決定所產生的影響，如果所做的選擇產生額外的且不被接受的結果，那麼就必須去重新評估情境及做新的決定。

另外張鈿富（2000）認為提升行政決策，作出有效決定的具體方法為：

（一）建立正確的教育行政價值觀念。

（二）鼓勵教育行政人員在職進修。

（三）強化基層教育行政人員素質。

（四）重視幕僚人員的教育行政功能。

（五）肯定女性人員的教育行政功能。

（六）強調主動敏捷的行政決定運作。

（七）加強專業取向的行政決定運作。

（八）確定有效行政決定的必要措施。

（九）重視電腦輔助行政決定的價值與應用。

（十）提高教育行政決定合理有效的運作。

楊振昇（1999）提出有效提高教育行政決定的原則：

（一）積極充實本身的知識與能力。

（二）廣開意見溝通的管道。

（三）兼顧組織目標的達成與成員需求的滿足。

（四）有效提高教育行政決定的合理性。

（五）縝密規劃教育行政決定的宣導工作。

（六）有效落實執行成效評鑑等六項原則。

李佳玲（2002）在「國小校長決定行為分析」中談到，有效的決定應兼顧幾個要素：

（一）廣納各方意見並讓相關成員參與
選擇相關與適當的人參與決定，不僅可讓決定更加周延，並能獲得成員的參與與認同。

(二)建立成效評鑑

決定乃一連續歷程,執行過程應能監控品質,執行結果應能檢討成效。

(三)暢通溝通管道

暢通溝通管道有助於凝聚共識與動力,增加成員的使命感。

(四)充實自我能力,了解問題所在

正確決定的能力有賴於決定者的智慧、經驗與學識,方能有效了解問題之背景、性質及重要性,提升決定品質。

(五)善用權變理論

針對不同教育情境,權變使用不同決定模式,使兩害相權取其輕。

綜合上述學者對有效決定之陳述發現,張鈿富(2000)與楊振昇(1999)主要側重於人員因素與績效考量,而李佳玲(2002)與 Hanson(2002)則相對融入倫理的因素。綜上,欲成就有效決定,首先應了解目標與自我能力;第二、能評估自我所擁有的決定權以及已掌握有效之事實與資訊;第三、能洞察事實與情境以發展能達成目標的選項;第四、透過諮詢或訓練,在兼顧倫理與有效的原則下來思考決定後的結果,並進一步去做選擇;最後,評估整體決定過程及決定後所產生的影響以作為下次決定之借鏡。

四、有效的倫理決定

好的決定應兼顧倫理與有效的原則(Hanson, 2002)。由上述倫理決定與有效決定之相關論述可知,倫理決定乃指決定者在遂行決定時應同時審酌當前決定情境、過程與行為層面等倫理因素,諸如涉及法律規範之問題時則應納入決定之合法性;而有效決定則大部分著眼於組織與人員的績效考量,如公文處理等學校日常事務則宜以組織與個人辦事績效為優先。因此,有效的倫理決定乃指決定者在同時面對組織、個人績效以及相關倫理因素的情境時,如何做出兼顧倫理與有效之決定。

　　從上述倫理意涵、倫理決定與有效決定的相關陳述中分析歸納可得，有效的倫理決定乃指決策者在遂行決定時，除考量決定的有效性外，更應融入倫理的因素，而其執行運作歸結上述學者之論述可依情境、過程與行為三個層面加以探究，決定者在執行有效倫理決定時應同時考量此三個層面，方能兼顧倫理與有效之原則。今將其闡述如下：

（一）有效倫理決定的情境層面

　　有效倫理決定的情境因素乃指決定者在執行決定時應兼顧組織目標與組織所處的倫理情境。首先，目標的釐清首在探討所做的決定是組織的短期或長期目標（Hanson, 2002；Bruce, 2002；Santa Clara University, 1989；楊振昇，1999），以及去思考可能妨礙組織目標達成的障礙（Wikipedia, 2006；Hanson, 2002；李佳玲，2002）；其次在了解達成目標的過程中自我已具備能力及所擁有的決定權限（李佳玲，2002）。另在倫理情境方面，倫理情境因素中可能涉及了處於當下環境的法律、宗教、社會規範（Bruce，2002）及個人倫理知覺的考量（Bruce, 2002；Hanson, 2002）等，領導者應從這些考量中去了解對、錯、正當性的原則以及「應該去做」的行為標準（Velasquez, 1996；Hanson, 2002），以釐清最適切的倫理標準與取向，作為決定行為的依據。

（二）有效倫理決定的過程層面

　　有效倫理決定過程係指決定者在執行決定時是否能有效掌握正確的事實與訊息，根據所掌控的資訊及情境所處之倫理因素去進行決定過程的推理與思考。有效倫理決定的過程因素可包含以下三個歷程：

1. 倫理的知覺

　　倫理的知覺主要強調外在的倫理要求，如當前決定情境的法律、社會規範（Irene & Cathleen, 2002）等因素；而倫理知覺，指能採取組織的公眾利

益（Santa Clara University, 1989；Velasquez, 1996；Bruce, 2002），如強調組織願景的塑造（Santa Clara University, 1989）；以及道德取向（Arizona Character Education Foundation, 2006；Wikipedia, 2006），如同理心的成員互動（Wikipedi, 2006）以及誠實、勇氣、忠誠、廉潔、值得信賴、關懷等道德的發展（Santa Clara University, 1989；Wikipedia, 2006）等。

2. 倫理的判斷性

倫理的判斷性是倫理選擇前置因素，係針對倫理因素所產生的倫理議題進行思考以作為倫理判斷的依據，如倫理道德的相關權利是否受到尊重（Velasquez, 1996；Santa Clara University, 1989）？行動過程是否考量組織的核心價值與目標（Bruce, 2002；楊振昇，1999）？每位成員是否充分參與行為決定，且受到應有的尊重（Santa Clara University, 1989；李佳玲，2002）？行動結果的利害權衡為何（Velasquez, 1996）？是否會為他人或自我帶來傷害？（Velasquez, 1996；Hanson, 2002）等倫理判斷因素。

3. 倫理的選擇性

倫理的選擇性主要在依據情境的倫理考量，從倫理決定的相關規準以及應思考的倫理相關議題中透過洞察、訓練、思考與判斷的過程（Arizona Character Education Foundation, 2006；Velasquez, 1996），俾利從多個相對價值中去進行選擇。

（三）有效倫理決定的行為層面

有效倫理決定的行為層面係指決定者根據決定的環境因素與過程因素在眾多的相對價值取向中所做出的決定與選擇，而這些決定和選擇應能：1.接受自我，諸如是否能誠實面對自己所做的決定（Bruce, 2002）？是否能以同理心來看待他人（Bruce, 2002）？決定行為是否只是依據個人喜好與偏見？（Velasquez, 1996；Bruce, 2002）決定行為是否有其他替代措施？（Velasquez, 1996）；2.成員認同，如組織中的其他成員如何看待這個決定？（Velasquez,

1996）；以及 3.合乎倫理的要求？（Hoanson, 2002；Bruce, 2002）。如能接受上述因素之檢驗，則應已符應有效倫理決定的要求，若否，則應針對不足之處尋求另類替代措施，為有效倫理決定做進一步的努力。

綜上可知，有效倫理決定涉及情境、過程與行為等三個層面，此三層面有其不同考量之因素，如決定的環情境層面應考量組織目標與法律與社會規範等倫理因素；決定的過程層面則思考個人與組織權益以及值得信賴與關懷等倫理因素；決定的行為層面則應重視成員的參與及看法並信守倫理的要求等。

五、有效倫理決定之相關研究

近年來隨著校園多元化與民主的發展趨勢，學校行政組織亦逐漸察覺到組織決定除了應達成組織目標外亦應融入倫理元素。近年來國內有關有效倫理決定之相關研究不多，本研究蒐集主題主要聚焦在與倫理有關之「倫理決定」、「倫理判斷」、「倫理行為」等相關研究文獻，茲將相關研究結果分述如下：

周百崑（2004）在「國民小學校長倫理決定之研究」中發現，女性校長之倫理決定較男性校長強；年齡越大校長之倫理決定傾向高於年齡低的校長；年資越久之校長倫理決定傾向越強；城市地區之學校校長倫理決定傾向各層面之表現高於鄉鎮與偏遠地區學校之校長。

黃琬婷（2003）在「國民小學校長倫理取向與教師工作滿意之相關研究」中發現，不同性別、服務年資、學歷之教師對校長倫理取向知覺無顯著差異；而不同學校規模之校長在「關懷倫理取向」層面則有顯著差異。

吳清山（2001）在「教育行政人員專業倫理內涵之研究」中發現，不同性別與地區之教育人員在專業倫理內涵之表現上無顯著差異；而不同年齡與服務機關之教育人員在專業倫理內涵之表現上則有顯著差異。

何志平（2000）在「國民小學輔導人員專業倫理行為與倫理判斷取向之

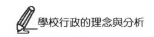

研究」發現，不同性別、年齡、學歷之輔導人員在倫理判斷上無顯著差異存在。

　　蘇芊遐（2007）在「國民小學校長決策風格與倫理決定之相關研究」中發現，不同性別與年齡之國民小學校長在倫理決定有顯著差異存在。

　　由上述相關研究發現，性別、年齡、年資、教育程度、學校規模、學校所在地等背景變項在不同領域之學術研究中呈現出不同的顯著差異現象，對有效倫理決定可能產生影響。

第五章　學校行銷

　　從家庭企業到全球化的公司，在行銷策略中，品牌的建立是一個重要的概念。PC WEEK（2003）指出在全球新經濟時代中，無論何種產業，品牌所建立的形象已成為消費者採購的最重要依據；Urde（1994）亦提出品牌導向（brand-oriented）是企業維持生存的重要策略；Keller（2001）談及品牌是企業核心的資源能力，能進一步駕馭市場以創造競爭優勢；胡政源（2006）更直言 21 世紀企業的新遊戲規則，已進入「品牌領導」的時代。基此，無論在任何產業生態中，如何建立優質品牌形象，已成實務界與學術界共同探究的課題

　　專業的行銷與人力資源工作者了解到，在一個以品牌為中心的社會，品牌的建立與吸引學生到學校就讀兩者間有密不可分的關係。學校要吸引學生就讀應讓學生在心中留下好的印象，能在學生心中留下良好的學校品牌聲譽是好的開始；相對的，學生面對競爭激烈的教育市場有其選校計畫，如地理位置、服務、學校聲譽等，學生決定選擇學校大部分均依賴他們對學校所了解的，因此往往將學校的聲譽與他們現存的知識做連結。在今日不確定的經濟與極度競爭的環境，學生及其家人希望選擇的不外是教育品質與教育結果，因而學校品牌聲譽將較以往更加的重要，左右目標學生市場的來源。

　　臺灣在歷經兩次嬰兒潮後，人口結構正由傳統的「金字塔型」轉變為「燈籠型」，根據內政部戶政司（2016）的統計資料，近 20 年來我國的出生人口，從 1995 年 32 萬 6547 人；到 2005 年的 20 萬 6465 人；到了 2010 年我國出生人口降到只有 16 萬 6473 人，是 20 年來的最低點；至 2015 年出生

人口數稍稍回升到 21 萬 3093 人。近二十年來我國出生人口數減少了將近四成。「少子化」的現象將對教育產生衝擊，由於生源的減少，在招生不足的情況下，學校可能面臨減招、整併或廢校，此現象由幼兒教育到高等教育都將產生骨牌效應。近年來，由於教育改革效應，政府政策的鬆綁讓教育市場呈現出戲劇性的成長，有越來越多的競爭者投入教育這塊競爭場域。然而誠如上述所言，隨著學生來源的減少以及教育市場的高度競爭等因素，學校如何在眾多競爭者中去建立品牌、區別出他們的教育成效與服務品質，並且與教育顧客之間建立良好且重要的關係，是學校生存與發展的重要利器。

在品牌的競局中，擁有實力，才能擁有生命力。學校生態雖非全然等同於企業，但近年來企業的腳步進化總牽引著教育的脈動，品牌的浪潮亦逐漸衝擊著學校教育生態，成為理論與實務界探討的一片藍天。民營學校其所感受的市場競爭壓力自不必說，而習慣於仰賴政府經費藉以生存的公立學校，也不得不被拉入這股市場經濟的大潮中，一起面對物質資源、人力資源、生源市場的競爭。然而，學校品牌的建立固然是學校持續發展的重要因素，但是品牌效益的發揮則有賴於針對整體環境脈絡所建構的行銷策略，這包括了行銷策略的內部障礙、外部環境、文化差異以及社會趨勢等因素。如 Ranchhod（2004）談到品牌的建立與行銷需採取一種長期的策略，品牌的建立與行銷應透過組織內、外部環境的整合過程來建立長期的願景。綜此，品牌的建立有助於吸引教育顧客，品牌效力的發揮則有賴於整合的行銷策略，在極度競爭的教育市場，品牌的建立與行銷策略將扮演著吸引教育顧客的重要利器。

一、學校品牌的內涵

在企業組織方面對於品牌定義的闡述頗為豐富，相對的在學校品牌的觀點上相較闕如，本節將從不同學者在品牌的意涵陳述來探究學校品牌的觀點，並進一步歸納出學校品牌的內涵。

（一）品牌的意涵

　　當前的企業花費大量的預算在品牌的建立上，主要目的是希望本身產出的產品與服務能在顧客的心中留下良好的形象及地位。然而，究竟什麼是品牌？筆者從品牌的意義、品牌的效益與品牌的功能三方面加以探討。

　　首先，在品牌的意義上，Aaker（1996）提出品牌除了傳遞產品的範圍、屬性、品質與用途等功能外，還提示個性、與使用者間的關係、使用者形象、企業聯想、符號與情感等；Kotler（1999）則認為品牌是企業對顧客的承諾，堅持提供某種特定的特徵、利益與服務組合，品牌所能傳遞的意向，包含產品屬性、利益、生產者的價值觀、文化與品牌三層意義；Aaker與 Joachimsthaler（2000）指出品牌是企業組織的聯想、生產地、使用者形象、情感依附的價值、自我表達的價值、品牌個性、符號、品牌與顧客的關係與產品等；葉連祺（2007）定義品牌具三類觀點：（一）是品牌為有形物品（如術語、標幟、符號），（二）是無形的感受經驗（如顧客對產品的記憶、感受與信賴），（三）顧客與製造者的關係（製造者賦予產品的意念與價值及企業經營的策略與承諾）；胡政源（2006）將品牌界定為實體與抽象兩個層面，其中實體層面意指術語、符號、標幟、設計是前項綜合體，是可見及可感受的產品屬性、品質、用途、功能、服務等；而抽象層面則認為產品代表一種組織性或社會性的文化，存於顧客心中的綜合性經驗，是一種無形中的資產，顧客用於區別其他競爭者的差異。

　　綜合前述學者對品牌的定義可知，品牌是市場競爭下的產物，有異於其他競爭性產品或服務的明顯特性，它源於機構的構想與理念，在市場中有獨特的精神與特性，對於顧客則在提供實際利益及滿足其身心需求，且所提供之產品與服務具內、外部一貫性之堅持與主張。品牌具有特定名稱和標誌、在特定文化基礎上建立起來並與消費者互動關係中產生的資產，是基於被消費者認可而形成的，它包含有形、無形與互動關係三種因素。

　　其次，在品牌的效益上，品牌的效益在於品牌的個性、聲譽及其與顧客

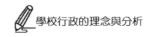

情感的連結，而品牌的內部一致性則有助於品牌效益的延伸。Aaker（1991）認為品牌的效益有五大因素所構成：

(一) 品牌的忠誠度：鼓勵顧客持續購買每一特別產品，對於競爭者所提供之產品則缺乏敏銳度。

(二) 品牌的知名度：品牌的名稱能吸引注意及傳達一種熟悉的形象，亦即大部分的顧客均能熟悉品牌名稱。

(三) 顧客所感受的品質：顧客能認定品質的程度而非公司的名稱。

(四) 品牌的聯想：品牌所連結的價值與個性。

(五) 其他專有的品牌資產：包括商標、專利以及市場通路的關係。

Berry（2000）品牌效益可由四個因素加以說明：

(一) 關聯性：機構與顧客間應建立關係——一種情感的聯結，來延續顧客對品牌的忠誠度。

(二) 知名度：如果機構的存在只被少數人知曉，那麼品牌聲譽的建立將更加重要，因經由品牌的知名度可有效傳達機構的形象。

(三) 定位與區別：機構在顧客眼中有其獨特性與特殊性——勇敢的去做區別，以建立品牌的價值與個性。

(四) 一致性：品牌的訊息、理念的傳遞與互動的一致性——品牌的內化，提升顧客所感受到品牌的品質。

由 Aaker、Berry 對品牌效益之闡述，可發現品牌的效益在於與顧客情感的連結，品牌效益將引導了顧客對品牌的忠誠度以及重複購置的意願。相較於一般產業，學校教育在為顧客提供經驗與服務。近年來，隨著學生來源的競爭以及政府補助經費的減少，學校教育必須持續建立優質的品牌形象、發展組織任務以及在廣大競爭者中脫穎而出以吸引學生來源。因此學校教育應發展出成功的品牌，讓品牌價值與目標顧客的共同期望做緊密的結合，而好的品牌應建構強大的品牌效益，以有助於顧客與品牌兩者間關係營造與保留。

最後，在品牌的功能方面，品牌的功能在於用來辨識不同組織間的產品

與服務，用來與競爭者的產品做差異化的區隔，通常品牌會有屬於自己的專用意象與標誌，用來代表它的價值與承諾。Keller（2001）談到品牌的重要性在作為識別產品的來源，品牌能減少消費者所需負擔之風險、成本，且能成唯一象徵及品質保證的符號；Kolter 與 Fox（1995）提出品牌能加速消費者資訊的傳遞，對使用者強化社會性與情感性的價值；Chernatony 與 McWilliam（1989）則從四個面向來說明品牌的功能：（一）品牌是一辨認的圖案，用來與競爭者做區別，（二）品牌是品質的承諾與保證，使消費者能感受到產品的品質與附加價值，（三）品牌是自我形象的投射，是消費者用來區別他人的象徵物，屬品牌個性的傳達，（四）品牌是對產品的相對定位，品牌的品質與功能屬性是消費者決定的依據。

歸納上述學者對品牌功能之認知發現，品牌的功能在藉由品牌的相關意象與符號來作為與競爭者的區別，並對顧客傳達一種品質的承諾與保證，並存在著以下三種功能：（一）外顯識別的功能。品牌的顯性因素，如名稱、標記、符號、特殊的顏色或字體使得它與眾不同，易於識別；（二）內隱凝聚的功能。品牌的隱性因素，如社會責任、精神追求和價值取向使得它成為溝通內部員工和外部消費者的紐帶；（三）市場導向的功能。品牌是在市場中成長起來的，是消費者認可的結果，沒有消費者就沒有品牌。

（二）學校品牌的觀點

從上述企業品牌的意涵可知，（一）品牌它包含有形的物質、無形的感受及互動因素；（二）品牌是以顧客為導向並與顧客的情感相聯結；（三）品牌常用來與競爭者的產品做區隔，代表一種價值與承諾；（四）品牌也包含了名稱、標記、符號等外顯功能，社會責任、精神追求和價值取向等內隱功能，以及希望獲得消費者認可之市場導向功能。在教育的競爭市場中，學校品牌亦有著上述品牌的特色，將在後續一併歸納說明。另根據 Ranchhod 與 Kofkin（2003）提出學校應發展兼具一致性與有價值的品牌，專注於品牌的建立與規劃有利的行銷策略，兩人並且進一步提出品牌的金字塔來建立品牌

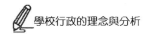

的區塊，如圖2。

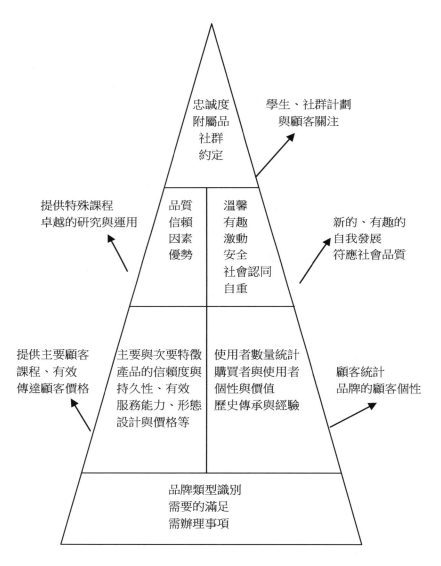

圖 2　品牌建立區塊的次層面

資料來源：Ranchhod & Kofkin (2003). Branding in higher education. Retrieved June 20, 2008, from http://albany.bizjournals.com/albany/stories/2003/10/27/focus5.html

　　由上述品牌的意涵與 Ranchhod 與 Kofkin 的金字塔品牌區塊可得知：首先，學校品牌同樣具備了上述品牌的有形的物質、無形的感受及互動因素，其中有形因素乃指學校名稱和學校標誌，如：校色、校花、校門造型、整體佈局、建築風格和環境設計等；無形因素如教學品質、組織文化、學校風氣、歷史傳承與經驗、學生身心發展等；學校品牌的互動因素與市場導向主要是指學校與社會各界的關係，如學生家長、社區、校際、新聞媒體、學術單位、生源學校、歷屆校友等。其次，學校教育亦以顧客為導向，首要為學生來源，今日教育處於一個高度競爭的環境，學生會評估學校所提供的條件，試著去平衡他們的期望與能力，以決定是否要在日後花費數年的時間來建立這種長期的關係。第三，學校教育必須持續的去為單一的產品（教育）、許多的特色（課程）、卓越的研究與運用、以及利益（技術的發展、生涯的準備等）提供顧客的服務以及符應社會品質的保證與認同，以作為與其他學校的產品區別。最後，在品牌的功能方面，近年來學校藉由品牌形象的規劃、校園活動企劃、學術社群的結盟、顧客的關注與行銷規劃等策略，均是學校品牌外顯、內隱與市場導向功能的發揮。

　　消費者經由許多他們對於學校所知的資訊，來做最後選校的決定，即使他們未能親臨學校，他們仍可依據許多不同管道的資訊來做選擇，其中具備值得信任及可信賴的學校品牌知名度將是重要的因素。在上述學校品牌的有形、無形與互動因素以及顧客市場導向等均是塑造學校品牌特色與發揮品牌功能的重要因素。

二、學校品牌的建構策略

　　在學校品牌因素探究後，學校品牌的建構策略將能有系統的整合學校品牌的相關因素。李郁怡（2006）提到品牌就是「組織力」，就是「管理」，它能形塑國際級的核心競爭力，一旦速度放慢，就難有生存機會。因此，有效的建立學校品牌是吸引學生的有效利器。在當前充滿競爭的市場經濟中，從

學校行政的理念與分析

幼稚園到大學,教育的消費者擁有眾多的選校權利,如何讓學校的品牌形象植入家長與學生的心中,以爭取更多的生源,乃學校永續發展的重要關鍵。

良好的學校品牌形象可以為學校增強教育能量,在競爭激烈的教育市場中,消費者擁有眾多的教育產品可供選擇,學校要取得成功的因素之一便是在消費者心中烙下優質學校品牌的印記,然而學校應如何創見優質的學校品牌,其建構策略為何?茲將不同學者的看法分別陳述如下:

Shampeny(2003)談到一個學校引以為傲的品牌,必須與教職員、工、生進行內部的述說,方能與外部顧客產生品牌形象的共鳴,在顧客心中留下深刻的印象,進而提升組織的形象。

Heist(2004)提出品牌需與機構的任務陳述進行緊密的聯結,這包括三個主要因素:(一)品牌的承諾:機構所提供引人注目的構想與理念;(二)品牌的個性:在市場中,品牌的精神與其區別性;(三)品牌的表現:最終使用者對品牌評價所傳達出對品牌的支持。

Ranchhod 與 Kofkin(2003)提出高等教育欲發展兼具一致性與有價值的品牌,必須致力於以下幾個原則:

(一)決定機構的策略性願景、任務與價值。

(二)執行適切的機構內、外部研究(如焦點團體法、一對一訪談、量化調查)以了解形象與聲譽、優勢與劣勢,以及機構在內部成員、未來學生、企業領袖、校友、捐助者及官員等重要關係人眼中的價值。

(三)研究有助於了解品牌的當前狀況及重要的顧客,引導行銷策略與技巧的規劃,提升品牌形象,這種基礎性的研究亦有助於建立新品牌策略的成功。

(四)完成競爭性的分析。經由競爭性資料的分析,促使機構與同性質團體建立明顯的差異。

(五)致力於內部品牌的建立與顧客服務的訓練。在開始外部行銷前,機構必須致力於品牌的內在化,對機構的成員進行走動式的宣導與述說,期使教職員、工、生均能了解品牌的承諾、和機構的願景、任務與價值;其次

是發展顧客的服務訓練，品牌是機構的重要部分，應讓顧客能感受到親切、周到、關懷與受歡迎的印象，如在校園中誰是訪客最常接觸到的人？校園電話的接線生？財政人員和辦理入學人員等，均應做好顧客服務的訓練。

（六）發展和執行整合行銷計畫。

（七）完整評估品牌的觀點與價值的提升。

Stamats（2007）提到，有效的學校品牌計劃應包含五項基本要素：

（一）召開品牌會議：訂定品牌的歸因、任務、遠景、資產，及探討省思所有可能隱藏的品牌承諾。

（二）品牌承諾的考驗：決定品牌承諾的最佳方式，經由組織內部與外部顧客來評定哪一種承諾是最重要的、最可信的以及最獨特的。

（三）品牌的再精緻化：將選擇的品牌承諾再精緻化，並發展一系列的品牌因素。

（四）品牌摘要：組織必須建構品牌的摘要，其內容應涵蓋幾個品牌的基本因素，包括品牌承諾的陳述、品牌的重要因素、推薦的訊息策略。

（五）溝通的計畫：溝通計畫應包括出版的時間、媒體的行銷、組織內外部的首次展出、預算等。

綜合上述學者 Shampeny、Heist、Ranchhod 與 Kofkin、Stamats 等從不同角度與觀點對品牌發展相關論述之分析可知，學校品牌的建構原則至少應包括根本價值取向（如品牌的文化內涵、任務、品質、內外部社群的建立等）、行銷制度的執行（如品牌架構的形成，組織架構和管理流程的建設、品牌識別及定位、創建品牌的計劃、質與量的研究等）以及顧客導向（如品牌個性、顧客經驗、顧客統計等）等三個重要因素。作者接續上述品牌建構的三個因素，歸納上述學者之看法，提出學校品牌建立的內涵與原則作為學校品牌建構的依據：

（一）品牌建立的內涵

1. 教育願景與目的

具體指教育品牌的文化價值內涵，即一個學校以什麼為它的價值取向，它的教育願景是什麼？教育目的是什麼？要培養什麼人？

2. 組織架構

包括管理制度和員工社群。在教育理念的領導下，制度的健全與員工的互動關係到一所學校的整體教育氛圍，對外則代表學校整體形象，具有相當強的識別效果。

3. 學校成員

學校品牌主要依靠它的核心員工群的認同與維護，培養一支深刻理解學校的教育理念，並具有相當的執行力和貫徹力的員工隊伍甚為重要。

4. 學校資源

如人力資源、制度資源和物質資源。對於一個學校教育品牌來說，制度資源和人力資源尤為重要。

5. 行銷策略

以品牌形象為內容的市場行銷機制，包括形象包裝、宣傳推廣。完整的教育品牌必須能夠在多方面體現出它的價值。

（二）品牌建構的原則

1. 教育品質是品牌的核心價值

與單純的學校內部管理相比，學校經營更加注意學校的形象塑造和宣傳策劃，但學校品牌的建立不能單靠廣告宣傳策劃等，學校的教育質量、辦學水準才是支撐學校品牌的基礎。教育的目的在於促進入的發展，學校發展的目的在於為學生提供更好的受教育機會。學校在發展中創立品牌、建立特色，必須首先建立在受教育對象的發展上。

2. 建立有系統、正向的和清晰的學校品牌形象

首先是學校品牌定位問題。學校要進行有效的品牌經營，必須有明晰的辦學目標和定位學校辦學目標和品牌定位的主要依據是學校經營的核心理念，以及學校所具有的某種或某些獨特的競爭能力和辦學優勢，如學校既有的歷史傳承與成就經驗。

3. 重視優質學校識別形象的設計

一個好的學校名稱可以使品牌形象便於傳播，而且會自然而然地將學校的文化理念或者價值追求傳達給廣大師生，並內化為學校成員的精神，促進教職員工生的價值追求和人格完善。同樣，好的形象設計如校徽、校服也會幫助學校傳達更多正面、積極的信息。

4. 重視品牌價值的延伸

學校除建立主要品牌訴求外，亦可建立策略聯盟連結不同的品牌來克服品牌優勢的限制；以及在主要品牌下增添元素形成次要品牌，建立品牌的雙重商標；或亦可增加現存主要品牌的元素成為超級品牌，藉以反省和改善品牌。組織若能經由品牌延伸效益便能提升機構的信賴度與競爭力，在市場中擁有充分的優勢。

5. 實施學校內、外部研究

透過質性與量化的研究了解學校品牌形象與聲譽、優勢與劣勢，以及學校內部成員（教職員、工、生）與學校外部成員（未來學生、企業贊助者、教育捐助者、教育官員等）對於學校的評價，據以作為學校未來革新發展的依據。

（三）品牌的顧客導向

1. 以顧客為核心的品牌信念

擁有優良品質的品牌應以顧客為核心以及連結顧客的信念，方能在顧客

心中佔有市場。品牌的定位與再定位旨在反映顧客的需求及需求的改變,品牌若未能反映顧客需求將逐漸產生疲乏並且在市場中消退。

2. 品牌應給予顧客最佳的經驗

品牌的承諾與顧客的經驗是相關的,品牌的維繫有賴於顧客對品牌的信任。因此學校應設計因應顧客需要的最佳體驗,讓顧客產生對學校品牌的信任,從人、過程和工具將學校與顧客經驗相連結,強化與實踐學校對於市場的承諾。

3. 決定顧客最具影響力的需求

存在於顧客心中的每一項需求並非均等,因此最具影響力的需求才是決定顧客做出選擇的關鍵因素,因此了解顧客最具影響力的需求便決定了學校在目標市場的學生來源。

4. 顧客市場的調查

透過焦點團體法、量化調查等研究方式探討學校顧客的品牌個性、顧客來源市場的增減、建立顧客資料庫,除藉以了解顧客來源的變動外,了解顧客的品牌個性、加強對顧客服務的訓練以及建立組織與顧客關係的連結、掌握顧客需求的變動等都是有效吸引顧客的重要因素。

5. 與顧客情感的連結

經由學校品牌的內在化與顧客服務的訓練,讓顧客能充分感受到關懷、親切與滿意,品牌在顧客心理烙印良好形象,藉由顧客對品牌所感受的品質來建立機構與顧客的情感,並進而提升顧客對品牌的忠誠度。

三、學校品牌行銷規劃

行銷(marketing)一詞起源於企業界,是企業界生存與經營最重要的關鍵,企業為了追求利潤必須倚賴行銷策略來達成營運的目的,在教育界學校

經營之目的是為了社會公益與求取知識，隨著「非營利組織行銷」（nonprofit organizations marketing）概念的興起，促使學校行銷在教育領域也被加以運用（Kotler & Levy, 1969; Stachowski, 2011）；黃義良與丁學勤（2013）認為所謂學校行銷就是「行銷觀念運用於學校的經營管理，以達成學校教育目標的過程」；張奕華與陳樂斌（2010）認為學校行銷係指將行銷理念與方法應用於學校的經營管理中，透過分析、計劃與執行相關策略，使社區、家長了解並支持學校的辦學理念、教學方式、課程實施與相關活動，達到學生樂於就讀，教師樂於任教，並且獲得社區資源，進而達成學校預期的教育目標，以求能成功的提升學校競爭力和服務品質；林進丁（2012）認為學校行銷是學校在確定其對象市場的需求與慾望，透過界定學校的使命、進行優劣情勢分析、訂定學校教育目標、願景及永續經營價值，及學校行銷策略和行銷控制等步驟，以人性導向運用溝通與激勵，凝聚組織內成員共識，增強對組織的承諾及向心力；同時將學校優質條件與績效，透過適當的管路，以創造學校價值與建立學校及家長與學生緊密關係，掌握學生家長回報學校價值的一個過程，使滿足學生、家長及社會大眾之需求，提升學校整體的教育品質，以達成學校目標。

　　Kotler 與 Armstrong（2005）指出行銷為個人或組織透過創造、供應或與他人交換具有價值的產品與服務，以滿足其需求和欲望的社會歷程；Tung（2012）認為行銷策略是市場開始交易的行為，也是指部門和生產之間和組織之間的改變，以達到行銷的活動的手段。行銷策略訂定時，必須先了解消費者的需要，在行銷規劃過程也必須透過行銷情勢分析的結果，找出適合的行銷組合，以發展出達到目標的最佳策略（Cohen, 2006）；Stachowski（2011）指出，學校行銷或教育行銷是經由分析、規劃、實施和控制來仔細的制定方案，進而實現與目標市場有價值的自願交換來達成機構目標，而其行銷包含機構設計的產品能滿足目標市場的需求和期望，並用有效的定價、溝通傳播告知、激勵和服務這些市場；Anafo（2014）指出行銷策略是一種分析、政策規劃，引導企業的行銷力度、層次、混和和分配，也響應不斷變

化的環境和競爭條件。

　　學校品牌建構完成後，學校品牌的行銷管理是延伸出的另一重要議題，良好的品牌行銷策略，將有助於提升學校品牌的能見度。然而，當前學校在行銷規劃工作的推動上始終存在著某些問題與障礙，如 Kraft（2007a）以高等教育行銷管理為例，提出高等教育機構進行整合行銷時，在整合行銷溝通上有一些障礙尚未被發現，這些障礙在必須加以留意與排除，其可能產生之障礙因素包括：

　　(一)高等教育市場是紛雜的，有些行銷資訊在相同的目標市場中被淹沒，學校資訊無法有效被吸收。

　　(二)未來的學生他們仍在高中階段，他們的家人、朋友以及他們所參與的各種課外活動都會影響他們對大學的選擇。但他們通常只對少數的大學進行較完整的評估，對於潛在的學校則無法給予等同的待遇。

　　(三)高等教育機構通常都會列出許多學校的特色，但缺乏去陳述這些特色對未來的學生本身的意義。

　　(四)超越邏輯與理性的因素，高等教育機構應給予一種好的「感覺」和聲譽，這些因素在學生選擇學校的動機上有加權的作用。

　　另根據黃義良（2005）針對我國中小學以行銷為主題之研究分析發現，國中小教育人員對行銷態度普遍趨向支持與正向，對於行銷理念之認知約屬中上程度，而知覺實際運作情形則有待加強，顯示認知與實務仍存有鴻溝。

　　由上可知，學校品牌的行銷管理存在著改善的空間，而其主要問題乃在於無法將學校所建立的品牌特色有效的傳達給教育市場的顧客及其相關人員，因此，建構學校品牌行銷策略為當務之急。行銷管理（Marketing Management）主要在陳述以管理的手段達到行銷的目的，有效的行銷有賴於機構本身能做廣泛的溝通分析、公共關係的協調與諮詢、品牌的建立以及採取行銷的思維，亦即一種整合行銷的概念，是行銷成功的重要策略，如 Kraft（2007b）談到整合行銷是一種思維，是一種能一致性與有效性的去完整敘說機構的故事，是促使行銷成功的最重要決策。

在教育市場中的行銷與銷售過程應針對學校的內、外在環境加以評估進而建立行動計畫。教育行銷已被廣泛的理解與運用，教育行銷門戶的開啟讓許多教育機構開始為他們的教育成果與服務品質等進行行銷策略的規劃，教育機構必須預見教育市場的需求去編製未來行銷運動。好的行銷計畫來自於機構成員與行銷專業人員所組成團隊的努力，團隊成員共同去學習機構的故事、發現機構專有的特徵、機構的優勢與劣勢以及了解機構的學生人口。茲將相關學者在品牌行銷的論點列述於後：

Wordpress（2006）在〈如何建立品牌行銷計劃〉一文中提到，學校或企業部門在建構品牌行銷計劃時應包含以下幾個步驟：

(一) 訂定品牌行銷目標：品牌是在改變顧客的思維，行銷則在克服銷售的障礙。因此品牌行銷目標即在改變顧客的思維，來購買你的產品。

(二) 品牌的承諾：為你的顧客提出簡短的一句話做為產品的承諾，讓顧客能相信學校的方針與計畫，相信學校的計畫是因他們而產生。

(三) 品牌的屬性：品牌屬性是作為品牌承諾溝通的手段。

(四) 品牌的類型：品牌類型有助於用於吸引學生或贊助者。

(五) 品牌的定位：品牌定位主要在突顯與競爭者的差異，讓潛在的學生或贊助者了解學校產品較他產品較佳且特殊。

(六) 品牌定位的骨架：用來支持品牌的承諾，特別是使用在入學或學校發展人員，是行銷的重要資訊。

(七) 顧客：對顧客進行研究與了解。

(八) 廣告：透過媒體、說明書等策略傳達品牌的訊息給你的顧客。

(九) 預算：描述投資此計畫所需的經費。

吳清山（2004）認為學校行銷管理必須依循一定的程序（如圖 3），並做好行銷策略，人人善盡行銷管理責任，才會產生行銷管理價值，今將其敘述如下：

(一) 進行教育環境分析：進行學校內外在環境分析，SWOT 分析可作

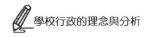

為學校情境分析的方法。

(二) 確立行銷目標:首先是宣導學校教育理念與績效,協助學生、家長、社會大眾了解學校辦學理念及效果;其次是提升學校形象,爭取學生、家長、社會大眾的肯定與認同;最後則是擴大教育市場,強化學校競爭力與效能。

(三) 採用適切行銷策略:可採用書面、媒體或網路宣傳方式,積極爭取家長的肯定與認同。

(四) 執行行銷行動方案:學校可計畫成立「學校行銷管理工作小組」,進行學校行銷工作的計畫與執行,落實學校行銷工作。

(五) 評估行銷策略效果:學校行銷工作推動一段時間後可採取直性與量化的方式進行行銷策略評估,俾利了解實施的效果與缺失。

(六) 改進行銷策略缺失:從人員、環境、制度作好追蹤改善工作,建立持續改善的循環過程。

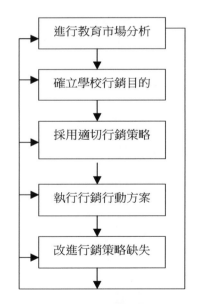

圖 3　學校行銷管理實施程序

資料來源:吳清山(2004)。學校行銷管理理念與策略。

　　蔡金田（2011）指出，學校行銷策略應與學校品牌、市場相結合並且採取系統性、有計劃的運作模式來進行組合性策略管理，其中包含組織內、外部關係建立，經由行銷組合方式（如產品、價格、推廣、通路、人員等），以及各種可行推廣方案（如廣告、媒體、公共關係等）將學校教育產品有效的價遞給學校關係人，以滿足學校關係人之需求，進而將學校烙印在顧客心中。

　　林進丁（2012）表示，學校行銷策略系為滿足目標消費者對產品的需求，所使用的一套產品管理的原則及作法，透過確定學校的使命、進行情勢分析、訂定教育目標及永續經營價值；學校行銷策略可從學校外部行銷策略、學校內部行銷策略及學校互動行銷策略三個層面中的，5P（產品 Product、價格 Price、通路 Place、促銷 Promotion 及人員 Perssonnel）和 4C（顧客價值 Customer Value、顧客成本 Cost of Customer、便利性 Convenience 及與溝通 Communication）的不同行銷策略加以運用於學校，以達到學校行銷的目的。

　　陳顗如（2013）認為，學校行銷策略是指將行銷學的策略與方法應用在學校，透過界定學校使命，分析學校整體情勢，進行教育市場區隔、市場定位，確立學校行銷目標，採行適切的行銷規劃與策略，如：產品、價格、通路、推廣、人員等教育行銷策略組合，學校透過計劃執行相關行銷活動，將學校辦理理念、課程與教學等相關活動傳達給教職員工、學生、社區家長及社會大眾，增進其對學校認同與向心力，提升學校形象與競爭力，爭取外部資源，吸引學生就讀。

　　陳正哲、王俊傑（2016）認為學校行銷策略一詞應包含以下幾點。

　　（一）學校一連串的計劃與執行，發生於校園的交換歷程。

　　（二）內容可以是交換有形的產品或無形的服務及概念。

　　（三）在動態過程中創造及加速令個人或團體滿意的活動組合。

　　（四）其目的在於滿足學生及家長的需求，達成組織目標。

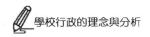

Kraft（2008）談到學校教育的行銷規劃應包括：

(一)建立行銷團隊，對於過去的行銷決策與未來的行銷策略進行分析與評估。

(二)專責成員對學校外部環境進行分析，以進一步了解目標市場。

(三)鼓勵情境挑戰，完成未來目標。提供具體的行銷方針，讓組織中每個成員了解並獲得支持，以成就行銷目標。

(四)組織與計畫行銷策略。

(五)推出新的產品以吸引當前的目標市場及因應未來目標市場的需求。

(六)對於現存的問題提出新的解決方案。

(七)將行銷計畫列為大學整體計畫的一部分。

Ranchhod（2004）提出整合行銷的溝通分析與策略技巧如下：

(一)廣泛的溝通分析：

1. 透過機構內、外部溝通來了解本身的優勢與劣勢，以及校園在行銷市場的接受能力。

2. 發展重要的行銷團隊。

3. 決定行銷的目標與目的。

4. 執行並分析量化與質性的市場研究計畫，包括教職員、學生、未來的學生和一般大眾。

5. 利用行銷研究結果去區隔重要顧客和發展有力的資訊，藉以和目標市場產生共鳴。

6. 和不同機構的成員合作以發展和執行整合行銷計畫。

7. 透過不同的行銷管導將行銷訊息傳遞給重要的顧客。

(二)相關的策略與技巧：

1. 提升網路出現率和電子溝通。

2. 提升與媒體關係及危機溝通。

3. 建立新的外部諮詢活動。

4. 機構的每一部門均能進行訊息的推廣。

5. 為從重要市場吸引少數及高成就學生入學，擬定次層面的行銷計畫。

Kraft（2007b）在〈整合行銷溝通──行銷是一種敘說〉一文中提到，一個具有好品質的行銷故事應包括幾個要素：

(一) 承諾：一種堅定而非過度的承諾，而且承諾的內容是學生所期待的，並且能有效解學生的問題。

(二) 可相信的：獲得目標顧客的信賴是有效行銷故事重要的一部分。

(三) 聰敏的：能讓學生感受到他們正在做一種對的選擇。

(四) 訴諸於感覺：事實是必須的，故事本身不以學生的情感作為訴求，高等教育相較於其他理性機構更具情感的選擇。

(五) 目標：好的故事不會將一般大眾視為標的，而是具焦於特殊的目標市場。

Bogatz（2008a）在〈透過電子行銷建立關係〉一文中談到，機構與顧客關係建立原則包括：

(一) 了解目標市場的顧客，並分析他們影響選擇學校的決定因素。

(二) 了解哪些訊息能有效的吸收學生來源，將此訊息傳遞到目標市場的顧客，並且對他們的問題提出解決之道。

(三) 了解當前市場趨勢，及他對你的產品與服務會產生哪些影響，以規劃成功的教育行銷。

Bogatz（2008b）在〈教育行銷：學校行銷的完整服務取向〉一文中認為，每一項成功的行銷運動均擁有清晰與完整的計畫與執行，不乏包含以下要素：

(一) 設計具前瞻的市場研究，以了解哪些是影響成功的因素，並且與你的目標市場在長期的基礎上建立良好的關係。

(二) 發展行銷計畫，將你的產品與服務烙印在目標顧客的心中。

(三) 以電子郵件行銷，並確保信件能吸引顧客的注意，讓你的顧客能確實打開信件並閱讀。

(四) 提供顧客服務以及持續性的成果訓練，並讓你的顧客能很方便的

去取得並使用相關訊息。

(五)透過資料庫有效管理行銷活動,並隨時檢視提供報告以在長期基礎上做為監控和改善行銷的過程。

(六)最佳的行銷計畫是讓所有行銷人員了解教育市場的趨勢,否則將會導致失望的結果。

綜合上述學者在市場行銷與學校行銷的相關論述中,可將學校品牌行銷管理約略歸納為八個因素,亦即品牌環境、品牌策略、品牌文化、品牌設計、品牌權益、品牌形象、品牌發展、品牌精進等,作者針對上述八個因素提出以下具體建議作為未來學校實施行銷管理規劃之參考,茲將其分別敘述如下:

(一)以 SWOT 分析掌握學校品牌脈動

學校品牌環境主要包括學校內外部環境之現況與變遷,在學校外部環境方面,如教育的發展趨勢、時代的變革對教育的影響、教育改革和發展的動態、當地政治、經濟、文化的情況、社會各界對學校的評價和期待、社區教育資源開發與利用的情況、家長社經地位與對子女的教育態度等、畢業校友的聯繫與資源的開發;在學校內部環境方面如行政管理、師資素質、課程教學、環境設施、學生學習與生活等。透過學校環境 SWOT(Strengths,Weaknesses,Opportunities,Threats)分析,便能清楚的掌握學校內部環境之優勢與劣勢、外部環境之機會與威脅,為學校品牌之建立做好先期把脈之工作。

(二)以創意思考策略規劃學校特色品牌

學校品牌應該是有別於他校且是具有特色、有個性的品牌。每一所學校,都要善於把握教育大環境,並認清學校、社區生態環境,根據學校實際情況(如學校資源、設備、師資等),準確定位品牌策略,形成創意品牌的正確思路,建立兼具「品質」與「永續發展」的學校品牌。

（三）以精緻發展理念型塑學校品牌文化

精緻品牌文化的塑造將使學校品牌發展可長可久，學校品牌的型塑均應顧及學校組織特有的文化基礎與淵源。從學校品牌的顯性因素來看，很多學校的校名、標識、建物色彩運用、室內裝飾、校園景觀設計、整體規劃等都賦予了深刻的文化內涵，也是學校品牌價值的最好印證。

（四）以學校識別系統（SIS）建立學校品牌形象

學校識別系統（School Identity System，SIS）的建立近年來在國內掀起一股熱潮。學校識別系統的建構可涵蓋視覺識別（如透過色彩、圖案、文字來表達學校辦學理念）、行為識別（如辦理各項教學活動、校慶等）、理念識別（如辦學的思想觀念、價值取向與行為準則等）。經由學校的理念、行為和視覺等識別要素來塑造學校特有的個性化與專有化以建立學校品牌，作為與他校區別的依據。

（五）以專責單位人員維護學校品牌權益

品牌具有與他單位識別的外顯功能、凝聚組織內部人員的內隱功能以及以顧客為導向的市場功能。任何一個品牌都有自身的權益，須加以維護。學校品牌權益的維護措施如學校品牌的名稱和標誌的維護、學校突發事件的妥善處理等，均有賴於學校成立專責人員或單位做適時有效的處置。

（六）以整合行銷理念推廣學校品牌形象

學校要善於運用多種形式，把握適切的時機，做好內部行銷（教職員工與學生）、外部行銷（家長、社區、社會大眾）與互動行銷（學生與家長）等工作，有效地推廣學校品牌形象。宣傳推廣的形式是多種多樣的，如新聞、廣告、印刷品、電子網絡、以及建立一個好品質的行銷故事等。此外利用各種節慶、活動，都可以成為推廣學校品牌形象的絕佳時機。

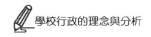

（七）以永續經營觀點檢視學校品牌發展

　　品牌在學校發展的過程中，需要檢視與調整、診斷與評估，如檢視品牌策略和品牌形象、品牌未來發展的整體趨勢、品牌的知名度與忠誠度、品牌的建檔、學校內外環境的變遷（可再次透過 SWOT 分析，尋找品牌在市場中存在的優勢、劣勢、機會和威脅，作為對品牌及時調整修訂的基礎）等，都應以永續經營的觀點隨時隨地做好品牌檢視工作，方能建立永續優質的學校品牌。

（八）以追求卓越精神精進學校品牌價值

　　品牌要能永續發展學校須有精緻卓越的理念。經由學校內外部機制之運作適時評估學校品牌定位、品牌價值、行銷策略、檢視學校品牌管理缺失，對於現存的問題提出新的解決方針，進而提出改善學校品牌價值方案、執行學校品牌價值改善計劃，以精進及提升學校品牌形象。

四、結語

　　認知心理學原理提供品牌管理策略的理論基礎。認知心理學闡述人類記憶的領域、以及訊息內化與使用的過程，個人以一種有利於訊息提取將訊息、控制、使用及組織的方式將它儲存在記憶中。訊息與訊息的相互連結，就如產品的銷售，將宣傳、口頭行銷與消費者訊息等相連結一般。

　　傳統的學校經營模式較侷限於圍牆內的校務運作，然而近年來隨著教育改革腳步的加速，校園外的教育夥伴逐漸走入學校來共同經營教育的苗圃，尤其家長參與校務的立法更讓學校的教育品質接受最實質的考驗。教育改革的深入發展，學校之間的顯性資源條件將逐步趨同，只有品牌才是獨一無二的、不可複製的資產，才是學校生命最持久的「動力之源」，也才是學校的核心競爭力。學校作為一個社會組織，也應該有強烈的品牌意識。很多學校

領導者注意到了學校品牌在學校的生存和發展過程中的功能和作用，但仍只是一種朦朧的感受，缺乏理性的思考和系統的策劃，正如 Heist（2004）研究指出，雖然一般大學會進行學校標誌的改變，但品牌在大學管理過程中甚少被重視。因此，學校教育欲求永續發展，有效吸引學生入學，必須在品牌的建構與管理上進行基礎性的革新，革新的關鍵因素不外是學校品牌價值中最常被談及的多元文化與廣泛參與、媒體出現率、高品質的教學、課程規劃、諮商服務、校園基礎設施、畢業後生涯發展等，經由這些因素的洗滌革新，來建立優質的學校品牌聲譽。

當學校品牌構築完成，行銷管理能力便成為另一項重要的挑戰。學校教育行銷需建構一種長期的關係（Kraft, 2006）。整合行銷溝通被視為是一種重要的策略，它整合了教育機構的所有訊息，並且經由各種媒介將訊息有順序的、相互作用的傳送給收訊者，使其對教育機構本身有更清晰的理解。

教育的行銷管理近年來逐漸受到重視，學校也逐步在建立本身的特色，但對於行銷的結果卻未見成效。對於即將進入教育機構的未來學生，他們面對許多生活上的不同議題，就讀學校的選擇是生命中重要決定，因此以學生為核心的學校品牌品質及品牌行銷，亦應能符合他們的期待與解決他們的問題；此外，品牌行銷的範圍應能涵及所有會影響未來學生選擇學校決定的相關人員。為能有效把握行銷重點、解決行銷的障礙，教育機構如何去建構一個足以感動學生的故事？如何規畫一個有效的整合行銷策略？將對學校教育的長期發展產生深遠的影響。

第六章　教育品質

　　教育品質量是全民教育的核心（United Nations Educational, Scientific and Cultural Organization, UNESCO, 2005），各國對教育品質的重視已成為世界潮流（Banjamin, 2007; Filzeraald, 2005; Hulley & Dier, 2005; Juha Vaso, 2007），聯合國教科文組織（2005）亦提出教育品質理解架構，透過理解、監督、改進以強化教育品質。二十一世紀是一個品質導向的時代，學校所具備的競爭優勢是學校能否永續經營的關鍵所在，因此世界各國無不致力於學校教育品質之提升，以強化本國所培育之人才在國際間之競爭力。

　　就國家與城市政策而言，美國 Bush 總統於 2002 年簽署「沒有落後的孩子法案（No Child Left Behind Act）」及 2007 年「沒有落後的孩子──藍帶學校（No Child Left Behind Act-Blue Ribbon School Program）」選拔出 287 校表現優質學校並展現學校作法（U.S. Departmentof Education, 2007）；香港於 1997 年發表「第七號報告書」，1998 年設立傑出學校獎勵計劃，接著在 1999 年正式推出「傑出學校獎勵計劃」（香港優質教育基金會，2009）；大陸近年來有關教育政策的研究雖然起步較晚，20 世紀 80 年代開始有了一定數量的域外引進和本土探索，並逐步聚焦於教育品質保障政策的研究（劉暉與湯建靜，2016）；我國除臺北市於 2003 年召開第一次專案小組會議，研發「優質學校指標」與「精緻教育──臺北市優質學校經營手冊」，並於 2006 年正式實施（臺北市政府教育局，2004）外，國內近年來亦有將近 16 個縣市陸續推動校務評鑑計劃（鄧進權，2007），以有效掌控學校辦學品質。因此教育品質的追求隱然成為國際間學校教育改革的重大趨勢，學校人員對於

教育品質重要性之探討當足以作為教育工作推動內涵的一項重要性指標。

　　就國際組織而言，如 1948 年《世界人權宣言》確認對所有兒童實施免費義務教育，普及初等教育目標已納入國際事務議程；1990 年，世界全民教育大會在泰國召開，聯合國教科文等國際組織發表《世界全民教育宣言》，首次提出全民教育的概念，基本內涵是「掃除成人文盲、普及初等教育以及消除男女接受教育的差別。」；2000 年達喀爾行動綱領（Dakar Framework for Action, DFA）目標 2 要求各國提供優質初等教育以及目標 6 全面提高教育質量，以求在語文、算術與基本生活技能達到可確認即可計量的學習成果。此兩項宣言開啟了全民教育全球監控的基石（UNESCO, 2005）；2000 年聯合國教科文組織世界教育論壇在達喀爾舉行，通過達喀爾行動綱領（Dakar Framework for Action, DFA），確認每個公民與社會實現全民教育的六項目標：（一）掃盲、（二）發展幼兒教育、（三）普及初等教育、（四）促進男女教育機會平等、（五）生活技能培訓、（六）全面提高教育質量；2002 年聯合國大會通過 57/254 號決議案，宣告 2005~2014 年為「永續發展十年教育期」（Decade of Education for Sustainable Development，簡稱 DESD），期待在這十年間能落實全球的永續發展教育，並由聯合國教科文組織負責該活動之推廣（UNESCO, 2009）；聯合國教科文組織（UNESCO）也認為學習結果是最適當顯示教育平均品質的單一指標（UNESCO, 2008）。但基本上教育品質並不能由學科的學習成就評量完全代表，因為此種方式往往偏重認知能力，無法指出那些為教育重要目標的價值和其他非認知性能力（UNESCO, 2008）。

　　Putnam（2004）談到學校面對的未來圖像在反映一種卓越、高成就的教育成果與挑戰；Fullan（2003）談到，在未來，學校共同面臨的問題包括：（一）縮短學校低成就學生與高成就學生在語文及數學表現上的缺口、（二）重視早期兒童社會——情緒的發展、（三）應致力於提升學生學習、（四）教育工作者面對過度教與學、多元倡導的體力負荷、（五）在持續改革的過程中，無法獲得教師與領導者的支持，導致系統的失敗；Covinfton

（2005）指出學校面對的未來挑戰在於，學生被視為學習者以及建立終身學習發展過程的社會與教學環境，因此未來領導者必須面對以下的挑戰：（一）領導的品質、（二）教師的實踐、（三）建立終身學習者發展的文化、價值與關係、（四）學生學習如何去思考他們的未來。基此，欲擁有高教育品質的教育成效，建構影響教育品質所涵蓋的重要層面，諸如學生學習成效與行為輔導、行政行為、領導品質、教師教學等實有其重要價值，學校如能充分掌控秉持持續改善、追求精緻、邁向卓越達到永續經營的理想，將是教育品質成功的不二法門。

一、學校教育事務與教育品質

　　從學校教育事務與教育品質論述進行交互探究，將可讓本研究所建構之理論層面更貼近於教育現場。依謝文全（2002）《學校行政》一書所陳，學校事務可分為行政歷程（計畫與決定、組織、溝通、領導與管理、評鑑與視導等）、教務行政（課程與教學、評量、專業發展等）、訓導行政（學生行為獎懲等）、輔導行政（學生行為輔導等）、總務行政（教育經費與資源之執行與管理、場地設施的維護等）、人事行政（教育人員專業標準、專業素養、任用、考核與在職教育等）與公共關係（家長與社區等）等工作，環顧當前學校教育工作之推動，其組織分工不外上述行政單位之分類及執掌。因此，本章將依據謝文全在學校行政理念之觀點，逐一與相關學者及機構在教育品質之相關見解交互探討，藉以建構教育品質之理論層面。

（一）從「行政歷程」的角度分析

　　學校行政歷程主要包括計畫與決定、組織、溝通、領導與管理、評鑑與視導等工作，其所牽涉之單位包含了學校各處室應興、應革事項，因此就學校行政執行而言，筆者認為可將行政歷程所涵蓋各項事務之運作可統攝歸納為「行政管理」構念，與此構念類似提出相關教育品質論述者，在教育品質

意涵指稱上有丁一顧與張德銳（2005）、吳政達（2006）、吳宗立（2007）、吳天方與費業勳（2007）、柳麗玲（2007）、Reynold（1992）、Sallis（1993）、Mortimore（1998）、Sullivan（2007），在優質學校的品質內涵論述上則有林清達（2007）、陳益興（2006）、黃三吉（2007）、Howard County Public School System（2006）、The William Glasser Institute（2006）、The Louisiana Association of Education（2005）、Frick（2012），上述學者、機構分別提出行政績效、行政品質、行政管理等相關的品質內涵。

（二）從「教務行政」的角度分析

學校「教務行政」工作主要有課程與教學、評量、專業發展等。首先，「課程教學」為學校教育的核心工作，屬學校教育事務之重要構念。綜觀國內外學者、機構教育品質論述中，與「課程教學」構念類似進行教育品質探討者，在教育品質意涵指稱上有丁一顧與張德銳（2005）、吳政達（2006）、吳宗立（2007）、吳天方與費業勳（2007）、Reynold（1992）、UNESCO（2005），在優質學校的品質內涵論述上則有林清達（2007）、陳益興（2006）、Howard County Public School System（2006）、The Louisiana Association of Education（2005）、Frick, Chadhd, Watson 與 Zlatkovska（2010）、Jessop 與 El-Hakim（2010）、Brown（2010）、Gibbs（2010）、Frick（2012），上開人員、機構分別提出教學品質、課程發展、教學發展等類似的品質內涵；其次，在評量方面，評量主要在檢測學生的學習成效，是學校教育成果的指標，因此學生「學習成就」構念亦是學校教育事務的重要一環，與此構念類似提出教育品質相關論述之學者、機構，在教育品質意涵指稱上有林天祐（1997）、吳政達（2006）、吳宗立（2007）、柳麗玲（2007）、Mortimore（1998）、UNESCO（2005）、Strauss（2012），在優質學校的品質內涵論述上則有林清達（2007）、陳益興（2006）、Howard County Public School System（2006）、The William Glasser Institute（2006）、Jessop 與 El-Hakim.（2010）、Brown（2010）、Gibbs（2010）、Frick 等人

（2010）、Frick（2012），上開人員、機構分別以學生學習成果、檢視學生進步情形等作為品質論述之內涵；最後，在專業發展上，專業發展旨在教育人員受聘後的在職專業成長，這包括教育人員的行動研究與專業發展，可統合為「研究發展」構念，與此構念類似提出教育品質論述者，在教育品質意涵指稱上有林天祐（1997）、吳天方與費業勳（2007）、Mortimore（1998），上述人員分別提出學術研究品質、學術的要求與學習發展等品質內涵。

（三）從「學務行政」、「輔導行政」的角度分析

　　學務與輔導工作近年來教育主管單位已逐漸將其統合為訓輔工作，雖然在工作職掌上各自成一體系，但在實務的運作上則實為一體兩面，因此將此二者合併探討，有助於品質層面的整合。學務行政主要在針對學生行為表現作出獎懲，而輔導行政則在聚焦於學生行為與輔導，此兩個單位所涉事務較不牽涉學生學習成就，可將其統合為「行為輔導」構念，與此構念類似提出教育品質見解者，在教育品質意涵指稱上有吳天方與費業勳（2007）、吳政達（2006）、吳宗立（2007）、Reynold（1992），在優質學校的品質內涵論述上則有陳益興（2006）、Howard County Public School System（2006），前述人員與機構分別從此角度切入探討，提出重視學習者特質、學生期望、師生關係等品質內涵。

（四）從「總務行政」的角度分析

　　總務行政事務包括教育經費與資源之執行與管理、場地設施的維護，其主要事務工作則在校園規劃與學校建築等硬體設施的環境設計與維護，以及支援課程教學的軟體設備採購、分配使用與維護等。因此在總務行政面向屬「環境設備」構念，而與此構念類似提出教育品質論述之學者、機構，在教育品質意涵指稱上有丁一顧與張德銳（2005）、林天祐（1997）、吳天方與費業勳（2007）、吳宗立（2007）、吳政達（2006）、UNESCO（2005），在優質學校的品質內涵論述上則有林清達（2007）、陳益興（2006）、Sullivan

（2007）、Howard County Public School System（2006）、Frick（2012），上述學者、機構分別提出環境設備、教學設備、教學資源等品質內涵。

（五）從「人事行政」的角度分析

人事行政主要在執行教育人員專業標準、專業素養、任用、考核與在職教育等事項，就業務內涵而言，主要在人員的晉用以及日後在職教育等專業發展的管考等工作，前項為人員初聘時品質的要求，後者則是日後在職教育的工作（此部分與教務工作中專業發展事項類似，不再贅述）。因此，從人事行政角度探討，主要在確保組織人員的素質，屬「人力素質」構念，與此構念類似為提出教育品質論述之學者、機構，在教育品質意涵指稱上有林天祐（1997）、吳天方與費業勳（2007）、吳宗立（2007）、吳政達（2006）、Strauss（2012），在優質學校的品質內涵論述上則有陳益興（2006）、黃三吉（2007）、The Louisiana Association of Education（2005），前述論者分別提出教師品質、人員品質等相關品質內涵。

（六）從「公共關係」的角度分析

學校公共關係的營造對象主要是家長與社區，其次為主管機關、學術單位、媒體等利害關係人。近年來家長與社區漸成為學校的教育夥伴，影響學校教育的績效，而其對學校教育支持的程度，則端視於學校辦學品質的良窳。其次就教育市場的角度而言，家長與社區是學校的教育顧客，尤其是家長更是學校學生來源的主要影響者，因此為有效整合家長與社區資源並獲得其支持，「顧客導向」的教育品質要求在當前教育氛圍中自無法避免。與上述「顧客導向」構念類似提出教育品質論述之學者、機構，在教育品質意涵指稱上有丁一顧與張德銳（2005）、吳宗立（2007）、吳政達（2006）、柳麗玲（2007）、Sallis（1993），在優質學校的品質內涵論述上則有黃三吉（2007）、The William Glasser Institute（2006），上述人員及機構分別提出以顧客為導向、家長滿意度、加強與社區互動等品質內涵。

二、教育品質意涵

近年來各級學校面臨少子化的衝擊，面對顧客的教育需求與學生來源的壓力，教育品質的提升是學校的最佳策略。為廣泛蒐集學校教育品質內涵，研究者分別從教育品質及優質學校之定義進行文獻蒐集，藉以確立各項教育品質相關要素，茲將國內外學者、機構之觀點加以陳述如下。

（一）國內觀點

在教育市場理念之衝擊，近年來國內對於教育品質議題日趨重視，今將相關學者之教育品質與優質學校內涵之主張說明如下：

林天祐（1997）將教育品質定義為教育能持續符合眾人所認定及期望的目標，教育的內涵包括政策法令、行政與制度、教育目標、教育內容、教育過程與教育結果；其涵蓋內容則泛指：

(一) 學術品質。

(二) 學生成就。

(三) 研究。

(四) 支援資源。

(五) 聲望。

(六) 教師品質。

(七) 教育產出。

吳天方與費業勳（2007）則認為教育品質應包括：

(一) 人員品質：校長領導、行政人力、師資結構、學生素質等。

(二) 教學品質：課程發展、教師教學、學生學習與師生互動等。

(三) 行政品質：顧客需求的滿足、師生教學的支援、經費的編列。

(四) 環境品質：校園規劃、教學設備、生活設施等。

(五) 學術研究品質：研究議題、研究規範、研究成果及其可應用性。

(六) 社會服務品質：與社區的互動、弱勢族群的教育規劃與執行行動。

（七）學生成就品質：全人教育績效、公民能力培養。

丁一顧與張德銳（2005）認為學校教育品質的衡量標準，應包括：

（一）學校行政績效。

（二）教學品質。

（三）家長滿意度。

（四）社區互動。

歸納丁一顧與張德銳對教育品質標準之詮釋可分為行政管理、課程教學、顧客導向與校園環境等因素。

柳麗玲（2007）指出影響教育品質的構念變項，包括以下三個方面：

（一）學生成就表現。

（二）家長對學校的信賴。

（三）學校的形象。

陳益興（2006）優質學校指標與經營應包含以下信念：

（一）確立好學校的具體目標。

（二）明訂好校長的領導典型。

（三）期許好教師的專業表現。

（四）規範好學生的應然學習。

（五）提供學生適性發展的教育環境與公平正義的教育機會。

（六）創造多元豐富的教育活動，穩實潛移默化的教育過程。

（七）強調教育過程的績效。

（八）注重全方位的學校經營管理。

（九）發展具國際競爭力的典型學校。

黃三吉（2007）提出優質學校的經營策略包括：

（一）主管人員的領導與支持。

（二）策略性的規劃。

（三）以顧客為導向。

（四）重視教育訓練。

(五) 加強團隊合作。

(六) 採取事前預防。

(七) 持續改進。

林清達（2007）指出優質學校之校長專業領導奠基在以下六個指標上：

(一) 行政管理。

(二) 課程發展。

(三) 教師教學。

(四) 學生學習。

(五) 資源統整。

(六) 校園營造。

蔡金田（2013）將教育品質理論層面歸納為：

(一) 行政管理。

(二) 課程教學。

(三) 人力素質。

(四) 學習輔導。

(五) 環境設備。

(六) 研究發展。

(七) 顧客導向。

（二）國外觀點

國外學者對於教育品質與優質學校內涵亦紛紛從不同的角度，提出不同的見解，今將其分述如下：

Creemers（1994）在分析教育的相關品質因素時指出，學生的學習表現受到教室與學校脈絡等層面之影響，其中學校層面包括：

(一) 教育因素：如對於教學的要求與所定之規範。

(二) 組織的因素：如學校文化與視導策略。

(三) 時間管理：如行事曆等時間的運用管理。

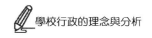

(四)機會：如對學校課程與願景建立的共識與規範。

另外在教室的因素上則包括：

(一)課程：如課程內容與課程安排的清晰度。

(二)教學方式：如能力分組、合作學習等。

(三)班級經營：如教師期望、教室氣氛與秩序等。

Reynold（1992）提出學校教育的品質模式至少應包括以下因素：

(一)學校政策。

(二)課程與教學。

(三)師生的互動關係。

(四)學習時間的安排。

(五)教育領導。

Sallis（1993）認為教育品質應包括品質規劃、品質管制、品質保證以及品質管理等概念，它涵括以下內涵：

(一)長遠且持續的目標：如建立學校品質願景，並能將願景轉化為長遠持續的目標。

(二)對品質的承諾：強調教育工作者應對教育品質有所認識與認同，並能將品質承諾融入學校文化的一部分。

(三)持續的改進：強化不斷的改進作為以提升教育品質，進而促使教育目標的達成。

(四)顧客至上的理念：學校教育應能覺知學生、家長、社區等利害關係人之需求，透過教育的專業判斷將其轉化為具體的執行項目，以提升學校教育的品質。

(五)全面參與：卓越的教育品質需要全體教職員工的參與，透過行政團隊、教師專業社群、家長與社區參與、學生意見等凝聚力量、共同努力實踐。

(六)領導授權：教育品質重視領導者的視野及與教育現場第一線工作者的互動與理解。領導者能將教育價值與願景傳達給每一位教育人員，並採取授權與能的信任態度，提供教育人員不同的挑戰與成就。

Mortimore（1998）提出八個影響學校教育品質的主要因素：

(一) 強而正面的領導。

(二) 對學生抱有高期望。

(三) 檢視學生的進步情形。

(四) 學生參與校內事務。

(五) 建置獎勵與誘因。

(六) 家長的參與。

(七) 協同合作與一致的行動。

(八) 學術的要求與學習。

Hampton（1993）提出教育品質構面至少應涵括以下幾個因素：

(一) 學校品質。

(二) 教學狀況。

(三) 學生活動。

(四) 校園設備。

(五) 學生學習成果。

Chapman（1990）教育品質意涵應包括：

(一) 教師素質。

(二) 學生成就。

(三) 教學發展。

(四) 教學環境。

Adams（1993）認為教育品質包含以下定義：

(一) 教師資格。

(二) 學生成就。

(三) 師生互動。

(四) 校育聲望。

(五) 學生發展。

Sullivan（2007）從優質學校之構成要素、特徵、情境，提出優質學校指標應包括：

 學校行政的理念與分析

(一) 學校願景。

(二) 校園文化。

(三) 教師效能。

(四) 績效管理。

(五) 社會責任。

(六) 資源統整。

(七) 校園營造。

The William Glasser Institute（2006）指出優質學校指標應包括：

(一) 建立以信任和尊重為基礎的關係，並能排除所有的紀律問題。

(二) 強調整體學習能力並排除評鑑能力低下的等級標誌。

(三) 學生每年均能執行超越能力的優質工作，並能得到較高等級的評定。

(四) 教導教職員與學生於學校生活與工作中運用選擇理論，並鼓勵家長參與研究團體。

(五) 學校強調考試的重要，且學生在相關的測驗與考試中有較佳的表現。

(六) 教職員工、學生與家長認同學校。

Howard County Public School System（2006）認為優質學校應具備以下特徵：

(一) 安全和有秩序的環境，學校氣氛有助於教學與學習。

(二) 教職員對於學生的重要學習技能擁有高成功的期望，並能協助學生達到精熟。

(三) 校長能扮演教學領導者的角色。

(四) 清楚且明確的學校任務與願景，能傳達於社區及家長並且融入相關教學歷程中。

(五) 有機會學習並做好工作時間的管理，以提升學校整體效能。

(六) 運用多元學習方法檢視學生學習成就，並將其運用於教師的改善教學。

(七) 重視家庭與學校關係之建立，加強親師的溝通與了解，讓家長成為
　　 教育夥伴。

The Louisiana Association of Education（2005）認為影響優質學校的品質
因素有：

(一) 成員對於達成高教育目標有所共識與承諾。

(二) 學校教學、行政均能營造有利於學生學習的氣氛，並能有效溝通透
　　 過合作方式共同解決問題。

(三) 社區及家長對於教學與學習工作能予以支持。

(四) 教學方案能適配高標準的課程內容。

(五) 教師能持續於相關教學領域知識的專業成長。

UNESCO（2005）在教育品質的焦點議題報告中談到，教育品質應包括
以下三項議題：

(一) 學習者特質。

(二) 教育資源設備。

(三) 學生學習成果。

美國國家品質獎之教育表現績效卓越指標（Education Criteria for
Performance Excellence），則以系統、組織的觀點來掌握教育品質，訂有七
個構面（Malcolm Baldrige National Quality Award, 2004）

(一)「領導」。

(二)「策略計畫」。

(三)「顧客焦點」。

(四)「評估、分析與知識管理」。

(五)「人力管理」。

(六)「流程管理」。

(七)「結果」。

國內外學者機構教育品質與優質學校內涵之分析可歸納為行政管理（如
領導、願景目標、績效管理）、教育成效（如學生成就）、課程教學（如教

學、課程）、師資素質（如師資、專業發展、學術研究、親師生關係、對學生期望）、環境設施（如環境、資源設備）、顧客導向（如家長參與、家長滿意）等層面；另就國內、外品質主張加以分析發現，行政管理、教育成效、課程教學、師資素質、環境設施、顧客導向等層面均受到一定程度的重視，其中以行政管理層面最常被提及。

三、教育品質的理論層面

茲將上述國內外學者機構就教育品質與優質學校之內涵，歸納如表 3。

表 3　國內外學者、機構教育品質內涵歸納表

學者、機構	年代	品質內涵
林天佑	1997	學術研究、教育資源、師資、教育成效、學校聲望
吳天方與費業勳	2007	人力素質、教學、行政、環境、學術研究、學生成就、社會服務
丁一顧與張德銳	2005	行政、教學、社區、家長滿意
柳麗玲	2007	學生成就、家長、學校形象
陳益興	2006	願景目標、師資、領導、教育績效、教育環境、競爭力
黃三吉	2007	領導、家長參與、教育發展、團隊合作、持續改進
林清達	2007	行政、課程、師資、學習成就、資源、環境
蔡金田	2013	行政管理、課程教學、人力素質、學習輔導、環境設備、研究發展、顧客導向
Creemers	1994	課程、願景、學校文化、教學、行政、對學生的期望
Reynold	1992	行政、課程、教學、師生關係
Sallis	1993	願景目標、領導、持續改進、團隊合作
Mortimore	1998	領導、學習成就、家長與認同、團隊合作、學術發展
Sullivan	2007	願景、文化、師資、績效管理、社會責任、資源、環境
The William Glasser Institute	2006	學習成就、家長參與認同、學校認同
Howard County	2006	環境、對學生的期望、領導、願景、教學、學習成就、親師關

學者、機構	年代	品質內涵
Public School System		係
The Louisiana Association of Education	2005	願景目標、教學、學習成就、與社區及家長關係、課程、專業成長
United Nations Educational, Scientific and Cultural Organization, UNESCO	2005	學習者特質、資源設備、學習成果
Hampton	1993	教學、資源設備、學習成果
Chapman& Carrier	1990	師資、教學、學習成就、環境設備
Adams	1993	師資、教育成效、學校聲望、師生關係
Malcolm Baldrige National Quality Award	2004	領導、策略計畫、顧客焦點、評估及分析與知識管理、人力管理、流程管理、結果

　　表 3 中教育品質內涵，約略可歸納為行政管理（如領導、願景目標、績效管理）、教育成效（如學生成就）、課程教學（如教學、課程）、師資素質（如師資、專業發展、學術研究、親師生關係、對學生期望）、環境設施（如環境、資源設備）、顧客導向（如家長參與、家長滿意）等層面；另就國內、外品質主張加以分析，其結果如表 4。

表 4　國內外學者、機構教育品質層面之比較分析表

品質層面 學者機構	行政管理	課程教學	師資素質	教育成效	環境設施	顧客導向	研究發展
林天佑	v		v	v	v		v
吳天方等	v	v	v	v	v	v	v
丁一顧等	v	v			v	v	

品質層面 學者機構	行政 管理	課程 教學	師資 素質	教育 成效	環境 設施	顧客 導向	研究 發展
柳麗玲	v			v		v	
陳益興	v		v	v	v		
黃三吉	v					v	
林清達	v	v	v	v	v		
蔡金田	v	v	v	v	v	v	v
Creemers	v	v	v				
Reynold 與 Cuttance	v	v	v				
Sallis	v						
Mortimore	v		v				v
Sullivan	v		v		v		
The William Glasser Institute	v			v			
Howard County Public School System	v	v	v	v	v		
The Louisiana Association of Education	v	v	v	v		v	
United Nations Educational, Scientific and Cultural Organization, UNESCO		v		v	v		
Hampton		v		v	v		
Chapman& Carrier		v	v	v	v		
Adams	v		v	v			
Malcolm Baldrige National Quality Award	V			V		V	

　　在教育品質理論層面大致可分為「行政管理」、「學習輔導」、「課程教學」、「環境設備」、「顧客導向」、「人力素質」以及「研究發展」。茲將 7 個理論層面內涵加以說明如下：

（一）行政管理

　　行政管理係指學校能訂定具體可行的教育發展願景，並透過有效的領導、溝通、計畫、決定，來實現學校的願景。此外亦能透過評鑑與視導檢視學校教師教學績效與行政服務品質，並運用團隊合作的機制，建立良好的組織氣氛與文化，進一步建立優質的學校形象。（吳宗立，2007；吳政達，2006；吳天方與費業勳，2007；蔡金田，2013；The Louisiana Association of Education, 2005；Frick, 2012）

（二）課程教學

　　課程教學係指學校能因應學校特色、環境設施並考量學生特性，有效進行課程教材與教學資源的規劃與統整，以建立學校本位的課程發展特色，並進一步透過教學團隊、專業社群等模式進行多元化教學活動，以達成教學目標、建立教學特色。（丁一顧與張德銳，2005；吳政達，2006；蔡金田，2013；Frick, et al., 2010；Frick, 2012）

（三）人力素質

　　人力素質係指能重視學校教育人員素質的維繫與提升，除在人員遴聘過程充分掌握人力素質、適才適所之要求外，對於現有教育人員亦能有效規劃在職專業研究與發展，以持續維護教育人員之人力素質；其次，亦應重視現有人員的績效考核，確實做好人力資源管理工作。（吳宗立，2007；吳政達，2006；蔡金田，2013；Strauss, 2012）

（四）學習輔導

　　學習輔導係指學校能重視學生的學習過程與結果，對於學生學習能給予適當的期望，針對學生的個別差異能安排額外的課程與教學，以利學生的適性發展；另外，在學生成長的過程中，能為學生安排相關的輔導與諮商活

動，確保學生有正向的行為表現，擁有正確的價值觀。（吳宗立，2007；吳政達，2006；蔡金田，2013；Howard County Public School System, 2006；Reynold, 1992）

（五）環境設備

環境設備係指學校整體校園建築與環境規劃，能符合學生的學習與健康之要求；教學設施亦能配合課程教學的需要，確保有效的規劃與運用；以及能隨時做好校園環境的檢測，以營造安全的學習校園。（吳宗立，2007；吳政達，2006；蔡金田，2013；Frick, 2012；Howard County Public School System, 2006；UNESCO,2005）

（六）研究發展

研究發展係指學校能重視全體教職員的專業成長與發展，透過校內專業成長研究與活動的規劃，以增進全體教職員在個人專業領域相關知識的成長，並可解決在教育實務工作中所面臨的問題與挑戰；另外亦應鼓勵教師參與校外各項研習活動與學位及學分進修，以提升本身的專業素養與能力。（林天祐，1997；吳天方與費業勳，2007；蔡金田，2013；Mortimore, 1998）

（七）顧客導向

顧客導向係指學校能重視學校、學區與家長關係的建立，能經由學校活動的規劃，適時向社區及家長說明學校的辦學理念與願景發展，以及了解社區與家長對學校的建議及期望，並適當滿足其合理的需求，以建立彼此良好的互動關係，共同致力於學校的發展。（吳宗立，2007；吳政達，2006；柳麗玲，2007；蔡金田，2013；Sallis，1993；The William Glasser Institute, 2006）

四、教育品質相關研究

　　有關教育品質之相關研究近年來已逐漸受到國內外學者之重視，今將龔素丹（2009）、阮翊峰（2009）、張麗玲（2009）、林佳芸（2008）、柳麗玲（2007）、李政宏（2004）、Arnold（2012）；Baiju 與 Meera（2010）；Colclough、Rose 與 Tembon（2000）；Karmen、Roberto 與 Silva（2013）；Takato 與 Yuriko（2013）等研究結果歸納如表 5。

表 5　教育品質相關研究歸納分析表

研究者	研究年份	研究對象	研究結果
阮翊峰	2009	臺灣地區國民小學教育人員	1.行政運作向度為教育品質最高知覺 2.性別、服務年資、職務與學校規模會影響教育人員對教育品質之知覺
李政宏	2004	臺北市國民小學教育人員	1.臺北市國小教育品質屬中上程度 2.教育品質之知覺會因性別、服務年資、職務、學校規模等背景變項不同而有差異
林佳芸	2008	臺中縣市國民小學家長	1.家長背景因素不同對教育品質關心情形有所不同 2.「校務行政與服務認同程度」認同度較高，「學校環境與設備」認同度最低 3.教育品質各層面間有顯著相關
柳麗玲	2007	桃園、臺北縣市、基隆、宜蘭國小教育人員	教育品質各影響因素間有顯著相關，其中包括品質政策（教育政策與學校計畫）、品質目標（教育目標與測量）、品質管理（計畫執行與服務）、品質保證（教育安全與學生成就）、品質發展（研究與理論）
張麗玲	2009	臺北市國民小學教育人員	1.優質學校教育品質達中度水準 2.性別、年資、教育程度、職務、學校規模等不同背景變項之教育人員對優質學校教育指標看法有所不同
龔素丹	2009	臺灣地區國民小學校長、主任和	1.國民小學教育品質屬高度表現 2.以顧客滿意層面得分較高 3.學校教育品質因學校規模、學校地區、學

研究者	研究年份	研究對象	研究結果
		教師	校創校歷史等背景變項不同在知覺上而有不同
Arnold	2012	教師	教師品質影響學生學習成效，低品質師資會影響高品質教育。
Baiju & Meera	2010	教師與校長	教師品質為最重要的教育輸入品質，其次為學生績效表現（如生活能力、科技技術）、環境知覺等。
Colclough, et al	2000	兩所不同國家國民小學	影響教育品質得最重要因素為教育成本與環境設施續後頁
Karmen, et al	2013	教職員	學校教育品質層面以學習成效等結果層面最為重要，其次依序為非財政資源、永續發展與價值鏈。
Takato & Yuriko	2013	學生	教師、資源、視導與監控、家長投入是影響學生學習成果之重要因素。

　　由表 5 發現，就國外相關研究而言，大抵在強調師資品質（Arnold, 2012；Baiju & Meera, 2010；Takato &Yuriko, 2013）、教育資源（Colclough, et al, 2000；Takato & Yuriko, 2013）、學生的學習品質（Baiju & Meera, 2010；Karmen, et al, 2013；Takato & Yuriko, 2013）、家長對學校事務的參與（Takato & Yuriko, 2013）、教育環境（Baiju & Meera, 2010；Colclough, et al, 2000；Karmen, et al, 2013）以及行政的視導與管理（Takato & Yuriko,2013）是影響學校教育品質的重要因素；其次，就國內相關研究加以探討發現，當前教育品質大部分介於中度以上（李政宏，2004；張麗玲，2009；龔素丹，2009）；教育品質各層面之認同則因個人（性別、服務年資、職務、教育程度）或學校背景變項（學校規模、學校地區、學校創校歷史）之不同而有顯著差異（李政宏，2004；阮翊峰，2009；張麗玲，2009；龔素丹，2009）；在教育品質相關層面上則皆呈現顯著相關（林佳芸，2008；柳麗玲，2007）。

第七章　學習社群

　　許多研究（DuFour, Eaker & DuFour, 2005；Hord, 2004；Tool & Louis, 2002）指出，孕育一種支持成員建構學習社群的文化，是永續學校教育革新的最重要管道；學校擁有堅強的學習社群將有助於學校與學生專業成就的產出（Crow, Hausman & Scribner, 2002；Tool & Louis, 2002）；社群的學習模式有助於理論與研究的知識、從工作場域中所獲得的知識以及成員共同合作、探究與創造的知識等三種知識的成長（Jackson & Temperley, 2006）；學習社群被視為學校進步的有效模式，高品質的學習活動是改善教與學的必然因素，透過學習社群的合作、權力分享與持續學習有助於學校特色的建立與專業的發展（Roberts & Pruitt, 2003）；亦有研究強調，教師學習社群對教師成長的重要性（Gordon, 2004；Martin-Kniep, 2004；Neil & Morgan, 2003）。由上可知，校園學習社群有著引導學校教育改革的功能、學校成員專業發展、教師教學與學生學習成效的精進，是學校追求進步的有效策略。因此，校長身為學校教育的擘劃者，自應對於校園學習社群的概念有著深刻的認知，方能有效引導校園學習社群的推動，以提升學校整體教育品質。

　　當人們能相互合作，為了追求共同的目的、任務與目標而工作在一起，學習社群便已產生（Wilson, Ludwig-Hardman, Thornam & Dunlap, 2004）；Sergionvanni（2005）指出，學習社群有助於教育的發展；Robert 與 Pruitt（2003）提出校園學習社群的建構已逐漸跳脫傳統科層化的架構，以新的角度與思維重新審視學校以及學校教職員工、家長與社區的關係，有效結合行政人員、教師、家長、學生以及社區多數人的智慧與技能，解決學校的實際

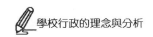

問題,進而達成學校教育目標。學校為一合作團隊,為實現共同的願景而結合在一起,因此學習社群的建構儼然成為學校推動組織學習、解決教育問題、達成教育目標、促進學校發展的重要策略。校長身為學校領導者,自應將學習社群之觀念逐步推展至校園中,經由提升學校成員在校園學習社群的態度、技巧與知識,以成就理想的社群文化,建構優質的學習社群。

Senge(1994)提到學校轉換成為學習社群,可能為教育工作者帶來更重要的挑戰,它需要組織成員有時間合作,有持續的行政支持,同事有溝通的管道;經濟合作與發展組織(Organization for Economic Co-operation and Development, OECD, 2005)亦提到未來的學校與領導者將面臨:(一)能將個人工作置於廣大的社群脈絡,平衡專業並擱置利益、(二)能持續知識領域以及專業的學習與發展等任務與挑戰;Sergiovanni(2002)曾談到學校領導者應由管理者及激勵者,轉變為發展者及社群建立者,強調民主式參與,共享價值、理想、標準與目標。校園學習社群與社群領導已被教育部及地方政府列為精進課堂教學能力之子計畫中,成為政府的教育政策,因此學校必須因應實踐校園學習社群所帶來的種種挑戰。在學校推動校園學習社群之初,如能透過學校實踐經驗的案例分享,尤其是校長以身作則、親自參與的學習社群實踐,相信將有助於政府政策的推動與學校實施效益的提升。

一、學習社群的意涵

1990 年 Peter Senge 提出第五項修練(The Fifth Discipline)在校園生態產生迴響,學校紛紛創導建立學習型組織,教育人員更急欲思索如何以創新的思維來革新學校的運作,如何有效的結合學校內、外部的人力與物力資源,以造就學校教育的成功。校園學習社群是帶動學校成長的重要機制,也是教育改革下的產物。校園學習社群是帶動學校成長的重要機制,也是教育改革下的產物。

對於社群定義,因其非新處方、方案、模式或創新,如同其他教育理

念，教師專業學習社群有不同解釋及不同執行專業層面，也可能較難定義
（Jones, Stall, & Yarbrough, 2013）。Crowan（2010）認為社群乃是支持社群
推動環境場域下，彼此信任、尊重、開放討論、分享共同願景及對學生學習
的共同承諾；教師專業學習社群（teachers'professional learning community）
係指一個學習團體的專業工作者相互合作且持續地進行集體探究與行動研
究，籍以促進學生獲得較佳之學習成效（Vanblaere & Dcvos, 2016）；教育部
（2006）將「學習社群」定義為自一群具有共同學習興趣或學習目標的成員
所組成，經由持續性分享交流、參與學習、相互激勵，提升彼此的知識、技
能或態度。

　　另在教師專業學習社群方面，李重毅（2013）將教師專業社群界定為，
學校教師透過反省對話、共享價值觀、團隊合作及教學實踐，組成學習社
群，以提升專業成長、學校整體績效及促進學生學習品質；劉恆昌（2015）
將專業學習社群界定為，自一群教師以學生學習為中心的理念結合，共同備
課、觀謀與議謀等情境中的實作為中心，透過故事敘說、協作與社會建構方
式，從參與中學習社群成員身分以及實作的改善；黃政傑（2015）認為，教
師專業學習社群乃源於企業對組織學習的理解，學校加以引用的信念，學校
若能溝通教與學且加以實行，學生學習與成就便得以改善；Bunker（2008）
提到，教師專業學習社群的有效運作，能提高教師教學技巧與專業發展，進
而提升學學習成效。

　　綜觀國內外相關學者對於學習社群之意涵，各有其不同的見解，研究者
歸結相關學者所陳述之意涵發現主要包含以下幾個要素：（一）擁有共同的
目標、價值與願景（林思伶與蔡進雄，2005；林紹仁，2006；吳清山與林天
祐，2010；蔡進雄，2009；Bowes, 2002；Grozdanic & Weatherley, 2001；Kruse,
Louis & Bryk, 1995；Schussler, 2003；Wilson, Ludwig-Hardman, Thornam &
Dunlap, 2004）；（二）社群成員對社群有認同感與歸屬感（Wilson, Ludwig-
Hardman, Thornam & Dunlap, 2004）；（三）成員間彼此能相互合作、平等對
話、分享與關懷（林思伶與蔡進雄，2005；林紹仁，2006；吳百祿，2010；

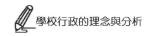

蔡進雄，2009；Bowes, 2002；Schussler, 2003；Speck, 1999；Wilson, Ludwig-Hardman, Thornam & Dunlap, 2004）；（四）擁有安全與支持的環境（Kruse, Louis & Bryk, 1995；Wilson, Ludwig-Hardman, Thornam & Dunlap, 2004）；（五）以達成組織目標為依歸（林思伶與蔡進雄，2005）；（六）能持續的改進、反省與成長（林紹仁，2006；蔡進雄，2009；Kruse, Louis & Bryk, 1995；Sergionvanni, 2000）；（七）能建立新知識（Grozdanic & Weatherley, 2001；Kruse, Louis & Bryk, 1995；Schussler, 2003；Wilson，Ludwig-Hardman, Thornam & Dunlap, 2004）；（八）領導者的支持與分享（林紹仁，2006）。

在上述八個要素中，研究者初步將其歸納成「共同願景」、「社群認同與合作」、「學校結構與社會支持」、「學校實務」、「領導分享」五個層面，茲說明如下：要素（一）擁有共同的目標、價值與願景要素，作者以當前最常被提及的「共同願景」作為研究層面；要素（二）、（三）、（五）有關成員間彼此能認同、相互合作、平等對話、分享與關懷等因素，研究者認為上述因素主要源於成員是否具備對社群認同與團隊合作的概念與認知，社群成員若能具備對社群認同及擁有團隊合作的概念與認知，必能有效進行平等對話、分享與關懷，因此研究者將上述因素統整為「社群認同與合作」層面；要素（四）擁有安全與支持的環境，研究者以為此因素應包括學校內、外部環境，涉及學校內部的組織架構與學校外部的社會支持，因此將其歸類為「學校結構與社會支持」層面；（六）、（七）協助成員反省、改進與知識成長，係屬學校協助成員自我省思與專業發展之部分，學校透過專業發展活動之安排讓成員了解自我之不足，以有效督促其自我省思與積極成長，而專業成長發展活動之規劃乃屬學校實務運作之一部分，因此將其歸為「學校實務」層面；（八）領導者的支持與分享則則將其列為「領導分享」層面。

二、學習社群理論層面的建構

經由上述學習社群的意涵與相關要素之文獻探究，學習社群理論層面包

括「領導分享」、「社群認同與合作」、「共同願景」、「學校結構與社會支持」、「學校實務」5 個層面，茲就上開國內外相關學者與機構之論述統整，如表 6。

表 6　國內外學者與機構學習社群理論層面歸納表

名或機關、團體名稱	層面				
	領導分享	社群認同與合作	共同願景	學校結構與社會支持	學校實務
Bowes		V	V		
Grozdanic & Weatherley			V		V
Sergionvanni					V
Speck		V			
Wilson 等		V	V	V	V
Kruse 等		V	V	V	V
Schussler		V	V		V
Coalition for Community Schools		V	V	V	V
Australian National Training Authority		V	V	V	V
林思伶與蔡進雄		V	V		V
林紹仁	V	V	V		V
高博銓	V	V		V	V
吳百祿		V			V
吳清山與林天祐		V	V		
張德銳與王淑珍		V	V		
蔡進雄	V		V	V	V
次數	3	13	12	6	12

研究者自行整理

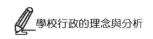

　　由表 6 發現，學習社群理論層面以「學校實務」層面較受到學者及機構所重視；其次依序為「共同願景」、「社群認同與合作」、「學校結構與社會支持」以及「領導分享」，其中「領導分享」層面被提及次數雖不多，但如同前述文獻探討中所言，領導者的支持與分享是學習社群存在的重要因素，正如 Lambert（1998）談到「領導權應該專注於整個學校學習社群，而且需要這些願意參與學校改變的人一起學習和領導。」由上可知「領導分享」是學習社群中不可或缺之層面。

　　茲將綜合上述文獻探討後所歸納之五個層面內涵加以說明：

（一）領導分享

　　領導分享乃指校長能鼓勵支持校園學習團體的組成，給予行政與資源的協助，並經由權力、經驗與知識的分享，鼓勵學習團體能依特定之目的與任務擬定訓練與計畫，以建立分享領導的校園文化。（林紹仁，2006；高博銓，2008；蔡進雄，2009）

（二）社群認同與合作

　　社群認同與合作旨在對學校共同價值與願景的認同下，透過教職員工的對話、分享、參與等機制，藉以提升教職員工彼此的了解以及智慧的成長，凝聚眾人之智慧與能力，進而提升學校成員的合作績效，達成共同目標。（林紹仁，2006；高博銓，2008；蔡進雄，2009；Bowes, 2002；Schussler, 2003；Coalition for Community Schools, 2009）

（三）共同願景

　　共同願景重視全體教職員工共同參與學校願景的決策過程，透過參與、溝通等機制來達成共識，形成社群共同的目的與價值，藉以凝聚全員的向心力來共同努力及達成的方針。（林紹仁，2006；蔡進雄，2009；Coalition for Community Schools, 2009；Wilson, Ludwig-Hardman, Thornam & Dunlap,

2004）

（四）學校結構與社會支持

學校結構與社會支持意指學校、社區與家長能有充分的時間進行聚會與討論，經由彼此的信任、尊重、溝通等共同探討學校所面對的議題，以降低學校教師在面對學校問題時的孤立感。（高博銓，2008；蔡進雄，2003；Kruse, Louis & Bryk, 1995；Wilson,Ludwig-Hardman, Thornam & Dunlap, 2004；Coalition for Community Schools, 2009）

（五）學校實務

學校實務著重在學校行政人員、教師、家長的共同成長，透過團體的方式辦理家長成長和教職員工專業發展活動，以促進行政人員、教師、家長的成長。（林紹仁，2006；高博銓，2008；蔡進雄，2009；Schussler, 2003；Wilson, Ludwig-Hardman, Thornam & Dunlap, 2004；Coalition for Community Schools, 2009）

三、學習社群的實踐策略

校園學習社群為學校的非正式組織，無法強制規範教師參與社群，因此，學校領導者應能善用策略有效建構校園學習社群。綜觀國內外有關學習社群的實踐策略，主要有尋求社群成員共同價值與目標（Australian National Training Authority, 2003；Coalition for Community Schools, 2009；Wilson, Ludwig-Hardman, Thornam, & Dunlap, 2004）；建構安全與支持性環境（Australian National Training Authority, 2003；Wilson, Ludwig-Hardman, Thornam & Dunlap, 2004）；提升社群成員運作的知識技巧（Coalition for Community Schools, 2009；Wilson, Ludwig-Hardman, Thornam & Dunlap, 2004）；能進行領導、責任與資源的分享（高博銓，2008；蔡進雄，2003；

Coalition for Community Schools, 2009；Wilson, Ludwig-Hardman, Thornam, & Dunlap, 2004）；能連結成員專長與社群目標（Australian National Training Authority, 2003；Coalition for Community Schools, 2009）；能鼓勵社群成員進行知識與經驗分享（高博銓，2008；蔡進雄，2003）；強調對社群的認同（蔡進雄，2003；Wilson, Ludwig-Hardman, Thornam, & Dunlap, 2004）；建立社群運作的合作機制（高博銓，2008；Wilson, Ludwig-Hardman, Thornam & Dunlap, 2004）等，是在校園學習社群實踐策略中常被提及的方法。

　　而除了上述的實踐策略外，上述學者、機構亦提出不同的見解，如建立社群的相關規範（Australian National Training Authority, 2003）；強調運用同儕視導提升社群績效（高博銓，2008）；建立校園學習型組織（蔡進雄，2003）以及對於學習社群能做深度有系統的改變（Coalition for Community Schools, 2009）。

　　綜合上開論述可知，學習社群的實踐必須在安全與支持性的環境下，連結成員彼此的價值與目標，在社群目標與環境的挑戰下，成員不斷的透過專業的發展、合作、分享、與創新的機制，來克服環境的障礙，實現共同的價值與目標。因此，研究者認為學習社群建構的有效策略應涵蓋以下要素：（一）尋求社群成員的共同利益、價值與目標；（二）連結成員專長與社群的利益、價值與目標；（三）建構安全與支持性的社群環境；（四）建構社群成員的認同、合作、分享、承諾、責任、溝通與創新機制；（五）給予社群成員必要的專業訓練；（六）勇於反省、更新及面對挑戰，成就社群的永續革新與績效；（七）領導者的支持與分享。

四、學習社群相關研究

　　茲將國內外有關學習社群之相關研究彙整，如表 7。

表 7　國內外學習社群相關研究彙整表

研究者	研究年份	論文名稱	研究結果
李佩玲	2002	教師分級制對教師專業發展的影響——專業學習社群教師的觀點	教學需求與求知興趣為主要成長動機，且學習社群會對教師專業成長產生影響
陳麗惠	2005	學習社群運用於國小教學之行動研究	學習社群有助於提升學生學習動機、協作解決問題、主動找答案，進而提升學習成效
何文純	2005	國民小學社會資本與學習社群關係之研究	1.以「分享實務」和「分享決策」面向最明顯 2.不同背景變項教育人員知覺學習社群發展有顯著差異
丁琴芳	2007	國民小學教師專業學習社群發展之研究	1.以「結構支持」面向最明顯 2.教師背景變項不同知覺學習社群發展有顯著差異
辛俊德	2008	國民小學社群特徵與教師教育信念及專業表現關係之研究	1.以「支持」向度特徵最高 2.學習社群特徵表現最為明顯的學校，其社群活動包括「學校主導」及「教師自發」形式；而以教師讀書會、進修研習風氣、知識不藏私、家長參與學習為其主要活動內容。
黃秀莉	2008	對話學習社群的理論建構與實施	1.學習社群有助於學習文化的形成。 2.學習社群實施歷程中省思與協作最先出現
黃秋鑾	2008	臺灣地區國民中學校長知識領導、學習社群與學校創新經營效能關係之研究	1.校長背景變項不同知覺學習社群發展有顯著差異 2.學習社群對學校創新經營、環境設備創新等有交互作用存在
周宏欣	2009	臺中市國民小學教師學習社群發展之研究	1.以「共同願景」面向表現最佳 2.以正式教師學習社群為主 3.不同背景變項教師知覺學習社群發展有顯著差異
張淑宜	2009	臺中縣市國民小學學習社群與教師專業表現關係之研究	1.以「結構支持」面向最明顯 2.不同背景變項教師知覺學習社群發展無顯著差異

研究者	研究年份	論文名稱	研究結果
林忠仁	2009	國民小學校長分佈領導、灰猩猩效應與教師專業學習社群關係之研究	不同年齡、服務年資、現任職務、學校規模、學校區域之受試者對教師專業學習社群的影響達顯著差異。
施心梅	2010	臺北縣國民中學教師專業學習社群與教師專業發展關係之研究	1.教師因最高學歷與擔任職務之不同，而在教師專業學習社群整體上有顯著差異。2.教師專業學習社群與教師專業發展呈現中度正相關。
薛玉綢	2011	國民小學實施教師專業學習社群功能、困境與改進策略之研究	教師因擔任現職和學校規模之不同，對教師專業學習社群功能知覺有顯著差異存在。
洪志林	2011	國民小學校長多元架構領導、教師專業學習社群與教學效能關係之研究	教師因性別、擔任職務與學校規模的不同，所感受到的教師專業學習社群也有所不同。
駱奕穎	2011	國民小學校長知識領導、教師學習社群與創新教學效能關係之研究	發展教師學習社群應以型塑「互動學習文化」為先，其次為「共同願景目標」、「參與合作學習」、「知識分享平台」和「支持分享環境」層面。
林曉薇	2012	以同儕關懷策略融入大學教學媒體課程之線上學習社群研究	影響大學生網路學習社群行為的主要因素是「環境構面」中的「誘因面向」以及「資源面向」；大學生主要學習社群行為是「參與行為」與依附學習活動單元內容的「知識行為」。
Privanka，Sangeeta，& Venkatesh	2009	公立學校的社群參與——在三個印度城鎮資訊活動的影響	1.透過結構性的活動提供資訊給社群會產生正面的影響2.有助於教師工作的投入3.社群參與會影響學生學習
Elizabeth	2009	學習社群在發展英語學生互動層級的影響	學生參與學習社群在同儕互動、學生與教職員工互動、知覺教職員工的關懷、學術程度、智慧發展等面向比未參與學習社群之學生有更高的知覺。

研究者自行整理

　　由表 7 得知，首先，在學習社群之研究構面上，主要有「分享實務」、「分享決策」、「結構支持」、「合作學習」、「環境構面」等，上述相關研究較少專注於「領導分享」、「社會支持」、「社群認同」等構面之探討，本研究理論層面之建構將有助於彌補上述研究不足之處；其次，在相關研究結果發現：（一）學習社群有助於學生學習表現（陳麗惠，2005；黃秀莉，2008；Privanka, Sangeeta & Venkatesh, 2009；Elizabeth, 2009）、不同背景變項之教育人員知覺學習社群發展亦有所不同（何文純，2005；林忠仁，2009；黃秋鑾，2008；周宏欣，2009；施心梅，2010；洪志林，2011；薛玉綢，2011）。（二）學習社群發展相關因素之表現則分別呈現不同的研究結果，其中以「共同願景」（周宏欣，2009；駱奕穎，2011）、「結構支持」（丁琴芳，2007；辛俊德，2008；林曉薇，2012；張淑宜，2009）以及「分享」為表現最明顯之層面（何文純，2005；駱奕穎，2011）。（三）在實施過程中以「省思」與「協作」最先出現（黃秀莉，2008）。（四）教學需求與求知興趣為主要成長動機，且學習社群會對教師專業成長產生影響（李佩玲，2002）；學習社群以正式教師學習社群為主（周宏欣，2009）。（五）學習社群的主要活動內容則有教師讀書會、進修研習風氣、家長參與學習等類型（辛俊德，2008）。

實證分析篇

第八章　校長社會正義領導分析

　　近年來美國社會正義領導的文獻有逐漸增加的趨勢，其牽涉的對象除了白人中產階級富裕家庭的學生外，也包括了多元化的種族、社經地位、宗教和文化背景的學生（Oakes, Quartz & Lipton, 2000; Riester, Pursch & Skrla, 2002; Scheurich, 1998; Touchton & Acker-Hocevar, 2001），而且有越來越多的教育工作者、政策制訂者逐漸覺醒到學校教育促持成大多數白人子弟的成功（Alexander, Entwisle & Olsen, 2001; Shield & Oberg, 2000），其中種族與家庭社經背景為主要決定因素，此外亦發現來自於少數族群與貧窮社會階級的學生相較於其他同學在學校的教育表現上顯得較差（Bishop & Glynn, 1999）；另外在北美，低成就、輟學與學生行為問題亦大部分發生於少數族群的學生（McBride & McKee, 2001; Nieto, 1999）。由上可知，學生的族群、社經背景、文化等因素影響著學生的在學情況與學習成效。反觀國內，由於新移民子女學生日益增加、民間貧富差距拉大及少數民族教育逐漸受到重視等現象，近年來政府對於少數民族與弱勢家庭以及新移民子女亦推出相關的補償措施，如教育優先區課後輔導政策、多元文化課程的規劃、補助弱勢學童教育經費、新移民成人教育等，其目的在追求教育的公平及達成社會正義之目標。因此，進行學校社會正義領導現況之探究有助於進一步了解學校的實施情形，作為教育未來教育施政作為之參考。

　　本研究之目的旨在探究校長社會正義領導的認知與其在學校實踐社會正義領導的現況，並據以擴展社會正義領導知識的廣度。茲分別闡述如下：

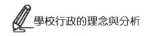

一、研究目的

一、探討校長實踐社會正義領導的理念。

二、了解當前學校不符合社會正義的現象。

三、探究校長改善當前學校不符合社會正義的策略。

四、了解校長在實施社會正義時遭遇來自校內外的阻力,及因應策略。

五、了解校長實施社會正義領導的具體成果。

六、探討校長在執行社會正義領導時應具備的能力。

二、概念架構

本研究依據上述文獻探討以及 Alinsky（1971）、McLaren（1985）與 Palmer（2000）所提出「阻力」的基礎論述,以三個角度作為本研究的概念架構（如圖 4）。本概念架構主要分成三個部分,首先,校長建立規範與政策來反對忽視弱勢學生所遭遇的境遇時所面對的阻力;其次是校長在面對社會正義議題的結果時所遭遇的阻力;第三是校長在執行社會正義領導時如何去化解阻力提升成效。第一個概念旨在檢視校長面對當前缺乏社會正義的環境中,在訂定相關規範與政策時所遭遇的阻力,第二個概念則在探討校長在執行社會正義領導相關規範時所面對的阻力,第三個概念則在探討校長如何以其領導策略來化解阻力,落實校內社會正義的目標與實踐。

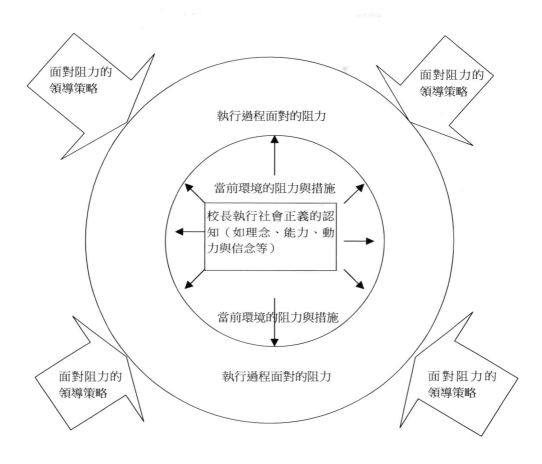

圖 4　研究架構圖

三、研究方法與資料編碼

　　本研究採取 Conrad、Haworth 與 Millar（2001）所提出的定位主體取向（positioned subject approach）的質性研究法，進行半結構式訪談以及兩次焦點座談，從校長詮釋他的工作過程進行資料搜集與編碼，半結構訪談與兩次焦點座談題目為：（一）請問校長實踐社會正義領導的理念？（二）請問校長在你（妳）的學校中，有哪些不符合社會正義的現象？（三）面對上述

不符合教育正義之現象，校長會採取哪些積極的改善措施？（四）請問校長在執行改善校園社會正義的措施時，有無遭遇來自校內外的阻力？校長是如何來克服這些阻力？（五）請問貴校在校園社會正義實踐上已有具體成果，可否請校長為我們做更詳細的解說？（六）綜合以上問題，請問校長你（妳）認為校長在執行社會正義領導時，應具備什麼樣的能力？訪談與焦點座談題目一致，其主要目的在釐清先前訪談內容，並透過焦點座談來協助受訪者統整過去實踐之經驗，以獲得更完整之資訊，並進一步確認本研究結果。另根據 Crowson（1993）之看法，定位主體取向對象的選取應參考他們所在的環境脈絡，研究對象並具有與研究行動有關的特殊需要、知覺與能力。

　　本研究採取定位主體取向之研究方法主要目的，在於參與研究的領導者根據其本身所處的情境脈絡及其所持有社會正義目標，來詮釋其實踐的過程與成效，藉以獲得參與研究團體中不同教育領導者的觀點，來獲得以學校為本位的社會正義領導實踐知識。因此，本研究以弱勢教育地區之學校為選擇對象，該校大部分為弱勢學生且校長在校務工作之運作上已具有一定之績效與特色，藉以探討弱勢教育地區學校校長在社會正義領導的認知與實踐。

　　每位受訪者預計訪談時間為 90 分鐘，經分別與訪談者約定時間後，先行郵寄訪談相關資料給受訪者，在依約定時間準時前往。焦點座談進行 2 次，每次座談時間約 150 分鐘。

　　另在資料編碼與蒐集部分，本研究採取以下方式進行：（一）先將接受訪談與焦點座談學校校長進行編碼（如表 8），俾利後續資料之歸類整理；（二）進行訪談與焦點座談內容之轉譯、繕寫與摘記；（三）根據編碼進行訪談與焦點座談資料之分類、統整；（四）將訪談與焦點座談資料，加以分析、歸納與討論；（五）提出本研究結論與建議。

表 8　訪談與焦點座談資料編碼

校長代號	訪談	焦點座談 1	焦點座談 2
A	A1000921	A11001116	A21001221
B	B1000923	B11001116	B21001221
C	C1000928	C11001116	C21001221
D	D1000930	D11001116	D21001221
E	E1001006	E11001116	E21001221
F	F1001012	F11001116	F21001221
G	G1001014	G11001116	G21001221
H	H1001019	H11001116	H21001221

四、研究對象

　　本研究旨在探討校長如何針對教育現場中的不公平現象，實踐其社會正義領導以促使弱勢學生的教育成功。因此在研究取樣上採取 Bogdan 與 Biklen（1998）以及 Maxwell（1998）所提出之立意抽樣，兼顧學校弱勢族群學生數，以及考量校長整體辦學績效之兩層次立意抽樣。為符合上述研究意旨，本研究抽取八位原鄉或偏鄉，且具有辦學績效與特色之校長參與本研究。原鄉或偏鄉學校屬教育資源缺乏地區，弱勢學生族群亦相對較多，符合本研究社會正義領導之意旨。被抽取的校長應具備以下條件：1.公立學校的領導者；2.擁有推動社會正義的信念，並能將此信念帶進領導工作中；3.能將種族、階級、性別、社經背景、地域等議題作為學校領導實踐的願景；4.學校教育在社會正義的實踐上已有適當的成效。樣本抽樣依據參考各級政府相關教育評鑑及統計資料，以確實抽取符合本研究條件之學校。

　　根據上述條件，研究者透過地方政府之協助獲得相關學校名單，並進一步拜訪學校校長，在確認符合本研究對象條件並獲得校長同意後，進一步進行訪談與焦點座談之規劃。在抽取八位國民小學校長中，其中四個是原住民

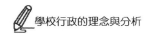

學校校長,四個是偏鄉學校校長(如表 9)。另外被抽取的學校其學生來源至少應有身心障礙特殊學生、家境貧窮學生、原住民學生、新移民學生、單親或隔代教養等類型中,符合三種以上之學校,方能符應本研究之目的,本研究所選取樣本學校學生特性,如表 10。本研究基於受訪者不希望公開學校及校長姓名,因此僅以代號表示。

表 9 八位受訪國民小學校長基本資料表

學校	校長	學歷	擔任校長年資	學校學生數
A	洪 00	亞洲大學資訊工程系資訊教育組碩士	4	32
B	鄧 00	明道大學教學藝術研究所碩士	4	26
C	劉 00	國立暨南國際大學國際文教與比較教育博士	3	29
D	林 00	臺中教育大學行政碩士	4	21
E	溫 00	國立暨南國際大學教育政策與行政學系碩士	6	35
F	林 00	國立臺中教育大學行政學分班結業	7	42
G	梁 00	國立暨南國際大學成人與繼續教育研究所碩士	5	28
H	梁 00	暨南國際大學教育政策與行政學系博士班研究生	7	34

表 10 樣本學校學生特性

學校	地區	特殊教育學生數	低收入戶學生數	新移民子女學生數	原住民學生數	單親或隔代教養學生數
A	原鄉	1	6	4	23	6
B	原鄉		5	3	17	6
C	原鄉	1	0	1	25	7
D	原鄉	0	1	4	17	7
E	偏鄉	0	0	17	2	7
F	偏鄉	1	1	20	6	18
G	偏鄉	3	0	13	0	5
H	偏鄉	3	4	11	2	5

備註:上述學生類型為重複計算,亦即每位學生可能具有 2 種以上身分。

五、研究信、效度

　　潘慧玲（2003）認為知識建構仍是每個研究中不能不涉及的一項目的。因此，一項研究能成立的重要依據就是信實度。為建立本研究之信度與效度，研究者首先詳述研究的進行過程，以作為未來相關研究之依據；其次，透過與校長訪談與校內外相關文件、資訊進行多重資料的三角檢證；最後，經由分析，讓研究成果可類推在類似個案研究中。

　　Neuman（1991）認為訪談效度可分為成員確認效度、生態效度、自然歷史（朱柔若譯，2000），因此本研究之本訪談效度如下：

(一) 成員確認效度：將訪談內容分析後，交回受訪者判斷分析其適切性，經受訪者確認，並視為能夠反映其環境典範觀點，來符合成員確認效度。

(二) 生態效度：研究者先取得受訪者的信賴，避免在訪談過程中，受訪者因研究者的存在而產生干擾。

(三) 自然歷史：將研究計畫詳細描述，並公開說明本研究計畫之假定與實施過程以方便他人進行評估，增加本研究效度。

　　其次在信度方面，Patton（2001）提出以資料來源做三角檢證，在不同時間藉由不同方法來驗證所得到資料的一致性；陳向明（2002）指出三角檢定（triangulation）是指在研究中，將同一結論用不同的方法、在不同的情境和時間裡，對樣本中不同的人進行檢驗，以求獲得結論的最大真實度。因此，本研究之訪談信度如下：

(一) 將所蒐集資料與訪談資料做比較。

(二) 比較受訪者在相關學校文件中所發表的專文或序言。

六、研究結果

本研究依據訪談與焦點座談資料，加以分析、歸納與討論。首先，就各訪談題目所歸結之論點與受訪者進行確認，逐題釐清與受訪者之原意是否一致，並進行必要之修正；其次，針對不同受訪者之論點進行統整歸納，提出初步研究結論；第三，將初步研究結論再次與受訪校長進行交叉確認，取得研究結果共識；最後，提出本研究結果並進行討論。

（一）在社會正義領導的認知方面

社會正義領導旨在改善普遍存在於教育現場中的不公平現象，其中涉及社會結構、法律制度、經費與資源分配等議題，校長應秉持道德、公平、關懷與尊重的理念，針對弱勢學生提供足夠的教育機會與公平、正義的教育環境，以促進學生全面發展，讓每一位弱勢學生都能獲得成功。

參與本計畫校長普遍認為社會正義領導在現今教育環境中有其必要性，他們深切感知弱勢學生是當前教育環境中亟需受照顧的一群。

> 社會正義領導主要在改善存在於教育現場中的不公平現象，其中涉及了社會結構、法律制度、經費與資源分配等因素。……所以，在領導上應針對弱勢學生能提供教育機會均等……。（G1001014，A1000921）

> 社會正義領導即學校領導者與教育措施執行者應秉持道德、公平、關懷與尊重的理念基礎，針對學校內弱勢族群學生的教育服務……。（H11001116）

> 社會正義領導在於提供給每一位學生足夠（satisfied）的教育機會，使學生能夠充分展現自我……。（B11001116）

社會正義領導係指校長能提供弱勢學生積極性的差別待遇，讓每一個來自不同家庭、社區、族群的孩子都獲得成功。（**A21001221**）

社會正義領導指校長應讓來自社會各階層弱勢學生，在學校教育下，能獲得同等的教育資源與機會……，也希望藉由教育能使來自社會底層的學生向上流動。（**C11001116**）

社會正義領導強調以道德、公平、關懷與尊重來對待少數種族、族群、階層等學生，使其在教育的過程中獲得公平的對待，進而促進其教育的成功……。（**E1001016，D21001221**）

在相對主流族群的每一弱勢族群的學生，……社會正義領導力求對社會弱勢的人進行全方位的一種公平、自由、多元、差異、機會等措施的批判反思，建構對人符合時代理解、詮釋與永續的社會正義。（**D1000930， B1000923**）

校長是學校領航者，……在執行社會正義領導時應提供公平、正義的學習環境……。（**F11001221**）

（二）在社會正義領導的實踐方面

1. 學校存在語言與文化環境不足等不符合社會正義的現象

　　當前國民小學存在不符合社會正義的現象，包括語言與文化環境的不足、特殊教育支援系統的缺乏、經費補助的問題、偏鄉地區師資流動頻繁所產生的教育品質問題以及家長、學生自我期望偏低等。

　　受訪校長認為，學校是執行社會正義的場所，然而由於不同學校所面對的主客觀環境不同，因此其所遭遇的社會不公平現象，亦顯現在學校的教育場域中。雖然部分學校會積極爭取資源的挹注，但大多數屬金錢直接補助，且補助單位希望學校能配合相關活動的過度要求，亦會影響造成學校困擾，

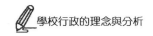

影響學生學習，因此如何將經濟資本轉化為文化資本，是校長在爭取外部資源時的重要挑戰。

> ……少數族群之語言文化環境不足；特殊教育支援系統不足……。（H21001221，G1001014，H1001019）

> ……某些補助採取齊頭式補助，非依照學校差異或學生家庭狀況做補助，……大多補助仍屬金錢直接補助，無法有效將經濟資本轉化為文化資本……。（B11001116）

> ……家庭文化刺激不足，家長缺少正確的教育觀念，也無法提供孩子 課業上之指導，……另外，一些教師在校服務多年，亦可能導致忽略學生 的學習……，便會產生惡性循環，影響學生學習效果……（A1000921，A21001221）

> 由於學校地處偏遠。幾乎都是初任校長，主任以及教師，長期以來存在著流動率高的問題，……師資的不穩定會影響教學的品質……。（E1001006）

> 我覺得原住民學校校長的任期也是一個可以探討的問題，……它會影 響學校的領導和辦學品質，最好能夠給予制度化……。（F21001221，C11001116）

> ……我也並到過類似狀況，補助單位要求我一年要去表演幾次，我認為這樣會影響課業，後來他們就不提供補助了。（E11001116）

> ……對弱勢生經費的補助比較容易做到，……但是偏遠地區的師資那可能就很難去做到，……師資的教學品質還難達到公平……。（C1000928，F11001116）

> ……其實我們原住民部落，真的要提升家長的觀念，家長沒有說

像平地社會這樣對孩子的期望很高，我覺得學校可以做這個區
塊，就是把家長的能力提升……。（**G21001221**）

2. 學校透過爭取教育資源以及規劃有效的課程教學等來改善弱勢學生學習成效

學校為改善弱勢學生學習成效所採取的改善措施，包含實施學生課後輔
導、爭取特殊教育資源教師巡迴輔導、爭取政府及社會資源設置獎補助金，
規劃教學活動、透過學校課程與活動規劃開拓學生視野，為學生增能、成立
校際聯盟建立資源共享。

面對學校現場所存在的不公平現象，校長處理方式是影響學生能否受到
公平對待、均等教育的關鍵，而資源的引進，因應不同類型學生的課程設
計、多元教學以及多樣化的社團活動，是讓每一位學生獲得成功的有效方
式。

針對弱勢學生學習成就低者，本校 100 年度向教育部申請攜手計
劃課後扶助辦理弱勢學生課後輔導，參與的學生總計 23 名，已達
全校 68%；對於學習低落的學生，……送到鑑輔會鑑定後，有三
位學生接受特教資源教師巡迴輔導每週安排授課；至於生活
上，……生活較為困境的家庭，學校會積極向相關慈善機構申請
生活津貼，以支應相關之生活或學習上的相關經費……。
（**G1001014**）

爭取社會資源設置獎補助金，鼓勵弱勢學生的良好表現，……；
有效 規劃課程，著重學生基本學力養成，讓學生由學習中找到自
信……。（**B1000923**）

……申請教育部攜手計畫及博幼基金實施弱勢生夜間課輔，提升
學生能力……（**A11001116**，**C1000928**，**F21001221**）

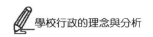

在師資上與學生個別的感受上也許不容易做到公平，但是在課程上學校儘量讓學生均能受到相同品質的課程，行政上也要求教師能對學生一視同仁，學生若有因為家境問題而無法參加活動或基本生活受到影響，學校均能積極的運用資源予以協助……（C1000928）

……校長帶領大家透過 SWOT 分析進行反省思考，察覺學校的劣勢與優勢，以實際的行動爭取各項社會資源，除教育優先區、攜手計畫、家扶中心、希望閱讀、城鄉交流之外，並結合社區產業，規劃學校的本位課程，落實多元文化教育，並發展學校特色，如森巴鼓、深耕閱讀等，讓偏鄉學生走出學校、走出社區，開拓視野，提升能力，顯現學校無可取代的價值，爭取社區家長的認同……。（E1001006）

學校引進社區資源、邵族文化素材，並結合外地機關與企業的人力與物力，共同發展在地元素融入學校領域課程，……，99 年進行策略聯盟特色遊學課程推展，以漸進擴大學生生活的學習為主軸而努力……。而今學校活化了邵族文物館的教育推廣與創意社區資源的深度體驗，……弱勢學生在教師陪伴關懷的支持下，展現了希望的微笑……。（F1001012）

會主動尋求上級單位之協助，並協同社會資源的挹注，以打造符合社會正義的學習環境……。（G21001221，A21001221）

……在社會正義領導方面，我比較在意的是學生的基本學力以及學習習慣的養成，……學校重要活動最好能夠跟課程結合。（B21001221）

要符合正義的原則，除了基本學力要把持住，還要兼顧其他的發

展，如唱歌、跑步、畫畫等，學校就要提供這樣的舞台，……應該要給他成功的經驗和信心……，另外，也要讓家長一起參與，讓家長了解他可以和我們一起為學生來努力……。（C11001116）

……如何能夠讓教師的期待值提升，……強調教師專業發展，……建立學校不同特色和教學融合，相信會提升學生學習品質，增加他們競爭的能力。（D11001116）

……我們用多元的課程與活動規劃讓小朋友學習游泳，學習絲竹樂、陶笛、兒童節奏樂隊，甚至還有其他自然生態的部分……，讓小朋友可以接觸更多不一樣的人、不一樣的事。（G11001116）

3. 家長觀念偏差與校內人員認知不足等是實施過程的主要阻力；校長透過觀念的溝通與爭取資源的挹注等，來克服所遭遇之阻力。

　　校長在實施過程中所遭遇之阻力主要來自於家長與學生教育觀念的偏差、校內成員社會正義理念的認知與教學的革新不足、學校資源的缺乏；其克服措施包括加強校內成員的社會正義的認知與溝通、爭取學校外部資源的挹注、加強與社區家長的溝通，改變其觀念。

　　在實踐社會正義領導的過程，無可避免的會遭遇一些困境或挫折，在實現學校社會正義的前提下，校長如何來克服這些阻力以促成社會正義領導的實現誠屬重要。

……阻力來源多半來自家長偏差之教育理念；克服之道乃採多元管道加強對家長的溝通與宣導。（H11001116，F11001116，B1000923）

……學校成員社會正義意識較為不足，較無法在相關教學上感受弱勢學生之需要，……校長會與校內成員溝通，凝聚社會正義之教育理念；……並且爭取內部及外部資源之挹注，活化教師的教

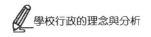

學……。（**G11001116**）

……維護社會正義一般來說多少會遇到阻礙，只要校長堅持理念，應該都沒有問題，……當然其中有可能會增加同仁的負擔，剝奪部分人員的現有資源，因此校內觀念與共識的建立很重要。（**C1000928**）

爭取社會資源改善校園社會正義的措施已行之有年，包括團體以及個人的經費，但如何讓社區家長社會正義的意識覺醒，讓教師普遍有社會正義的人文素養，是推展社會正義措施最大的難題……。（**E1001006**）

校內教師習慣由上而下的傳統教學模式較能安穩勝任，對於在地因人、事、物等不同的情境，如何運用社區資源讓學生引起興趣而發展創意教學，較為不足……領導者必須以身作則、率先示範，如此才能化阻力為助力，在公平、安全與多元討論的氛圍下，建立達成社會正義的理念和共識……。（**D1000930**）

……最大困難為經費的挹注及經費的持續性。因本縣財政困難，能挹注學生學習經費有限，加上本校學區屬於經濟弱勢地區，家長普遍無法負擔多餘學習經費，校長必須廣泛爭取資源，才能讓建構社會正義學校的目標達成。（**F1001012**）

4. 建立學校課程與教學特色以及辦理親職講座等為主要實施成果

學校主要執行成效包括實施課後輔導進行補教教學，特色課程的設計、發展學校特色以及辦理親職講座等成果。

此部分旨在針對參與訪談與座談之學校校長實踐社會正義領實施成效上進行歸納分析。

……開辦理弱勢學生課後輔導：針對弱勢學生學習成就低者，申請教育部攜手計劃課後扶助辦理弱勢學生課後輔導，參與的學生總計 23 名，已達全校 68%；辦理多元教學活動，規劃課程時全校學生一律參加：發展學校特色（絲竹樂課程）、圍棋課程；對於經濟弱勢的學生，尋求相關單位給予適切的協助。（G1001014）

申請教育部「攜手計畫」協助弱勢學生有效學習；透過教育優先區之「親職教育」及「發展學校特色」之計畫補助；結合社會資源補助弱勢學生之生活及學習之必要資助，……在學生學習成效與家長的教育觀念上已逐漸改善……。（H1001019）

本校以往受到歷任校長及各界協助，於原住民舞蹈方面極有特色，但相對在學生基本學習上較為欠缺，……因此鼓勵教師帶領學生參加各類型比賽，開展學生多元智能，除舞蹈外，目前教師在閱讀、科學、體育等層面均有專人推動，學生學習興趣與參與程度很高……。（B1000923）

本校除申請攜手計畫、教育優先區、博幼基金會課輔外，也藉由參加偶戲比賽、口琴匯演，每年帶領全校親師生共同參與縣內比賽，打開視野，提升競爭力；另外，這 2 年則透過申請英語替代役（分別由紐西蘭、美國回國）、引介新加坡遊學生、天津師範大學到訪等，提升學生國際視野，弭平不足之文化刺激。（A1000921）

……學生的森巴鼓的表演已成為學校的一大特色，每年參加比賽並受邀在重要場合演出，除了提升學校的能見度，學生透過表演的舞台建立自信以及對學校的認同；……家扶中心利用學校閒置空間規劃彩虹屋，提供學生輔導諮商的溫馨環境，同時也是肢體語言的表演教室；……結合民間團體，利用課餘時間辦理美學育樂營，對文化不利的學童而言是一大福音……。（E1001006）

夜光天使、課後輔導：在正常教學之後，下課時間規劃社經背景差與文化不利小朋友的學習，透過加深加廣的教育機會，給於學生自信與豐富的經驗；社區文化體驗：學習在生活中，讓教育有更多彈性與特色發展；觀光產業關懷教育與社區老人服務：引進社區資源支持教育，並能將學習成果回饋給社區老人；企業扶輪社認同學校發展：學校特色課程具有傳承文化與保護生態，深獲社會社團認同，願意與教育共同推動公平、正義的社會期盼。（**D1000930**）

目前本校申請實施教育優先區直笛教學、攜手計畫低成就學童補救教學及課後照顧計畫。99 學年度及 100 學年度並爭取南林佛教基金會、人乘寺佛教基金會、臺中中區扶輪社等社會資源挹注，執行游泳教學、輕艇教學及獨輪車教學，獲得良好成效。（**C1000928**）

培養學生核心素養是很重要的，教師應該將現在的教材適度的去做調整、修正，編製適合學生學習的一個素材……做一個特色課程，並且融入在我們各學科領域裡面，……然後要很清楚的知道教給學生的核心素養能力在哪裡。（**F1001012**）

5. 社會正義領導者應具備教育熱忱與教育革新等能力

校長在執行社會正義領導時應具備社會正義的理念、教育熱忱、人文胸懷、分析問題、解決問題、溝通協調、革新與執行的能力等。

成為一位成功的社會正義領導者，校長應具備哪些能力，是執行社會正義領導之重要關鍵。

……校長應具備正確之社會正義理念及教育愛的教育理念；具備有效分析學生的特殊需求，看見問題、解決問題的能力及執行能力；

尋求相關資源時具有良好之溝通協調的態度及能力。（G1001014）

校長要擁有正確的教育理念、具備社會正義與教育公平的思維、教育熱忱與人文胸懷、問題解決能力、溝通協調能力等……。（H1001019）

……應有溝通協調的能力；充分理論依據；學生具體學習成果展現及說明的能力……（B1000923）

……校長應具有社會正義之理念、說服力、執行力及堅定信念……（A1000921）

校長在執行社會正義領導時除了具備社會正義的素養外，須具備有改變與革新的能力，能接受新的觀念與挑戰，才能以身作則帶動領導的團隊。其次須以關懷與尊重的角度，透過溝通、協調的能力，與團隊建立良好的互動關係，才能化阻力為助力，求得行動的一致……（E1001006）

……校長要有 1.人本理念：尊重人的前提下，對族群、權力結構、經濟等，在平等原則之下，給於多元自由的詮釋；2.愛與關懷：讓教育小朋友是在家長、教師、社區人士的關心下被感動；3.認同多元差異與建立宏觀視野：4.終身學習持續不斷自我精進，……。（D1000930）

……校長應有合宜的教育理念、正確的教育目標及妥善的執行策略。公共關係的建立及社會資源的統整亦是重要歷程。（F1001012）

……我認為校長在執行社會正義領導時，最重要的能力是「魄力」……。（C1000928）

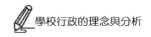

七、結果與分析

上述研究結果顯示，社會正義領導普遍存在於國民小學教育現場，而校長在執行的過程中面對不同的學生族群與學校內、外在壓力，亦有其不同的認知與作法。本研究經由不斷與受訪校長探討、歸納與統整，就訪談與焦點座談結果進行釐清與確認並進而取得共識。今將所獲得之結果分析如下：

一、社會正義領導係指校長能秉持道德、公平理念，針對弱勢學生提供足夠的教育機會與公平正義的教育環境。此研究發現與 McKenzie 與 Scheurich（2004）、潘佑廷（2012）之論點相似，都在強調社會正義旨在尋找學校中存在的不公平現象，對於弱勢學生提供機會與教育公平的實踐。

二、學校存在不符合社會正義的現象包括語言與文化環境的不足、特殊教育支援系統的缺乏、經費補助的問題。此研究發現與范麗娟（2007）提出之論點相仿，均強調改善弱勢教育，實現社會公平正義有待於政策的整合與資源的有效分配。

三、有效的社會正義領導策略有實施學生課後輔導、爭取教育資源、透過學校課程與活動規劃、成立校際聯盟建立資源共享等措施。此研究發現與 Theoharis（2004）提出之論點相似，強調落實社會正義的推動，學校領導者應具備語言學習能力、課程、多元教學與全球觀點的知識能力。

四、實施社會正義領導的主要阻力有家長教育觀念的偏差、校內成員社會正義理念認知與革新不足。此研究發現與 MacKinnon（2000）、Shields、Mazawi 與 Bishop（2002）提出之論點相似，上述論點認為教師與行政人員應重視弱勢族群學生學習成效的檢驗，充分掌控學校人員、資源與設備等，以克服學校不公平的現象。

五、學校實踐社會正義領導成效包括課後輔導進行補教教學，特色課程的設計、發展學校特色以及辦理親職講座等。此研究發現簡良平（2009）的論述類似，該論述指出學校不斷提升課程與教學品質，進而改善弱勢學童能力及學業成績是促成社會正義的有效措施。

六、社會正義領導者應具備社會正義的理念、教育熱忱、人文胸懷、分析問題、解決問題、溝通協調、革新與執行的能力等。此研究發現與Marshall 與 Oliva（2010）之論點相似，該學者認為社會正義領導者應擁有正義的良知與熱忱，實踐的技巧與知識，並具有關心（caring）、關懷（concern）與關聯（connection）等 3C 的領導新視野。

八、結論

本研究綜合歸納上述研究發現，提出以下結論：

（一）以道德、公平、關懷與尊重的理念實現社會正義領導

社會正義領導旨在改善普遍存在於教育現場中的不公平現象，其中涉及社會結構、法律制度、經費與資源分配等議題，校長應秉持道德、公平、關懷與尊重的理念，針對弱勢學生提供足夠的教育機會與公平正義的教育環境，以促進學生全面發展，讓每一位弱勢學生都能獲得成功。

（二）學校存在語言與文化環境不足等不符合社會正義的現象

當前國民小學存在不符合社會正義的現象包括語言與文化環境的不足、特殊教育支援系統的缺乏、經費補助的問題、偏鄉地區師資流動頻繁所產生的教育品質不佳以及家長與學生自我期望偏低等問題。

（三）實施學生課後輔導、爭取教育資源等為有效的實踐策略

學校為實現社會正義領導所採取的改善措施包含 1.學生課後輔導、2.爭取特殊教育資源教師巡迴輔導、3.爭取政府及社會資源設置獎補助金，規劃教學活動、4.透過學校課程與活動規畫開拓學生視野，為學生增能、5.成立

校際聯盟建立資源共享等措施以有效改善弱勢學生學習，達成教育公平與社會正義的實現。

（四）加強溝通與爭取資源來克服人員觀念與認知不足的阻力

校長在實施過程中所遭遇之阻力主要來自於 1.家長教育觀念的偏差、2.校內成員社會正義理念的認知與教學的革新不足、3.學校資源的缺乏；校長所採取之克服措施則包括 1.加強校內成員的社會正義的認知與溝通、2.爭取學校外部資源的挹注、3.加強與社區家長的溝通，改變其觀念。

（五）辦理補教教學與特色課程的設計等為主要成效

學校在實踐社會正義領實施成效上進行歸納分析發現，學校主要執行成效包括課後輔導進行補教教學，特色課程的設計、發展學校特色以及辦理親職講座等。

（六）社會正義的理念與教育熱忱等為社會正義領導者應具備之能力

成為一位成功的社會正義領導者，校長應具備哪些能力，是執行此項工作之重要關鍵。經歸納分析參與校長之實踐見解發現，校長在執行社會正義領導時應具備社會正義的理念、教育熱忱、人文胸懷、分析問題、解決問題、溝通協調、革新與執行的能力等。

九、發展趨勢

（一）以積極性差別待遇的理念，營造公平正義的教育環境

社會正義領導旨在改善普遍存在於教育現場中的不公平現象，其中涉及社會結構、法律制度、經費與資源分配等議題。歷年來政府為改善普遍存在

於教育場域中的不公平現象，積極推動各項教育補償措施，如教育優先區、攜手計畫等，以及進行各項教育法案之編修，如，訂定原住民教育法、修正特殊教育法等措施，希冀改善現存在學校教育中之不公平現象。然資源與經費之挹注，大多屬學校申請事項，未妥善考量地區資源的差異，且各項申請指標，是否為學校所亟需之事項亦尚有可議之處。因此，建議政府未來在擬定各項補償教育措施時，能更積極去思考地區、學校之差異性與需求，以更積極性差別待遇之理念，營造更公平正義的教育環境，以提升弱勢學生之教育成效。

（二）強化教育人員社會正義理念與作為，追求學校教育公平正義的實現

理念影響作為，是行動的前導者。教育資源與經費的挹注是實現教育公平正義的必要條件，而教育人員理念的轉化與改變才是落實學校教育社會正義的關鍵。隨著社會環境的變遷，越來越多的弱勢學生，如特殊障礙、低成就、少數族群、單親或隔代教養、特殊境遇家庭以及新住民學生等陸續進入學校教育場域，正考驗著學校領導者的辦學與教師的班級經營以及教學活動，因此，學校教育人員應亟需思考讓學校教育逐漸脫離傳統的教育模式，如何實踐校園社會正義，秉持教育熱忱、人文胸懷、道德、公平、關懷與尊重的理念去照顧好每一位弱勢學生；以及如何去調整過去的教學模式，以一種革命性的思維來進行教學革新，提升學生的教育品質與產出，來進一步追求學校教育公平正義的實現。

（三）兼顧環境與學生族群生態，建構學校辦學特色

除了執行與落實政府既定教育政策等共同事項外，每一所學校都是具有唯一、獨特的特性。校長是學校的領航者，有義務也有責任來建構一所屬於自己的特色學校，而在特色學校的規劃過程中，必須充份考量學校環境、資源、經費與人員特性等因素，透過分析問題、溝通協調、革新與執行、解決

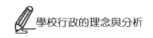

問題等能力與程序之運作，來規劃各種補教教學措施、特色課程的設計、學校特色的發展等計畫與活動，來提升學校辦學品質，提升弱勢學生學習成就。

(四) 強化弱勢學生與家長的社會認知，使其擁有正確的教育觀

家長對孩子的教育觀影響孩子未來的發展，也對學校教育的推動產生衝擊。在大社會環境體系下，一個普遍存在弱勢的地區，學生與家長可能無法感受其在大環境中處於弱勢的地位，因而導致缺乏一股向上流動的驅力，容易造成文化與階級再製的現象。因此，學校在教育過程的實踐中，如何提升弱勢學生與家長的自我認知，以及體驗社會環境改變所可能為家庭與學生所帶來的衝擊，是學校辦學重要的一環，也促使弱勢學生家庭與學生向上流動的重要關鍵。學校應有效建立各種與社區家長溝通及成長的平台（如透過各種親職講座、班親會等），以及引領學生走出校園，走讀學校外部環境，體驗國家社會與全球性的發展（如校外教學、城鄉交流、策略聯盟、締結姐妹校等措施），讓弱勢學生與家長能擁有正確的教育認知，了解時代的趨勢，進而積極追求自我的成長。

(五) 擬定各項具體措施，穩定偏鄉及原住民學校師資來源

師資的結構與穩定性是影響學校教育品質的重要因素，由於偏鄉及原住民學校地理位置與生活機能之關係，校長或教師往往累積一定分數後便往平地調動，造成偏鄉及原民學校師資缺乏及流動頻繁的現象，對學生學習成效產生極大的衝擊。因此政府應積極擬定各項具體措施，如提供公費生名額，並規範其應服務相當年限後方可提出調動；訂定偏鄉及原民學校教育人員獎補助措施，鼓勵其續留在偏鄉或原民學校服務；訂定校長於上述地區服務之年限，年限期滿方可調動等措施，以確保偏鄉及原民學校教育人員之素質，逐步縮短城鄉差距，落實社會正義與教育公平的實現。

第九章　校長有效倫理決定分析

　　學校領導者每天的工作都面對著數量不一、程度高低不同的道德價值衝突，而這些道德價值衝突亦時時影響學校領導者如何在眾多的行為中做有效的決定。本研究乃在探究當前國民小學校長執行有效倫理決定之現況，茲分別說明如下：

一、研究目的

　　一、了解校長在執行有效倫理決定各層面因素之實際得分情形。
　　二、了解不同背景變項之校長在有效倫理決定之情境層面、過程層面與行為層面得分之差異情形。
　　三、了解有效倫理決定情境層面、過程層面與行為層面之相關情形。
　　四、探討有效倫理決定情境層面、過程層面對行為層面之預測作用。

二、研究樣本

　　以臺中市、臺中縣、彰化縣及南投縣四個縣市國民小學校長為母群體，依各縣市公立國民小學學校數所佔百分比共發出問卷 278 份，回收問卷 259 份，有效問卷 253 份，問卷回收率 93.16%，可用率 91.00%。

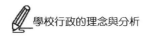

三、研究架構

本研究架構，如圖 5。

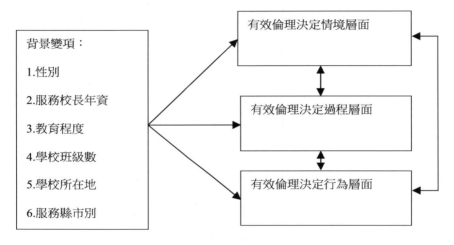

背景變項：

1.性別

2.服務校長年資

3.教育程度

4.學校班級數

5.學校所在地

6.服務縣市別

有效倫理決定情境層面

有效倫理決定過程層面

有效倫理決定行為層面

圖 5　研究架構圖

四、研究工具

本研究用於蒐集資料的工具是研究者自編之「國民小學校長有效倫理決定問卷」，採五點量表記分方式，問卷初稿包括三個層面——有效倫理決定情境層面、有效倫理決定過程層面及有效倫理決定行為層面，於預試編製完成後即以彰化縣 175 所國民小學為預試樣本，共計回收問卷 172 份，進行問卷信、效度分析。首先在效度方面，採取因素分析，選題標準以特徵值大於 1，且因素負荷量高於 .50 之題目。經因素分析結果刪除情境層面 2 題、過程層面 2 題及行為層面 1 題，三個因素特徵值分別為 2.342、2.067、3.492，解釋變異量分別為 16.730%、14.764%、24.943%（如表 11），能解釋總變異量為 56.436%；其次在信度方面，各分量表的信度分別為 .7282、.7146、.7981

（如表 12），內部一致性信度良好。最後將刪除題目後之問卷作為本研究之正式調查工具（如附錄），進行調查研究。

表 11 有效倫理決定各層面因素分析摘要表

預試題號	因素負荷量	刪除	特徵值	解釋變異量
情境層面			2.342	16.730%
1	.63			
2	.42	V		
3	.62			
4	.34	V		
5	.56			
6	.52			
過程層面			2.067	14.764%
1	.60			
2	.78			
3	.44	V		
4	.43	V		
5	.67			
6	.80			
7	.66			
行為層面			3.492	24.943%
1	.51			
2	.58			
3	.75			
4	.81			
5	.41	V		
6	.84			

學校行政的理念與分析

表 12　有效倫理決定各層面信度分析摘要表

層面	題項篩選前各層面 α 係數	題項篩選後各層面 α 係數
情境層面	.6028	.7282
過程層面	.6202	.7146
行為層面	.7349	.7981

五、研究結果

有效倫理決定各項目之平均數與標準差，經統計結果如表 13。

表 13　有效倫理決定各因素之平均數與標準差

有效倫理決定因素	M	SD
一、情境層面		
1.能考量組織的目標屬性，如短期或長期目標。	4.33	.61
2.能仔細思考可能妨礙組織目標達成的障礙。	4.15	.74
3.能充分了解自我權限與能力。	4.40	.63
4.能考量法律及社會規範等倫理因素。	4.34	.65
二、過程層面		
1.決定的過程能以組織的願景為依歸。	4.22	.71
2.決定的過程能考量道德取向，如誠實、忠誠、廉潔、值得信賴、關懷等道德的發展。	4.30	.70
3.決定的過程能遵循組織的價值與目標。	4.18	.72
4.決定過程能思考行動結果可能產生對個人或組織的利害得失。	4.27	.69
5.學校相關成員能充分參與決定，且能受到應有的尊重。	4.29	.72
三、行為層面		
1.能誠實的面對自己所做的決定。	4.54	.57
2.對於決定的結果能以同理心來看待他人	4.43	.65
3.能重視組織中的其他成員對於所做決定的看法。	4.35	.70

有效倫理決定因素	M	SD
4.決定的行為結果能合乎倫理的要求。	4.36	.67
5.決定行為不是依據個人喜好與偏見。	4.31	.69

由表 13 可知，有效倫理決定各項目之平均數介於 4.15 至 4.54 之間，其中情境層面各項目平均數介於 4.15 至 4.40 之間；過程層面各項目平均數介於 4.18 至 4.30 之間；行為層面各項目平均數介於 4.31 至 4.54 之間。上述各項目之得分情形，除決定的過程能遵循組織的價值與目標（4.18）、能仔細思考可能妨礙組織目標達成的障礙（4.15）、決定的過程能以組織的願景為依歸（4.22）。三個項目得分略低外，其餘項目在 5 點量表中尚屬良好。而在整體層面上則以決定的行為層面表現較佳。

由上述校長在有效倫理決定各因素之整體得分發現，中部四縣市國小校長在決定的過程層面因素中，「能遵循組織的價值與目標」、「能仔細思考可能妨礙組織目標達成的障礙」、「決定的過程能以組織的願景為依歸」等三項因素，在校長執行有效倫理決定時是相對較不被考量的因素；而「能誠實的面對自己所做的決定」、「對於決定的結果能以同理心來看待他人」以及「能充分了解自我權限與能力」等三項因素得分相對最高。上述分析結果顯示，就整體而言，中部四縣市國民小學校長在執行有效倫理決定時顯然較偏重於人（領導者的權限與責任、部屬的感受）的因素考量，而組織的價值、目標、願景與達成願景的障礙，相較之下較不被重視。

（一）校長背景變項在有效倫理決定情境層面之比較分析

校長背景變項在有效倫理決定情境層面之變異數分析、事後比較摘要表，如表 14。

表 14 校長背景變項在有效倫理決定情境層面之變異數分析、事後比較摘要表

背景變項		N	M	SD	變異來源	SS	DF	MS	F（或T）值	Scheffe 事後比較
性別	1.男	196	17.22	1.98			250		1.861	
	2.女	56	17.20	2.14						
服務校長年資	1.5 年以下	91	16.99	1.88	組間	66.019	4	16.505	4.296 **	5>3
	2.6-10 年	70	16.94	2.21	組內	948.977	247	3.842		
	3.11-15 年	46	18.02	1.84	總和	1014.996	251			
	4.16-20 年	24	18.00	1.56						
	5.21 年以上	21	16.48	2.06						
教育程度	1.師大（院）及大學教育系	31	17.39	1.91	組間	69.528	2	34.764	9.156 ***	1>2 3>2
	2.一般大學	21	15.48	1.69	組內	945.468	249	3.797		
	3.研究所以上（含四十學分班）	200	17.38	1.98	總和	1014.996	251			
學校班級數	1.6-12 班	97	17.04	2.04	組間	32.637	3	10.879	2.746 *	ns
	2.13-24 班	91	17.02	2.05	組內	982.359	248	3.961		
	3.25-48 班	36	18.06	1.71	總和	1014.996	251			
	4.49 班以上	28	17.39	1.95						

背景變項	N	M	SD	變異來源	SS	DF	MS	F（或T）值	Scheffe 事後比較
學校所在地 1.偏遠地區	33	17.48	2.21	組間	26.867	2	13.434	3.385*	1>3
2.一般鄉鎮	178	17.06	1.98	組內	988.129	249	3.968		
3.省、縣轄市	41	18.13	1.75	總和					
服務縣市 1.臺中市	36	17.56	1.81	組間	74.364	3	24.788	6.535***	3>2 4>2
2.臺中縣	77	17.91	1.74	組內	940.632	248	3.793		
3.南投縣	72	16.90	2.03	總和	1014.906	251			
4.彰化縣	67	16.90	2.03						

*p＜.05　** p＜.01　*** p＜.001

　　由表 14 可知，服務 21 年以上之校長比服務年資 11-15 年之校長在執行有效倫理決定時，更能考量有效倫理決定的情境因素；在教育程度中，師大、師院及大學教育系畢業以及研究所以上之校長，比一般大學畢業之校長更能考量有效倫理決定的情境因素；在學校所在地方面，偏遠地區學校校長較省縣轄市地區之校長更能考量有效倫理決定的情境因素；而在服務縣市方面，南投縣、彰化縣之校長比臺中縣校長較能考量有效倫理決定的情境因素；另外，性別與學校班級數則無顯著差異存在。

　　由上述分析發現，服務年資越久的校長在倫理決定的情境因素考量相對較佳，顯示長期擔任校長所累積的實務經驗與實踐智慧，讓校長在執行倫理決定的情境因素中更能知覺組織的目標與障礙、個人權限、法律與社會規範等因素；在教育成度方面，一般大學畢業者在倫理決定的情境因素得分表現相對較差，其原因可能師資養成過程中，正規師範校院與一般大學在整體養成教育之時程與環境產生的差異。另外教育程度較高的校長在倫理決定的情

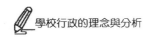

境層面表現亦較佳，顯示校長終身學習有助於提升倫理決定情境因素的相關知能；而在學校所在地方面，省縣轄市的學校校長在此領域表現較弱，可能因都市化程度較高、學校受外在因素干擾較大以及由於文化、政治、法律等層面的資訊相對較為豐富，反而使得校長相對的忽略了倫理情境因素的考量。而偏遠地區學校校長因資訊相對缺乏且受外在因素干擾較少，反而更能考量學校所在生態情境的因素；另在跨縣市的比較上，整體來看臺中縣國民小學校長在有效倫理決定情境層面的知覺上較其他縣市表現相對較差。

（二）校長背景變項在有效倫理決定過程層面之比較分析

校長背景變項在有效倫理決定過程層面變異數分析、事後比較結果如表15。

表 15　校長背景變項在有效倫理決定過程層面之變異數分析、事後比較摘要表

背景變項		N	M	SD	變異來源	SS	DF	MS	F（或T）值	Scheffe事後比較
性別	1.男	196	21.22	2.42					5.205*	2>1
	2.女	56	21.39	2.88						
服務校長年資	1.五年以下	91	20.93	2.46	組間	105.841	4	26.460	4.384**	5>3
	2.6-10年	70	20.83	2.49	組內	1490.873	247	6.036		
	3.11-15年	46	22.28	2.33	總和	1596.714	251			
	4.16-20年	24	22.33	2.35						
	5.21年以上	21	20.67	2.69						
教育程度	1.師大（院）及大學教育系	31	21.48	2.10	組間	39.665	2	19.832	3.172*	3>2

背景變項		N	M	SD	變異來源	SS	DF	MS	F（或T）值	Scheffe事後比較
	2.一般大學	21	19.95	2.31	組內	1557.049	249	6.253		
	3.研究所以上（含四十學分班）	200	21.37	2.57	總和	1596.714	251			
學校班級數	1.6-12班	97	21.12	2.45	組間	23.486	3	7.829	1.234	
	2.13-24班	91	21.04	2.62	組內	1573.229	248	6.344		
	3.25-48班	36	21.81	2.59	總和	1596.714	251			
	4.49班以上	28	21.75	2.30						
學校所在地	1.偏遠地區	33	21.70	2.30	組間	44.634	2	22.316	3.580*	ns
	2.一般鄉鎮	178	21.05	2.51	組內	1552.082	249	6.233		
	3.省、縣轄市	41	22.38	2.62	總和	1596.714	251			
服務縣市	1.臺中市	36	21.97	2.35	組間	133.099	3	44.366	7.518***	3>1
	2.臺中縣	77	22.08	2.47	組內					2>3
	3.南投縣	72	20.40	2.38	總和					4>2
	4.彰化縣	67	20.87	2.48						

*p<.05　** p<.01

　　由表 15 可知，在性別方面，女校長比男校長較能考量有效倫理決定的過程因素；在服務年資方面，服務 21 年以上之校長比 11-15 年之校長較能

考量有效倫理決定的過程因素；在教育程度上，研究所以上畢業之校長比一般大學畢業之校長更能考量有效倫理決定的過程因素；在服務縣市方面，臺中縣校長比南投縣校長較能考量有效倫理決定的過程因素，南投縣校長比臺中市校長較能考量有效倫理決定的過程因素，而彰化縣校長比臺中縣校長較能考量有效倫理決定的過程因素；另外，學校班級數及學校所在地在校長有效倫理決定的過程中並無顯著差異。

　　由上述分析發現，在執行有效倫理決定時，女校長較男校長更能有效去思考倫理決定過程中的各個因素，諸如組織願景、價值、目標、道德取向與組織成員的參與等。究其原因，可能一般社會大眾對於女校長治校所賦予的壓力遠大於男校長，使得女校長在領導決策過程中更能考量組織目標的達成與成員的尊重與參與；服務年資越久的校長在倫理決定的過程因素考量相對較佳，顯示長期擔任校長所累積的實務經驗與實踐智慧，讓校長更能知覺於倫理決定過程因素的重要；而在教育程度方面，隨著校長教育程度的提升（研究所以上），專業知能的增長，在有效倫理決定的過程考量上較一般大學畢業者表現明顯較佳，此與有效決定倫理情境層面之分析發現一致；在跨縣市的比較上，臺中市的校長在有效倫理決定的過程層面得整體表現明顯較弱，可能是在四個縣市中，臺中市都會化程度較高，因此受到外界因素對教育的干擾較大，使得在倫理決定過程上較無法依組織的願景、價值、目標以及成員充分參與等因素來執行。

（三）校長背景變項在有效倫理決定行為層面之比較分析

　　校長背景變項在有效倫理決定行為層面之變異數分析、事後比較結果如表16。

表 16 校長背景變項在有效倫理決定行為層面之變異數分析、事後比較摘要表

背景變項		N	M	SD	變異來源	SS	DF	MS	F（或T）值	Scheffe事後比較
性別	1.男	196	21.96	2.44					5.60*	2>1
	2.女	56	22.07	2.93						
服務校長年資	1.五年以下	91	21.97	2.42	組間	123.911	4	30.978	5.070***	5>3
	2.6-10年	70	21.23	2.65	組內	1509.053	247	6.110		
	3.11-15年	46	23.00	2.08	總和	1632.964	251			
	4.16-20年	24	23.00	2.11						
	5.21年以上	21	21.24	3.14						
教育程度	1.師大（院）及大學教育系	31	22.58	2.23	組間	40.258	2	20.129	3.147*	2>1
	2.一般大學	21	20.81	3.01	組內	1592.706	249	6.396		
	3.研究所以上（含四十學分班）	200	22.02	2.52	總和	1632.964	251			
學校班級數	1.6-12班	97	21.87	2.44	組間	59.948	3	19.983	3.150*	4>3
	2.13-24班	91	21.60	2.72	組內	1573.016	248	6.343		
	3.25-48班	36	23.08	2.20	總和	1632.964	251			
	4.49班以上	28	22.25	2.52						

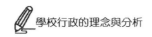

背景變項		N	M	SD	變異來源	SS	DF	MS	F（或T）值	Scheffe 事後比較
學校所在地	1.偏遠地區	33	22.00	2.61	組間	30.026	2	15.013	2.332	
	2.一般鄉鎮	178	21.86	2.56	組內	1602.938	249	6.348		
	3.省、縣轄市	41	23.04	2.18	總和	1632.964	251			
服務縣市	1.臺中市	36	22.72	2.09	組間	97.258	3	32.419	5.235**	4>1 3>1
	2.臺中縣	77	22.60	2.23	組內	1535.706	248			
	3.南投縣	72	21.19	2.63	總和	1632.964	251			
	4.彰化縣	67	21.75	2.80						

*p< .05　** p< .01　*** p< .001

由表 16 可知，在性別方面，女校長比男校長較能考量有效倫理決定的行為層面因素；在服務年資方面，服務 21 年以上之校長比 11-15 年之校長較能考量有效倫理決定的過程因素；在教育程度上，一般大學畢業之校長比師大、師院及大學教育系畢業之校長更能考量有效倫理決定的行為因素；在學校班級數方面，49 班以上之校長比 25-48 班之校長更能考量有效倫理決定的行為因素；在服務縣市方面，南投縣校長、彰化縣校長比臺中市校長更能考量有效倫理決定的行為因素；在學校所在地方面則無顯著差異。

由上述分析可知，女校長較有效倫理決定的行為層面上較男校長更能考量本身的責任、成員的利益與觀感以及倫理的要求；服務年資越久的校長在倫理決定的行為因素知覺相對較佳，此結果與有效倫理決定的情境層面與過程層面之研究發現一致，顯示長期擔任校長所累積的實務經驗與實踐智慧，讓校長在有效倫理決定的三個層面表現均較突出；在教育程度方面，一般大學畢業之校長反而更能考量有效倫理決定的行為因素，此研究與前述二者

（情境層面與過程層面）之研究分析結果有明顯的不同，可能是養成教育不同，學習環境與過程的涵養使得校長在有效倫理決定的表現有異；在學校班級數方面，學校班級數越多的校長越能考量有效倫理決定行為層面的各個因素，可能是因學校班級數多，學教職員、工、生與家長人數相對較多，學校長期處於聲音豐富與不確定因素較高的校園環境，讓校長在從事有效倫理決定時不得不考量自我與他人的感受；另外跨縣市比較上，臺中市的校長在有效倫理決定的行為層面得整體表現明顯較弱，此結果與有效倫理決定過程層面之發現一致，可能受外界干擾較大，其他考量相對薄弱。

（四）有效倫理決定情境、過程及行為層面之相關分析

有效倫理決定情境、過程及行為三個層面之積差相關分析結果如表 17。

表 17　有效倫理決定情境、過程及行為層面之相關係數摘要表

類別	情境層面	過程層面	行為層面
情境層面		.633**	.542**
過程層面	.633**		.685**
行為層面	.542**	.685**	

** $p < .01$

由表 17 可知，校長在執行有效倫理決定時，決定情境、過程與行為三層面彼此間互有關聯，相關係數介於 .542 至 .685 之間，有效倫理決定各層面相關係數頗高。

由上述分析發現，有效倫理決定的情境層面、過程層面與行為層面彼此有顯著相關存在，學校校長在做決定時應同時考量三個層面互動所帶來的影響，方能做出有效的倫理決定。

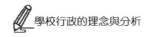

（五）有效倫理決定行為層面之多元逐步迴歸分析摘要表

有效倫理決定行為層面之多元逐步迴歸分析結果如表 18。

表 18　有效倫理決定行為層面之多元逐步迴歸分析結果摘要表

投入變項順序	R	R^2	R^2增加量	β係數	F 值
過程層面	.685	.469	.469	.570	220.776***
情境層面	.699	.489	.020	.181	118.957***

***p< .001

由表 18 分析結果可知：有效倫理決定過程層面及情境層面能有效解釋校長有效倫理決定行為層面，總解釋力達 48.9%，其中過程層面之解釋力達 46.9%。

由上述分析可得，有效倫理決定的過程層面最能有效預測有效倫理決定的行為層面，顯示過程因素的考量影響決定行為結果甚深，因此校長應注意有效倫理決定的情境層面因素外，更因重視決定過程層面的因素方能提升有效倫理決定的成效。

六、結論

（一）有效倫理決定各項目之平均數介於 4.15 至 4.54 之間。

（二）校長服務年資、教育程度、學校所在地及服務縣市四個背景變項在有效倫理決定情境因素中有顯著差異存在。在服務年資方面，服務 21 年以上之校長得分顯著高於服務 11-15 年之校長；在教育程度方面，師大、師院及大學教育系畢業以及研究所以上之校長得分顯著高於一般大學畢業之校長；在學校所在地方面，偏遠地區學校校長得分顯著高於省縣轄市地區之校長；而在服務縣市方面，南投縣與彰化縣之校長得分顯著高於臺中縣。

（三）校長性別、服務年資、教育程度及服務縣市四個背景變項在有效倫理決定過程因素中有顯著差異存在。其中在性別方面，女校長得分顯著高於男校長；在服務年資方面，服務 21 年以上之校長得分顯著高於 11-15 年之校長；在教育程度上，研究所以上畢業之校長得分顯著高於一般大學畢業之校長；在服務縣市方面，臺中縣校長得分顯著高於南投縣校長，南投縣校長得分顯著高於臺中市校長，而彰化縣校長得分顯著高於臺中縣校長。

（四）校長性別、服務年資、教育程度、學校班級數及服務縣市五個背景變項在有效倫理決定行為因素中有顯著差異存在。在性別方面，女校長得分顯著高於男校長；在服務年資方面，服務 21 年以上之校長得分顯著高於 11-15 年之校長；在教育程度上，一般大學畢業之校長得分顯著高於師大、師院及大學教育系畢業之校長；在學校班級數方面，49 班以上之校長得分顯著高於 25-48 班之校長；在服務縣市方面，南投縣校長、彰化縣校長得分顯著高於臺中市校長。

（五）有效倫理決定情境、過程及行為三個層面有顯著相關存在，相關係數介於 .542 至 .685 之間。

（六）有效倫理決定情境與過程因素能有效解釋決定行為，其總解釋力為 48.9%。

七、發展趨勢

（一）在校長執行有效倫理決定時應強化組織願景、目標與價值達成的理念

組織的願景、目標與價值的達成是組織整體成效的重要關鍵所在，任何組織的行為措施均不應偏離組織的願景與價值，如美國 Santa Clara University（1989）在倫理的公眾利益取向談到，組織所有成員應能參與共同願景的塑造、價值的追求與目標的達成。本研究發現，中部四縣市國民小

學校長在有效倫理決定三個層面十四項因素中，決定的過程能遵循組織的價值與目標（4.18）、能仔細思考可能妨礙組織目標達成的障礙（4.15）、決定的過程能以組織的願景為依歸（4.22）。三個因素得分最低，顯示中部四縣市國民小學校長在執行有效倫理決定時容易忽略此三個因素，而這種傾向將可能導致所做的倫理決定無法有效達成組織的目標與願景，降低決定的成效。因此，校長在執行倫理決定時應強化此方面的理念。

（二）校長接受遴聘至新環境時，應重新思考領導倫理，以做出有效決策

有效的倫理決定原理無法放諸四海而皆準，正如 Arizona Character Education Foundation（2006）在〈做倫理決定〉一文中談到，要做倫理的決定應兼顧環境與脈絡的要素。校長受任期的限制必須接受遴聘到他校服務，而不同的學校有其特有的屬性與生態，校長無法將甲校的倫理決定模式全盤移植到乙校，因此面對新學校的挑戰，校長應重新思索、探討所屬學校內外的文化生態環境（如學校願景目標、成員的能力、參與和動機，以及家長與地方民代對學校之投入、相關法令規範等），在進行決定的過程中，除考量決定的有效性外亦應考量不同情境歷程的倫理因素，方能依所處之環境促成有效倫理決定的實施。

本研究發現，校長因服務縣市的不同，在有效倫理決定的三個層面因素皆存在顯著差異；另外學校所在地變項也在有效倫理定的情境因素有著顯著性差異。研究結果顯示，位居不同地域的學校可能因學校所處生態環境有異，例如家長的參與、社區的民風、地方民意代表對學校的關心度等，均會影響了校長在執行有效倫理決定時的思考方向，因此，校長在面對新環境後，應拋下舊有的決定模式，重新思索適合新環境的有效倫理決定方針，方能兼顧人、組織與環境的最適需要，如 Wikipedia（2006）提到要做倫理決定時，應注意環境與脈絡，倫理常被視為是早已存在假設的道德基點，當面對衝突時，可能大部分由外在的環境或情境所控制，個體所能控制的只是從

眾多解決方案中去做選擇。

（三）強化校長執行有效倫理決定時，情境、過程與行為三層面的一致性觀念

有效的決定必須同時兼顧情境、過程與行為三個層面，忽略了任何一個層面都可能導致所做的決定偏頗與不完全，降低決定的有限性，進而對於個人、組織產生不利的影響。

本研究分析發現，有效倫理決定情境、過程及行為三個層面有顯著相關存在，相關係數介於 .542 至 .685 之間；另外有效倫理決定情境、過程因素能有效解釋決定行為，其解釋力達 48.9%。因此，有效倫理決定情境、過程及行為三個層面可謂三位一體、密不可分，校長在執行有效倫理決定時應同時就三個層面的因素加以考量，思索其間的相互關係與影響，方能提升倫理決定的一致性與有效性，創造組織與個人的利益。

（四）校長應建立終身學習的態度，隨時更新與發展自我能力

專業知能的提升有賴於終身學習理念的落實。近年來隨著教育大環境的改變，學術理論呈現爆炸性的成長，實務工作的履行更遭遇嚴峻的挑戰，如經濟合作與發展組織（Organization for Economic Co-operation and Development, OECD, 2005）提出未來的學校領導者將面臨的任務與挑戰之一，便是能適應並持續改進組織與實踐的能力。因此校長本身專業知能與實踐智慧的提升，是因應社會變遷與促使組織革新過程的不二法門。

本研究在有效倫理決定的三個層面因素中，其中研究所以上畢業的校長在情境層面與過程層面的得分表現均比一般大學畢業之校長顯著較高，顯示專業知能的提升有助於倫理決定的成效；另服務年資越久的校長在三個層面的表現亦相對較佳於其他校長，顯示實務經驗的累積有助於實踐智慧的提升。因此，無論在學術與實踐智慧上，校長均應抱持終身學習的態度，相信

對於有效的倫理決定會有更加的表現。

（五）成立校長專業社群，分享學術智慧與實踐智慧

這是一個團隊工作的時代，組織與個人的成長均有賴於專業學術社群的建構，如 Senge（1994）從有關學校改革的文獻中分析發現，學校將逐漸轉化為學習者社群，學校成員間需要有時間進行合作、有持續的行政支持、資訊分享與溝通管道，方能有效提升學校運作與成員的專業。經由來自不同成長與學習過程的成員組織學術社群，透過共享的規範與價值、專業的合作與投入、專業與反省的對話以及學術與實務的支持與分享，來實現共同的願景與目標，促成個人與組織的專業成長。

本研究發現，校長性別、教育程度、服務學校類型、學校所在地及服務年資在有效倫理決定之三個層面均有顯著差異。研究結果顯示，校長學術知能的提升有助於有效倫理決定的實施；而性別、服務學校類型、學校所在地、服務年資之不同所導致實務性經驗與智慧的差異，亦影響了校長有效倫理決定的執行。爲讓每一位校長在學術與實踐智慧皆能有所提升，以因應未來環境的更迭，透過校長學術社群的成立，建構資訊分享的平台，相信有助於校長彼此間理論與實踐智慧的傳播、分享與創造，俾利有效的執行倫理決定。

（六）主管教育行政機構應了解本身所處環境與作為，對於校長執行有效倫理決定時可能產生的影響

就如所處地區不同的學校，存在著不同的生態環境一般，不同的縣市間亦有不同的教育、文化、社會與政治生態，這些生態的差異會爲學校領導帶來一定程度的衝擊，進而影響領導決定的成效。

本研究結果發現，校長因服務縣市的不同，在有效倫理決定的三個層面因素皆存在顯著差異；另外隨著學校所在地不同，對於有效倫理定的情境因素亦有著顯著性差異。研究結果顯示，學校所處環境因素（學校內部與外在

環境）確實對有效倫理決定帶來影響。近年來，隨著政治影響教育層面的擴大，也帶來教育環境的極大衝擊，主管教育行政機關應隨時掌握整體環境的脈動所產生的教育、文化、社會與政治生態的變革，隨時督促並給予學校校長新的資訊與方針，讓學校校長在執行有效決定時能考量不同的倫理與道德規範，做出最佳的倫理決定。

（七）教育行政機關應謹慎遴選具有倫理觀念的學校領導者

Irene 和 Cathleen（2002）在談到決定歷程與倫理規範時曾提及廉潔、誠實、倫理法則應凌駕於私人利益之上，應以客觀、公平的態度來面對公眾的檢視。因此，學校領導者在校務推展過程中所做的決定或選擇都存在著倫理道德的意義，在決定的過程中需加入倫理的考量。

隨著教育改革的浪潮，參與授權理念的盛行，學校決策已由一人決策走入集體參與決策的模式，進入聲音既多元又豐富的學校環境；而教育市場的開放也增加了校內教育品質的提升與校際間教育競爭的趨勢。學校領導者面對教育改革與教育市場開放的壓力，在決定的過程中更應考量人、組織與環境的因素，方能成就組織目標與個人需求。

本研究從文獻探討與統計分析所獲得的有效倫理決定三個層面、十四項因素，其內容涵蓋了組織的願景、目標與價值；領導者的權限、責任與能力；決定的倫理與道德取向等社會規範；決定的過程與結果能考量成員的參與及需求等因素，這些因素涵蓋了人、組織與環境的重要因子，亦是當前教育改革與社會變遷中領導者所應具備的知能。因此，教育主管行政機關在執行校長遴選時，如能考量校長領導決策的倫理理念，相信將有助於日後校務的推動。

第十章　校長學校行銷策略分析

　　欲在新的教育市場中求生存，許多學校已認知到有效的學校行銷計畫與活動為學校教育的重要工作（Foskett, 2002）；學校人員也知覺到，為了在新的競爭環境中成功的吸引學生，必須融合不同的行銷觀點到學校的行銷策略與活動中，另一方面，學生面對競爭激烈的教育市場，其選擇學校大部分均依賴他們對學校的了解，因而往往將學校的聲譽及品質列為選校的重要指標（Oplatka, 2002）。因此，在今日教育競爭的環境中，如何有效因應學生及其家人之需求，將左右目標市場學生的來源，而學校品質聲譽的延伸，行銷策略的規劃為不可或缺之要素。

　　本研究旨採取半結構訪談方式，探討一所國小校長在學校行銷的認知、角色、策略與影響，今分別說明如下：

一、研究目的

　　本研究目的如下：
　　一、探討校長對學校行銷的認知。
　　二、探討校長在學校行銷的角色。
　　三、探討校長所實施的學校行銷策略及其影響。

二、研究樣本

　　本研究屬個案研究，以中部地區精忠國民小學（化名）為研究對象，該

校辦學特色多元，曾獲教育部教學卓越獎、友善校園績優學校、鄉土教育績優學校，以及地方教育處校務評鑑特優等多項獎勵，此外該校創導多元社團活動，諸如舞蹈、合唱、書法、作文、手球、圍棋、電腦、田徑、壓花、閱讀等，以推動學生多元智慧的啟發，由於學校多角化的經營策略，校外各項競賽屢獲佳績。更值得一提的是，該校的優質表現，常常見諸於報章與地方電視媒體，大大提升了學校的能見度，也因為學校良好的績效表現與行銷作為，在校長接任的第三年起學校班級數逐年增加，似乎不受少子化現象所影響，而上述具體成效深深吸引了研究者欲進一步深入探究。據此，學校辦學績效及行銷策略符合本研究意旨，經向校方說明研究目的並取得同意後，開始進行研究。

三、訪談進行

本研究屬個案研究，經向校方說明研究目的並取得同意後，開始進行研究。根據研究目的與文獻資料等，編製半結構式訪談題綱，其中校長訪談內容為：（一）就你的認知，請問校長對學校行銷的看法為何？（二）你認為校長在學校行銷應擔任什麼樣的角色？（三）請問校長你在從事學校行銷工作時會採取哪些策略？教職員訪談內容為：（一）請問你（妳）是否有留意到貴校的辦學成果常在報章媒體中出現？你認為學校這麼高的曝光率主要原因是什麼？（二）源上題，請問你（妳）對現任校長在學校行銷工作推動策略上的看法？（三）、校長對學校行銷工作的投入，會不會對你（妳）的教學（行政）工作產生影響？；家長訪談內容為：（一）請問你都從哪裡得到學校相關的辦學訊息？（二）對於目前學校所採取的辦學策略，你的看法如何？（三）、你當學校家長委員這麼久，就你的觀察，目前家長對學校的反映有沒有什麼改變？經與受訪相關人員溝通後，提供訪談題綱，進行訪談。接受訪談人員資料表，如表 19。

表 19　接受訪談人員資料表

姓名	性別	編號
校長	男	P20091021，　P20091028 P20091104，　P20091111
家長會總幹事（家長）	男	PA20100120
主任	男	D120100324
主任	男	D220100324
教師	女	T120100609
教師	女	T220100609

四、資料的蒐集

　　本研究除訪談資料之蒐集外，有關校內之刊物、報告以及媒體報導等均列為重要探究內容，其中除加以編碼以保護受訪學校之隱私外，並與訪談內容作相互對照與互補。在文件編碼方面計收集資料有 37 種，將其依序編碼如下：

　　（一）媒體文件（MD）：記者名冊（MD1）、剪報資料（MD2）。

　　（二）學校文件（SD）：公文（SD1）、校刊（SD2）、藝文專輯（SD3）、親師橋（SD4）、學校簡介（SD5）：各項活動記錄（SD6）、各項活動相片（SD7）、活動邀請函（SD8）、活動簽到簿（SD9）、活動企劃書（SD10）、網頁（SD11）、企業捐助感謝狀（SD12）、個人捐助感謝狀（SD13）、資訊教學墊板（SD14）、英語教學墊板（SD15）、學生名冊（SD16）、義工聘書（SD17）與駐校藝術家聘書（SD18）、校務發展計畫（SD19）、英語檢定證書（SD20）、資訊檢定證書（SD21）、閱讀認證證書（SD22）。

　　（三）學校設備（SE）：活動看板（SE1）、電子看板（SE2）、紅布條（SE3）、網頁（SE4）。

（四）官方、機構文件（GD）：公文（GD1）、獎狀（GD2）、獎牌（GD3）、感謝狀（GD4）、實施計劃（GD5）。

（五）校長個人著作與報告（PP）：新聞稿（PP1）、專輯序言（PP2）、文章（PP3）、報告（PP4）。

五、研究的信、效度

潘慧玲（2003）認為知識建構仍是每個研究中不能不涉及的一項目的。因此，一項研究能成立的重要依據就是信實度。為建立本研究之信度與效度，研究者首先詳述研究的進行過程，以作為未來相關研究之依據；其次，透過與校長訪談與校內外相關文件、資訊進行多重資料的三角檢證；最後，經由分析，讓研究成果可類推在類似個案研究中。

Neuman（1991）認為訪談效度可分為成員確認效度、生態效度、自然歷史（朱柔若譯，2000），因此本研究之本訪談效度如下：

（一）成員確認效度：將訪談內容分析後，交回受訪者判斷分析其適切性，經受訪者確認，並視為能夠反映其環境典範觀點，來符合成員確認效度。

（二）生態效度：研究者先取得受訪者的信賴，避免在訪談過程中，受訪者因研究者的存在而產生干擾。

（三）自然歷史：將研究計畫詳細描述，並公開說明本研究計畫之假定與實施過程以方便他人進行評估，增加本研究效度。

其次在信度方面，Patton（2001）提出以資料來源做三角檢證，在不同時間藉由不同方法來驗證所得到資料的一致性；陳向明（2002）指出三角檢定（triangulation）是指在研究中，將同一結論用不同的方法、在不同的情境和時間裡，對樣本中不同的人進行檢驗，以求獲得結論的最大真實度。因此，本研究之訪談信度如下：

（一）將所蒐集資料與訪談資料做比較。

（二）比較受訪者在相關學校文件中所發表的專文或序言。

六、研究倫理

在研究倫理部分首先告知受訪者本研究目的，並獲受訪者之首肯；其次，個案學校及受訪者皆以匿名方式處理，所有資料引用皆以編號方式呈現；最後研究結果，忠實呈現受訪者之原意，文章完成後與其共同確認文章內容，並徵詢其同意公開發表。

七、研究結果

本節主要針對校長在學校行銷的看法、角色與策略等三項議題進行探究，茲將其分述如下。

（一）校長對學校行銷的認知

從校長的訪談中，研究者發現校長對學校行銷的認知涉及環境、顧客市場、辦學成果、學校成員以及學校資源等因素。

1. 學生來源的減少，讓行銷越來越重要

隨著社會環境的改變，學生來源成為學校教育工作的重點項目。校長認為少子化時代的來臨，對學校學生的來源產生直接且重大的影響，畢竟沒有學生就沒有老師，沒有老師就沒有校長，因此如何吸引學生到校就讀，成為學校重點工作（20091021）。

> 學生數越來越少加上學校社區的老化，已對學校招生產生影響。……學生是學校存在的主要因素，一旦沒有學生，老師與校長都將失去舞台，……這些年來學校有計畫的在提升學校的能見

度，希望做出一些和其他學校不一樣的事情，像招募義工、推廣英文、資訊教育、藝文教育等（GD5）……..（**P20091021**）。

……良好的教育成效是吸引學生來源的關鍵，而這些成效要讓學生和家長知道，這樣對學校才有實質效益，所以學校就要有行銷的方法……（**P20091021**）。

上述校長對行銷的看法，學校主任與家長亦有所感受。

……我們當主任的可以感受到校長的衝勁，而且校長的點子很多，人面也很廣，……很懂得和媒體打交道，也做了很多宣傳品……而且也很重視學校網頁……（**D220100324**）

……現在的校長上任以後就辦了很多活動，跟先前的校長比起來比較不一樣，……以前家長會也希望學校多辦活動，這樣家長和學校的感情才會比較好，……還有現在家長也常常收到一些學校的資料，……讓家長可以了解學校，這樣比較好哪！（**PA20100120**）。

校長認為，少子化所造成的學生來源減少引起了學校的危機感，也促動學校行銷的理念，而學校教育成效是最好的行銷內容。上述學校行銷有助於學生來源的理念與吳建華（2008）研究發現一致；惟校長認為要進行學校行銷前應先擁有良好的教育品質作為學校行銷的內涵，與吳建華（2008）、葉兆祺（2007）、郭怡君（2007）、黃子玲（2005）等研究發現「藉由學校行銷來提升教學品質」之結論有異，兩者之主從與先後關係不同，這也可能是量化調查與訪談研究兩者在問題設計不同之關係。但就實務現場而言，若無良好的行銷內容，則行銷容易流於空洞，若學校欲藉由行銷來帶動教育品質的提升則略顯被動，因此研究者以為學校行銷應採取主動策略，先追求教育品質再行規劃良好的學校行銷策略。

2. 在教育市場的環境下突顯家長與學生的重要性

　　雖然國民小學受學區制的保障，但近年來教育選擇權的效應，只要家長不能認同學校之作為，隨時可為學生辦理轉校（P20091028），校長認為：

　　……只要學校對於親師或師生問題處理結果不能讓家長滿意，學校可能隨時要面對學生轉校的問題，……對學校來說現在的教育就像市場一樣，家長可以選擇他們喜歡的學校……所以和家長保持良好互動就特別重要（**P20091028**）。

上述校長重視與家長關係的理念已在學校中發酵。

　　我們校長還滿重視家長這一塊的，所以現在很重視班親會的功能，每一學期至少要開 1-2 次會議（SD6），希望老師能和家長多交流……，其實這幾年班親會感覺上讓老師和家長關係更好，雖然要多花點時間，但感覺還不錯……（**T120100609**）。

　　現在的校長在新學年開始都會帶著主任一一拜訪家長委員，跟他們談 論學校的事情，這是之前的校長所沒有的……，現在覺得家長委員和學校同仁越來越熟了，溝通起來也比較方便，偶而還會一起打打球……（**D120100324**）。

　　由上可知，校長已感受到教育市場化的衝擊，因此不僅希望親師關係和諧，也重視學校和家長會的關係。正如 Bagley（2006）提到，有越來越多文獻將市場經濟引用到教育領域中。上述校長重視顧客導向的行銷理念與江語珊（2004）、陳瑞相（2005）、郭怡君（2007）、蔡秀華（2009）之研究類似，均將學生家長視為重要的行銷對象。

3. 辦學績效是行銷的重要內涵

　　行銷雖是當前學校工作的重要手段，但是行銷的內容才是重要的關鍵（P20091104）。

……其實家長最重視的還是學校怎麼辦教育，……舉例來說，學校將一間老舊宿舍改裝成藝文館，透過本校駐校藝術家的協助，定期邀請校外藝術家展覽並開放給老師、家長及學生教學與參觀使用（SD3，SD8，SD9），……不久就獲得家長的迴響，很快的家長自動成立藝文義工（SD17），幫學校不少忙……（**P20091104**）。

校長認為行銷只是手段，辦學績效才是核心，正如丁一顧和張德銳（2005）提出學校教育品質是家長滿意度衡量的標準之一。因此好的行銷策略必須先有好的辦學品質，而辦學品質正是學校行銷的重要內涵。

4. 重視學校人員觀念的建立

其實行銷的觀念在學校還不是很普遍（P20091021）。校長認為

每個人可能都看過企業在媒體、網路或製作看板來做產品行銷，……但要真正將它引用到學校教育並不容易，……因為過去教育這一塊是較缺少競爭的……所以要從同仁觀念的作改變，他們才會知道行銷有多重要……（**P20091021**）。

分析上開訪談，校長認為學校行銷理念在校園中尚不普遍，此觀點支持黃義良（2005）、Grace（1995）研究發現，該研究指出國中小教育人員對行銷態度普遍趨向支持與正向，對於行銷理念之認知屬中上程度，而知覺實際運作情形則有待加強，顯示認知與實務仍存有鴻溝。

5. 重視行銷資源的整合運用，也要重視行銷的效果

因為學校資源有限，所以一分錢都不能浪費（P20091104）。校長提到國民小學大部分經費來自政府補助，而且都有一定用途，能做彈性運用之經費非常有限，因此，資源的整合運用與效益就變得很重要（P20091111）。

……國小很窮，根本沒有錢去作行銷，……有時必須藉由家長、社區、企業和政府機關的幫助，以及和記者建立良好關係才能作

一些事情……，目前學校有透過外面的贊助製作學校資訊教育與
英語教育特色墊板，還有學生家長贊助規劃藝文館、生態園區及
PU 跑道之經費；公所補助印製藝文專輯等（SD12，SD13）……
（P20091111）。

但是，這些經費得來不易，因此不可以浪費，校長接著表示

學校將每一份資料提供給每一位學生家長及來學校的訪客，讓他
們了解學校的辦學成效，……這幾年學校學生數多在穩定成長
中，已經沒有學生外流現象，而越區就讀本校的學生也在增加中
（SD16）……（P20091111）。

上述校長的行銷理念已獲得家長的回應。

……這幾年小孩子都會帶學校的資料回來給我們看，……還有學
校常常在第四台和報紙出現，學校好像越來越出名了，……對家
長來講這是很好的，因為家長對學校越來越有信心，不用再大老
遠將孩子送到其他學校就讀……（PA20100120）。

由上可知，學校能使用的行銷資源有限，因此行銷效益是行銷工作推動
過程中更應考量的因素，而學校的辦學與行銷也獲得家長肯定，造就了學生
來源的增加，反觀國內相關行銷研究往往忽略了行銷效益之調查，校長行銷
效益之理念值得加以重視。另外相較於葉兆祺（2007）、郭怡君（2007）、黃
子玲（2000）之研究，校長在缺乏學校行銷人力與支援之情況下，能有效透
過辦學特色的規劃來爭取企業、家長與政府的捐助，以解決學校行銷資源不
足之困境，其作法可為他校之借鏡。

（二）校長的行銷角色

研究者綜合校長的訪談結果認為，校長在學校行銷扮演著學校變革的領

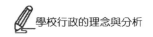

導者、教育績效的保證者、學校形象的催化者、公共關係的建立者以及教育
環境的覺知者。

1. 校長是學校行銷的領頭羊

談到行銷，校長一定要帶頭衝（**20091021**）。校長認為：

> ……學校成員比較容易安於現狀，對於外面的變化比較冷
> 漠。……很多工作的推動通常他們都會先觀察校長是玩真的還是
> 玩假的。……所以，校長的態度與作法對於學校工作的推動就變
> 的很重要……（**P20091021**）。

另外校長本身要有能力，對同仁才有說服力（**20091104**）。

> 我比較有興趣在企業領域的經營管理與行銷知識，從《商業週
> 刊》、《管理雜誌》、《天下雜誌》等期刊中，給我相當多的啟示
> （**PP3，PP4**），而且我會將這些啟示應用到學校方面。……我會
> 利用教師晨會、行政會議、學年會議和校務會中和同仁分享心
> 得、看法（**PP4**）……（**P20091104**）。

上述校長的作為也影響了教師的想法。

> ……先前的校長開會都很快就結束，現在的校長會分享他看書的
> 心得，雖然剛開始很不習慣，覺得校長很囉唆，……但後來覺得
> 校長的分享也可以讓我增加不少知識，覺得還滿不錯的……
> （**T220100609**）。

校長認為在學校行銷工作的推動上扮演領導者的角色，並且帶動老師一
起成長，得到老師的認同，此理念支持 Oplatka（2002）、黃子玲（2005）之
研究發現。此外校長亦認為，確保行銷理念的與時俱進，不斷的進修研讀是
重要的專業發展策略，這也是在校長行銷角色的相關研究中較被忽略的一
環，值得加以推廣。

2. 強化學校願景，提供優質的教育

學校要先建立願景才能引導學校發展，建立辦學特色和績效（P20091111）。

> ……學校要先定位本身的發展方向，也就是要先建立願景（**SD19**），像我們學校的教學核心重點是資訊教育和人文藝術（**SD19**），因此在學校教育措施的規劃上便會以此為願景……（**P20091111**）。

> ……近年來學校在校外的各項表現相當搶眼，像得到教育部教學卓越獎、友善校園績優學校、鄉土教育績優學校等三項大獎（**GD2，GD3**），……是資訊教育種子學校、校務評鑑示範學校（**GD1**）。……合唱團、田徑隊、手球隊、舞蹈社、英語社（**SD6**）以及學生的美術作品，也都能在校外競賽獲得很好的成績，……還有到機關團體進行展演或接受邀請演出（**GD1，SD6，SD7**），為學校建立良好形象與關係（**P20091111**）。

上述學校在願景的建立與實踐上已有初步的成果，並取得校內人員的認同。

> ……學校從來沒有得過教育部任何獎勵，這位校長來了以後，學校得了三個教育部的大獎，讓我們覺得很驚訝，……很多老師都認為雖然很辛苦，但很有成就感（**T120100609**）。

> ……我們校長很有想法，但不太會勉強老師。像辦理社團活動，校長就很尊重每一位老師的專長跟意願，不會給老師太大的壓力……，這幾年來學生學得很快樂，老師很教得也很愉快（**T220100609**）。

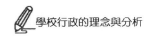

……我在這所國小從當老師到主任已經將近 30 年，這幾年讓感覺
到非常的不一樣，學校真的在進步，而且老師和家長都能感受到
真的很不一樣……（D220100324）。

Putnam（2004）曾提出學校面對的未來圖像在反映一種卓越、高成就的
教育成果與挑戰，而這一連串的挑戰，其重點即在願景的建立。校長即藉由
學校願景的建立，逐步實現辦學特色進而產出優質的教育產品，並已獲得上
級主管教育行政機關與學校同仁的肯定，成功扮演了校長的角色。

3. 規劃多元學校活動特色，增加家長選校誘因

校長認為，依學區家長過去與學校互動的經驗，家長除重視學生課業
外，對於學校各種活動的安排也非常重視（P20091028）。校長談到：

……學生家長希望學生多參加活動，因此除了在課業上會主動和
導師及學校聯繫外，對於學校規劃的各種活動（SD6，SD7），家
長的參與度都非常高，而且會在經費和人力上給予充分的支
持……（P20091028）。

……在考量學校的師資、設備與經費概況，最近幾年學校陸續辦
理學生英語檢定（SD20）、資訊檢定（SD21）閱讀認證
（SD22）、並且和大學合作推動科學教育（SD10）、配合政府經
費補助規劃資訊融入教學（GD1，GD5）；……推動舞蹈、合唱、
書法、作文、手球、圍棋、電腦、田徑、壓花、閱讀等社團
（SD6，SD7），……校內外藝文展覽（SD3）……。
（P20091028）。

學校多元活動特色的規劃已獲得教師與家長肯定而能給予支持。

……學校這幾年有在進步，所以家長會成員越來越多，我在家長
會已經 6 年了，這幾年感覺到家長比較願意參與，而且錢也比較

拿的出來……，大家都很肯定學校的表現（**PA20100120**）。

……又要教學又要辦社團活動真的會增加老師的壓力……，但是現在 看到學校學生人數在增加，不必再害怕超額教師問題，……學生學得很快樂，……所以讓我們感覺到有付出就會有收穫，辛苦的很值得（**T120100609**）。

　　綜上，校長有計畫的推動各項教育措施，將辦學成果呈現給社會大眾，正如林明地（2007）提出，教育市場無疑的是將學校所提供的產品商品化，並在家長、學生與學校人員間流通；Hanson（1996）亦提出根據行銷哲學，學校應專注於顧客的需求。因此，學校同仁努力產出優質教育產品才能吸引家長、學生與大眾，優質教育產品才是流通行銷的首要工作。

4. 除舊佈新，建立學校良好形象

　　學校形象是整體的，都是家長選校的重要參考（**P20091104**）。

……近年來我積極推動校園重建工作，改善校園軟硬體建築與設施，例如將廢棄垃圾坑整理成符合教學與休閒兼具的生態園區、將老舊宿舍改成藝文館（**SE4**）、有效利用校園空間建置學習角（**SE4**）以及進行老舊教室與設備的更新，使得校園環境與設施煥然一新。……政府與家長會的支持，學校進行 E 化教室的建置（**SD1**），資訊融入教學（**SD1**）……，讓家長對於學校的積極辦學有了全新的觀感……（**P20091104**）。

學校的除舊佈新給家長留下深刻的印象。

這幾年學校真的變了很多，這種進步很難去講……，感覺上學校變得很清新、很有活力，……很多家長都告訴我學校變得很不一樣……（**PA20100120**）。

Gmelch 與 Gates（1998）認為建立正向的學校品牌形象以獲得大眾的認同，是當前校長領導的重點。上述校長透過行政、教學與環境等工作的革新，已獲得主管教育行政機關與家長的肯定。校長藉由學校辦學品質與形象建立來普遍獲得大眾的認同，與 Gmelch 與 Gates 的觀點一致。

5. 掌握時代的脈動，獲得家長的認同

環境在改變，學校教育也要跟著調整，不能一成不變（20091021）。

> ……學校規劃了英語認證、閱讀認證、資訊認證以及推動與大學合作的攜手計畫（**SD20**，**SD21**，**SD22**，**SD10**）；……為加強品德教育，鼓勵學生接近美的事物，學校也聘請藝術家駐校（**SD18**）積極推廣校園與校外藝文展演（**SD3**，**SD7**，**SD9**）、合唱團及舞蹈社團校外演出（**GD1**，**SD7**），讓學生接觸不同的學習，作心靈的陶冶……（**P20091021**）。

校長認為學校辦學方針應掌握教育脈動，方能符應社會與顧客需求，學校因應政府英語、資訊教育、品德教育之重要政策，推出一系列教育措施，尤其是駐校藝術家的遴聘，更值得他校所借鏡。上述校長掌握教育脈動，提升學校形象之作法與 Foskett（2002）所主張的，在新的競爭環境中，學校為有效招募學生，必須提升公共形象與教育功能，方能在新的環境中生存之理念相符。

（三）校長的行銷策略

行銷工作要多元化，效果才會顯著（20091028）。

1. 重視電子看板、網路與書面資料的建構

電子網路和書面資料的建立都很重要（**20091028**）。校長談到：

> 學校網頁是行銷推廣的方法之一，因為不管是家長或任何關心學

校的人士，學校網頁可能是他們了解學校的第一選擇，因此網頁資料（**SD11**）的建構與更新就顯得的特別重要；……學校也會利用電子看板（**SE2**）適時公佈學校訊息來加強行銷效果……（**P20091028**）。

除了電子網路外，我們也在校門口製作看板（**SE1**）、搭掛紅布條（**SE3**）、發行學校刊物（**SD4**）及簡介（**SD5**）、辦理校園藝術展演與表演活動（**SD6**）並製作專輯（**SD2，SD3，SD4**）等分送學生家長及訪校來賓，來爭取他們認同跟肯定……。（**P20091028**）

上述校長的行銷策略已落實到學校行政的運作上。

……只要學校整體表現以及老師、學生有良好的表現，校長都會要求每一個處是要貼紅榜、公告在網頁以及學校的刊物上，……學生在校外自行參加比賽得獎，學校也會在升旗時公開表揚，校長就是不錯過任何一件學校的好事……（**D220100324**）。

校長在學校推廣策略兼顧電子媒體、網路、看板製作、發行學校刊物與書面文件等措施，相對於陳瑞相（2005）之研究發現「一般學校僅透過網頁建置行銷」，校長所採取的行銷策略足以為各校所借用。

2. 建立學校外部的夥伴關係

校外關係的建立也是很重要的（p200911111）。校長談到

……校際策略聯盟（**GD1**）除了可進行資源與資訊的分享外，藉由聯盟互動所產生的效益，也是學校進行行銷工作的一種管道；……和鄰近大學間維持良好的關係與教學合作（**SD6**、**SD7**、**SD10**），則有助於增進教學效能，提升學校的形象，而且給家長很好的觀感（**P20091111**）。

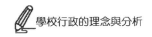

……這幾年我們固定在公立圖書館辦理學生畢業美展（SD6，SD7，SD8），印製藝文專輯，獲得家長、社區與友校間的好評，以及吸引報章媒體的注意，特地為本校作專題的報導；……合唱團獲邀參加地區性音樂藝術節的表演以及文化季的演出（GD1，SD6，SD7），……學生美術作品的校外巡迴展演（GD1，SD7）等均獲得廣大的迴響與認同（P20091111）。

上述校長透過媒體報導學校辦學成效已獲家長信任。

……這幾年學生常常到外面去表演、比賽，報紙和第四台也常常播 出，讓我們家長都很高興。……其實學校就是要這樣辦，家長會才會給學 校經費補助，家長才會放心把孩子交給學校，也才會給學校支持……（PA20100120）。

校長採取多元方法來推動行銷工作，相較於蔡秀華（2009）之研究發現，校長除了聚焦於學校內部的行銷工作外，亦積極走出校外參與各項活動與展演，如此行銷策略更加活化行銷通路使其趨於多元與靈活，值得推廣至其他學校。

3. 重視與媒體關係

校長認為電視與報章媒體的報導更有助於提高學校能見度（P20091104）。

……媒體記者是校外一個很重要的夥伴，可以幫我們作免費的廣告。……所以和媒體記者有較佳的互動，才會對學校行銷有幫助（P20091028）。

……與媒體記者的關係很重要，我們有建立報紙和電視記者名冊（MD1），只要學校有重要活動、優良事蹟和傑出表現，我們就會提供新聞稿（PP1）給記者，藉媒體報導來提升學校形象與知名度（MD2）……（P20091104）。

校長重視與媒體關係的建立也帶動了校務行政的發展。

> 當主任好幾年了，很少像這幾年常常和記者接觸，因為只要記者來學校，校長都會請主任過去校長室討論學校最近有沒有什麼新的特色可以報導，……而這樣也讓各處室隨時上緊發條，因為要做些事才有機會上報（D120100324）。

> 這幾年學校的曝光率真的很高，和地方記者也越來越熟，這種現象連鄰近學校都感受到壓力，……我們的家長和老師的感觸也很深，學校名氣好像越來越大了（D220100324）。

校長重視與媒體關係的建立已有初步的成效，此與江語珊（2004）研究發現「學校行銷重視公共關係但甚少使用媒體傳播」之結果不同。從學校提供之新聞稿及簡報資料可知，校長善用與媒體之關係確實提升了學校的能見度，此策略足以供作學校行銷策略之參考。

八、結論

統整分析上述之訪談結果，提出以下結論。

(一) 校長、學校人員與家長在行銷策略之互動關係圖

由與校長、主任、教師及家長會總幹事之訪談可獲得校長、學校人員與家長在行銷策略的互動關係如圖6。

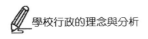

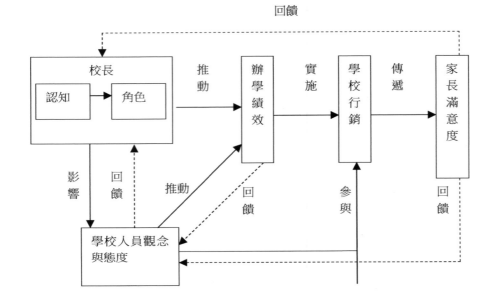

圖 6　校長、學校人員、與家長關係行銷策略互動關係圖

　　圖 6 顯示，校長藉由對學校行銷的認知與角色的扮演來影響學校人員的觀念與態度，進而與校長共同推動學校的辦學績效、實施教育行銷；其次在家長接收學校所傳遞之教育訊息後，家長會因為學校辦學績效而給予校長及學校人員實質的回饋，構成一種交互循環的互動關係。

（二）校長學校行銷的認知為

1. 少子化與教育市場的理念加速學校行銷的腳步

　　由於學區人口結構老化，加上少子化的衝擊與教育市場的開放，造成校際間學生來源的競爭，進而可能產生超額老師的壓力。校長深深了解「沒有學生就沒有老師，沒有老師就沒有校長」，因此將學生、老師與校長結合成一個生命共同體，加速學校提升辦學績效與行銷的腳步，以有效吸引學生來源。

2. 學校辦學績效是學校行銷的重要內涵

校長深深體會學校教育績效的提升才是學校行銷工作的重要根本。因此，近年來該校除積極為學生規劃不同的社團活動，延伸學生學習的觸角外，更以追求卓越的教育品質為核心，在環境、課程、教學與行政工作上不斷求新求變，並已獲得主管教育行政機關之認同與肯定。

3. 學校行銷應重視資源的整合與行銷的效益

礙於經費所限，但為落實學校行銷工作，校長了解資源整合的重要，除有效整合校內可用資源外，並積極尋求學校外部機構以及人士的協助，透過家長會、企業及政府捐助，建置及改善學校軟硬體設施，並藉由各種活動的規劃與參與，有效的將學校辦學成果傳達給社會大眾，藉以提升學校形象，獲取學生家長與社區民眾的支持與認同，達成行銷的目的。

（三）校長行銷的角色為

1. 應以身作則影響學校成員行銷觀念

校長非常重視學校內部人員行銷理念的發展，除了個人以身作則，透過雜誌，文章的閱讀不斷的汲取行銷新知外，更能利用各種活動、會議場合與學校同仁分享與探討新的行銷知能，帶動學校人員行銷理念的專業成長，並鼓勵同仁進行同僚專業互享活動，使學校同仁在與學校機構、學生家長與社區人士互動時，能產生更佳的行銷效益。

2. 規劃學校願景，建立學校特色，提升學校形象

校長強調清晰的學校願景有助於建立學校的辦學特色，近年來在全體教職員工生的齊心合力下以展露學校教育品質績效，先後獲得教育部及地方政府評鑑績效肯定，顯示學校辦學品質已獲認同，有助於學校形象的建立。

3 應能掌握環境脈動與家長需求之市場導向

校長體會到家長教育選擇權以及顧客導向機制的教育趨勢，以及因應全球化與資訊科技社會以及政府重要教育政策及學校願景之推動，學校規劃了英語認證、閱讀認證、資訊認證以及推動與大學合作的攜手計畫等，讓學校教育的推動與教育趨勢同步，充分掌握市場脈動。

（四）校長的行銷策略包括

1. 重視電子看板、網路與書面資料的建構，將訊息隨時傳送給學生家長

校長在學校可運用資源上將學校的教育績效化為書面、電子看板、墊板、學校刊物、學校簡介以及網頁製作等，並藉由校內外各種活動的規劃與參與，有效的將學校教育成果傳達給教育顧客，藉以提升學校形象，獲取學生家長、社區與大眾的支持與認同，達成行銷的目的。

2. 建立學校外部夥伴關係

校長除了加強教職員工對於學校辦學特色與優質表現之認知外，與鄰近學校、媒體、高等教育機構等均保持良好的互動與合作關係，建立學校外部夥伴。

3. 重視與媒體關係的建立

為了使行銷通路更加的多元，校長建立媒體記者通訊錄，透過與媒體良好的關係，將學校良好的辦學績效經由報章媒體來傳送給社會大眾，大大的提升學校能見度。

九、發展趨勢

根據上述研究結論，研究者提出以下建議供學校未來執行行銷工作之參考：

（一）隨時檢視來自學校同仁與家長的回饋

　　學校是一個生態組織，家長與學校同仁是校長最親密的夥伴，有如生命共同體一般。任何校務的推動都無法排除校內同仁的合作與支持，而家長除了是教育的夥伴外更是教育績效的最終受益者，所以校長在推動學校銷工作時應隨時檢視來自學校內部同仁與家長的回饋，多傾聽其對校務發展的看法，共同探討並落實學校願景，相信無論在學校績效或行銷工作上都會有加分作用，為學校帶來實質的效益。

（二）融合說故事與網路行銷

　　在推廣策略上，校長採取電子看板、墊板、學校刊物、學校簡介以及校外展演等推廣活動，然而對於學校歷史、教師與學生的個別成功案例等真人真事足以感動他人的事蹟，可能無法以文件或電子看板來完整呈現，因此可透過說故事的方式來進行網路行銷。如果學校人員能將學校動人的故事作良好的闡述，並透過學校網頁建置來傳送學校動人的事蹟，便能在學校與社會大眾間建立具有深層意義與具長遠影響的共同經驗，透過故事的陳述，帶領人們身歷其境，將能創造更深刻的體驗。

（三）進一步行銷通路的規劃

　　行銷通路的規劃主要是讓教育顧客對於教育產品及利益能更加方便取得與利用。目前精忠國小所製作的各項推廣活動，諸如電子看板、墊板、學校刊物、學校簡介等，大部分只有在學校辦理活動或訪客到校時方提供給家長或來賓，如此方式僅將通路侷限於校園內，行銷效益可能受限。學校不妨進一步走出校園，配合社區活動、村里民大會等活動，採取主動策略，直接將學校刊物、學校簡介等提供參加入員，積極爭取學校潛在顧客與未來顧客，進一步提升行銷效益。

第十一章　家長教育品質滿意度分析

　　「品質」常被定義為顧客的滿意度（Hoy, Bayne- Jardine & Wood, 2000），顧客導向之品質思維已然成為教育品質的一項重要參考指標。丁一顧與張德銳（2005）認為家長滿意度是學校教育品質衡量的標準之一；Kondo（2001）談到顧客滿意是全面品質管理的最終目標，並且為達到高顧客滿意，除必須消除顧客的抱怨外，更應提供顧客滿意的產品；Hoy, Bayne- Jardine 與 Wood（2000）指出教育品質乃是對教育進行評鑑的過程，經由提升顧客成就，開發顧客潛能，來建立期望的績效指標，並促進顧客的績效表現。

　　本研究旨在探究學生家長知覺學校教育品質之滿意度，希冀透過學生家長對學校教育品質滿意度之調查結果，提供學校單位辦學方針之參考，進而能積極有效的擇定相關教育措施，進行教育品質改善運動。茲將本研究說明如下：

一、研究目的

（一）了解國民小學學生家長知覺學校教育品質滿意度之得分情形。

（二）了解不同背景變項學生家長知覺學校教育品質「師資素質」、「環境設施」、「行政管理」、「課程教學」四個層面滿意度得分之差異情形。

（三）了解學生家長知覺學校教育品質滿意度中「師資素質」、「環境設施」、「行政管理」、「課程教學」四個層面之相關情形。

（四）探討家長知覺學校教育品質滿意度中「師資素質」、「環境設

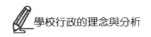

施」、「行政管理」層面對「課程教學」層面之預測情形。

二、研究樣本

本研究架構，如圖 7：

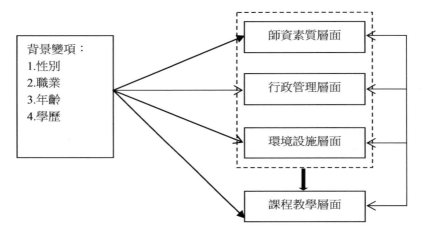

圖 7　調查研究架構圖

　　━━➤分析家長背景變項對教育品質四個層面滿意度知覺之差異情形

　　◇➤探討教育品質師資素質、環境設施、行政管理及課程教學四個層面滿意度之相關情形

　　━━➤探討師資素質、環境設施及行政管理三個品質層面對課程教學層面滿意度之解釋力

三、研究架構

　　本研究以彰化縣一所國民小學為施測對象，施測之國民小學計有 1403 戶家庭，隨機抽取 700 戶作為研究樣本，計回收問卷 666 份，扣除無效問卷 56 份，有效問卷計 610 份，問卷總回收率計 88.8%，可用率 81.46%。有效

問卷施測家長之背景變項分析如表 20。

表 20　施測家長之背景變項分析

背景變項	性別		職業						年齡				學歷				
類別	男	女	公務員	教師	服務業	工商業	自由業	其他	30歲以下	31-35歲	36-40歲	41歲以上	高中以下	高中	專科	大學	研究所
人數	220	390	63	68	152	178	42	107	5	74	232	299	30	201	194	116	69

四、研究工具

本研究用於蒐集資料的工具是「國民小學學生家長知覺學校教育品質滿意度問卷」。問卷編製主要參考黃聯海和張舫禔（2007）、劉明盛（2008）以及文獻探討中有關教育品質層面，分別為「師資素質」層面、「環境設施」層面、「行政管理」層面、「課程教學」層面等四個量表。

本研究整體問卷內容共計 41 項品質因素。問卷形式採用 Likert 五點量表格式，從「非常滿意──非常不滿意」，針對填答者在品質因素滿意度之得分進行分析。預試問卷在不排擠正式問卷母群樣本數前提下發出 300 份，回收 267 份，可用 250 份，以進行預試問卷分析，其結果如下：

（一）項目分析：採取遺漏檢驗、平均數、標準差、相關檢定（項目與總分相關係數皆高於 .3）、刪題後 Alpha 係數提升等項目，作為問卷題目篩選之考量，其中相關檢定依邱皓政（2005）指出，項目與總分相關在 .3 以上，且達統計水準時即可採用。因此，依據上述項目分析結果共計刪除 2 題。

（二）因素分析：首先，檢測各題項間相關係數皆達 .000 顯著水準，以斜交轉軸含 Kaiser 常態化之 Oblimin 法進行分析，KMO 值達 .910，Bartlett 球形檢定亦達顯著（p< .000），顯示可進一步進行因素分析；其次，依據特徵值、參照陡坡圖並參考問卷題意後，萃取四個成分，進行因素分析，刪除因素負荷量較低以及橫跨兩因素之題目計 6 題；最後，將各量表進行一階因素分析，刪去因素負荷量低於 .50 者，合計再刪除 3 題。

（三）信、效度：首先在信度方面，「師資素質」、「環境設施」、「行政管理」、「課程教學」四個量表的信度，其 Cronbach's α 係數分別為 .737、.896、.898、.882，整體信度為 .948，內部一致性信度良好。在效度方面，經因素分析結果「師資素質」、「環境設施」、「行政管理」、「課程教學」四個因素特徵值分別為 13.620、2.716、1.716、1.639，解釋變異量分別為 34.923%、6.965%、4.399%、4.202%，能解釋總變異量為 50.489%。

五、研究結果與討論

（一）家長知覺學校教育品質滿意度各品質因素之平均數與標準差

探求各品質因素之滿意度有助於了解家長對學校整體表現之知覺，有助於學校教育品質工作內涵之推動。家長知覺學校教育品質滿意度之平均數與標準差，經統計結果如表 21。

表 21　家長知覺學校教育品質滿意度各層面因素之平均數與標準差

學校教育品質因素	平均數	標準差
（一）師資素質層面	4.36	.452
1.老師能夠為學習緩慢學生安排補救教學	4.33	.643
2.老師能夠為學習優異學生提供加深及加廣的學習	4.22	.702
3.老師能提供學生諮詢輔導的時間	4.45	.605

學校教育品質因素	平均數	標準差
4.老師能與家長有良好的互動	4.35	.686
5.老師對學生的學習表現能給予較高的期望	4.31	.696
6.老師能不斷在職進修，提升專業的素養與能力	4.49	.661
（二）環境設施層面	4.42	.483
1.學校具有優質的校園建築與規劃	4.26	.753
2.學校運動場地設施充足	4.35	.715
3.學校圖書館藏書豐富	4.40	.689
4.學校擁有足夠的教學軟硬體設備	4.46	.643
5.學校擁有足夠教學空間可資運用	4.45	.675
6. 學校環境的規劃能考量其所具有的教育意義	4.48	.644
7. 學校閒置空間能有效做好規劃與運用	4.34	.720
8.學校能做好校園環境檢測工作，營造安全的校園環境	4.59	.619
（三）課程教學層面	4.27	.509
1.課程設計能考量學校特色與環境設施	4.22	.704
2.能成立相關課程專業社群，從事課程研究與發展	4.04	.732
3.能進行學科課程統整，讓學生獲得完整的知識	4.40	.644
4.能規劃適當的學習教材與教學資源	4.52	.585
5.能夠實施校內課程評鑑	4.28	.670
6.能因應課程內容規劃適切的評量工具	4.23	.680
7.學校能建立學校本位課程，發展課程特色	4.24	.749
8.能選擇適切的教學目標和評量	4.44	.564
（四）行政管理層面	4.26	.512
1.學校能經常辦理各種親師活動	4.21	.769
2.學校能提供升學相關資訊	4.33	.729
3.學校能建立與家長及社區的良好互動關係	4.20	.714
4.學校能經常辦理學生的各種社團活動	4.13	.741
5.學校能為家長說明學校的辦學理念與願景	4.14	.814
6.學校能重視教師的教學績效	4.31	.683
7.學校能重視學生的學習成就	4.41	.650
8.學校能為學生安排相關輔導與諮商活動	4.38	.625

由表 21 家長對學校教育品質滿意度各層面因素之平均數與標準差發現：

（一）在師資素質層面整體平均數為 4.36，其中得分最高者為「老師能不斷在職進修，提升專業的素養與能力（4.49）」，其次為「老師能提供學生諮詢輔導的時間（4.45）」、「老師能與家長有良好的互動（4.35）」，顯示家長在師資素質層面之品質上，對於上述三項品質因素相對最感滿意。由於受試學校近年來積極推動「班親會」，鼓勵親、師、生的良性互動，加上學校積極規劃各類型教師進修活動，並依需要開放家長參與，因而可能使得三項品質因素在滿意度之得分上較高。Tucker 與 Stronge（2005）曾提到教師品質有助於教師效能的發揮，不僅能讓學生學習愉快，亦可增進其學習成就，因此學校應善用激勵促進教師對教育品質的承諾，達到親師生三贏的成果。

（二）在環境設施層面以「學校能做好校園環境檢測工作，營造安全的校園環境得分最高（4.59）」，其次為「學校環境的規劃能考量其所具有的教育意義（4.48）」、「學校擁有足夠的教學軟硬體設備（4.46）」、「學校擁有足夠教學空間可資運用（4.45）」、「學校圖書館藏書豐富（4.40）」。研究發現家長對校園環境設施品質滿意度頗高，在整體表現上亦相當不錯；另外相較於其他品質層面，本品質層面之得分亦相對較高，顯示家長對於環境設施有相當高的滿意度。由於學校建校歷史悠久，近年來已將老舊教室重新改建為新校舍，加上校長積極推動 e 化教室，以及家長會捐款與政府補助購置圖書，使得學校在軟硬體設施上有極大的改善，也影響家長此方面品質的滿意度。白育琦（2003）研究發現環境品質（包括教學空間、教學資源等）會對教師工作的態度、滿意度、工作承諾與工作壓力產生影響，因此學校如能適時改善校園環境設施將相對可提升其教育品質，進而有助於提升家長的滿意度。

（三）在課程教學層面，「能規劃適當的學習教材與教學資源（4.52）」、「能選擇適切的教學目標和評量（4.44）」、「能進行學科課程統整，讓學生獲得完整的知識（4.40）」三個品質項目相較於其他品質項目更顯突出，得分最高。近年來受試學校配合九年一貫課程改革，積極推動主題

統整課程、閱讀運動、英語認證以及與大專校院合作科學教育實驗工作，不斷延伸教師與學生的學習觸角，展現豐碩的教學成果，因而能獲得家長的認知與認同，在滿意度之得分表現上獲得肯定，正如柳麗玲（2007）研究發現，課程與教學是影響國民小學教育品質的主要因素，因此學校應積極進行課程與教學之變革，提升教學成效，相信將有助於滿足顧客的需求。

（四）在行政管理層面，得分最高者為「學校能重視學生的學習成就（4.41）」、「學校能為學生安排相關輔導與諮商活動（4.38）」、「學校能提供升學相關資訊（4.33）」、「學校能重視教師的教學績效（4.31）」，此四項品質因素均與學生學習輔導有關，研究顯示家長對於學生的學習成就與輔導諮商滿意度頗高。由於受試學校積極推動校園品格教育、弱勢學生的課後輔導及推動教師專業發展評鑑工作，讓教師、學生在配合行政策略的推動下而有更多的成長，加上學校加強親師生關係的建立，因而能讓家長感受到學校在此方面的進步，提高其品質滿意度，正如陳木金、邱馨儀（2007）所提出優質的學校行政管理有助於保障教育品質，豐富精緻教育之實施。

（二）家長知覺學校教育品質滿意度各層面之比較分析

學生家長的背景多元而豐富，了解不同背景的家長對學校教育品質滿意度的差異情形，有助於學校與家長間建立溝通與互動之機制。家長知覺學校教育品質滿意度各層面之比較分析結果如表 22、23、24、25。

表 22　家長背景變項在「師資素質」層面滿意度之變異數分析、事後比較摘要表

背景變項		N	平均數	標準差	變異來源	SS	DF	MS	F（或 t）值	Scheffe 事後比較
性別	1.男	220	4.3508	.48186			608		.317	
	2.女	390	4.4026	.46042						
職業	1.公務員	63	4.3757	.44798	組間	1.114	5	.223	1.015	

背景變項		N	平均數	標準差	變異來源	SS	DF	MS	F（或t）值	Scheffe事後比較
	2.教師	68	4.3922	.41306	組內	132.577	604	.219		
	3.服務業	152	4.4463	.46019	總和	133.691	609			
	4.工商業	178	4.3305	.48888						
	5.自由業	42	4.3730	.41124						
	6.其他	107	4.3879	.50923						
年齡	1.30歲以下	5	4.4000	.48016	組間	.494	3	.165	.750	
	2.31-35歲	74	4.3086	.44711	組內	133.197	606	.220		
	3.36-40歲	232	4.3879	.46071	總和	133.691	609			
	4.41歲以上	299	4.3991	.47997						
學歷	1.高中以下	30	4.2667	.58165	組間	1.941	4	.485	2.228	
	2.高中	201	4.4187	.44382	組內	131.750	605	.218		
	3.專科	194	4.4253	.47656	總和	133.691	609			
	4.大學	116	4.3491	.45043						
	5.研究所	69	4.2754	.47557						

　　由表 22 可知，學校教育品質「師資素質」層面之品質要素不因學生家長背景變項之不同而有差異，顯示家長對「師資素質」層面品質之滿意度頗為一致。本研究與 Baiju 與 Meera（2010）研究發現師資素質為最重要之教育品質之發現頗為一致，師資素質滿意度在不同背景家長的知覺中並無差異，顯示學校在此方面之重視程度並已普遍獲得家長的認同。

表 23　家長背景變項在「環境設施」層面滿意度之變異數分析、事後比較摘要表

背景變項		N	平均數	標準差	變異來源	SS	DF	MS	F（或t）值	Scheffe 事後比較
性別	1.男	220	4.4182	.51239			608		1.910	
	2.女	390	4.5381	.46610						
職業	1.公務員	63	4.5238	.50743	組間	2.843	5	.569	2.432*	ns
	2.教師	68	4.5496	.42383	組內	141.188	604	.234		
	3.服務業	152	4.5551	.46610	總和	144.031	609			
	4.工商業	178	4.3919	.50864						
	5.自由業	42	4.4881	.50516						
	6.其他	107	4.5315	.47710						
年齡	1.30歲以下	5	4.5500	.42019	組間	.925	3	.308	1.306	
	2. 31-35歲	74	4.4443	.48041	組內	143.106	606	.236		
	3.36-40歲	232	4.5426	.43582	總和	144.031	609			
	4.41歲以上	299	4.4695	.52352						
學歷	1.高中以下	30	4.4375	.48329	組間	2.254	4	.564	2.405*	2-5*
	2.高中	201	4.5597	.48526	組內	141.777	605	.234		
	3.專科	194	4.4826	.49095	總和	144.031	609			
	4.大學	116	4.4989	.43598						
	5.研究所	69	4.3587	.53590						

*p< .05

　　由表 23 發現，在學校教育品質「環境設施」層面，隨著家長教育程度的不同在校園環境設施品質的滿意度上而有差異，其中高中程度之家長與研究所以上之家長在知覺「環境設施」層面之滿意度上有顯著差異存在。此研究發現與龔素丹（2009）、阮翊峰（2009）、張麗玲（2009）、林佳芸（2008）、李政宏（2004）、Colclough、Rose 與 Tembon 之研究結果頗為一致。

表 24　家長背景變項在「課程教學」層面滿意度之變異數分析、事後比較摘要表

背景變項		N	平均數	標準差	變異來源	SS	DF	MS	F（或 t）值	Scheffe 事後比較
性別	1.男	220	4.2292	.58898			608		1.665	
	2.女	390	4.3095	.53148						
職業	1.公務員	63	4.2902	.58956	組間	2.799	5	.560	1.838	
	2.教師	68	4.2206	.50307	組內	183.961	604	.305		
	3.服務業	152	4.3741	.52378	總和	186.759	609			
	4.工商業	178	4.2006	.58685						
	5.自由業	42	4.2993	.55176						
	6.其他	107	4.3057	.53720						
年齡	1.30歲以下	5	4.0286	.70276	組間	.896	3	.299	.974	
	2. 31-35 歲	74	4.2336	.54569	組內	185.863	606	.307		
	3.36-40 歲	232	4.3196	.53303	總和	186.759	609			
	4.41歲以上	299	4.2661	.56911						
學歷	1.高中	30	4.2143	.54334	組間	5.708	4	1.427	4.769*	2-5**

背景變項		N	平均數	標準差	變異來源	SS	DF	MS	F（或 t）值	Scheffe 事後比較
	以下								*	
	2.高中	201	4.3724	.55677	組內	181.051	605	.299		
	3.專科	194	4.2784	.54524	總和					
	4.大學	116	4.2833	.48325						
	5.研究所	69	4.0435	.62140						

** p< .01

　　由表 24 發現，在學校教育品質「課程教學」層面，隨著家長教育程度的不同在知覺課程教學品質的滿意上而有差異，其中高中程度之家長與研究所以上之家長在知覺「課程教學」層面之滿意度上有顯著差異。此研究發現與龔素丹（2009）、阮翊峰（2009）、張麗玲（2009）、林佳芸（2008）、李政宏（2004）之研究結果頗為一致。

表 25　家長背景變項在「行政管理」層面滿意度之變異數分析、事後比較摘要表

背景變項		N	平均數	標準差	變異來源	SS	DF	MS	F（或 t）值	Scheffe 事後比較
性別	1.男	220	4.1528	.58142			608		.524	
	2.女	390	4.1933	.54999						
職業	1.公務員	63	4.1766	.62445	組間	2.439	5	.488	1.555	
	2.教師	68	4.1195	.51127	組內	189.490	604	.314		
	3.服務業	152	4.2738	.55151	總和	191.929	609			
	4.工商業	178	4.1313	.56425						
	5.自由業	42	4.0833	.56219						
	6.其他	107	4.1986	.55424						

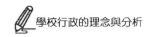

背景變項		N	平均數	標準差	變異來源	SS	DF	MS	F（或t）值	Scheffe 事後比較
年齡	1.30歲以下	5	4.2000	.40117	組間	.610	3	.203	.644	
	2. 31-35 歲	74	4.1807	.54825	組內	191.319	606	.316		
	3.36-40 歲	232	4.2166	.52645	總和	191.929	609			
	4.41歲以上	299	4.1484	.59277						
學歷	1.高中以下	30	4.0792	.47963	組間	5.157	4	1.289	4.176**	2-5** 3-5**
	2.高中	201	4.2494	.56382	組內	186.772	605	.309		
	3.專科	194	4.2159	.54853	總和	191.929	609			
	4.大學	116	4.1541	.53527						
	5.研究所	69	3.9529	.61241						

** $p< .01$

　　由表 25 發現，在學校教育品質「行政管理」層面，隨著家長教育程度的不同在行政品質的滿意度上而有差異，其中高中與研究所、專科程度與研究所之家長在知覺「行政管理」層面滿意度上有顯著差異存在。此研究發現與龔素丹（2009）、阮翊峰（2009）、張麗玲（2009）、林佳芸（2008）、李政宏（2004）之研究結果頗為一致。

　　綜合表 22、23、24、25 之分析發現，家長教育程度不同對學校教育品質因素在「環境設施」、「課程教學」、「行政管理」三個層面之知覺均有顯著差異存在，而劉明盛（2008）針對不同背景學生對大學教育品質滿意度之調查中亦發現，不同背景變項之學生在知覺大學教育品質課程、教師素質、設備、行政四個層面均有顯著差異存在。由上可知，不同背景變項之受試者其

對教育品質知覺會有差異存在。因此，學校平時應都加強與家長的互動，適時獲取家長的意見，作為推動校務之參考，同時應加強行銷學校辦學績效，以獲得家長之認同。

（三）家長知覺學校教育品質滿意度各層面之相關分析

「師資素質」、「環境設施」、「課程教學」、「行政管理」為影響國民小學的主要品質因素，彼此間無法完全分割而獨立作為，探討其間之關聯性有助於學校教育品質整體運作之實施。經統計分析結果家長知覺學校教育品質層面之相關，如表 26。

表 26　學校教育品質四個層面之相關係數摘要表

層面	師資素質	環境設施	課程教學
環境設施	.402**		
課程教學	.660**	.422**	
行政管理	.684**	.407**	.744**

** p< .01

由表 26 發現，家長知覺學校教育品質四個層面之滿意度彼此間互有關聯，相關係數介於 .402 至 .744 之間，學校教育品質各層面相關係數頗高。

由上述分析發現，學校教育品質「師資素質」、「環境設施」、「行政管理」、「課程教學」四個層面彼此有顯著相關存在，此研究發現與林佳芸（2008）、柳麗玲（2007）之研究結果頗為一致。因此，學校在致力校務發展時應同時考量四個層面互動所帶來的影響，方能有效提升整體學校教育品質，正如吳天方、費業勳（2007）談到教育品質應同時兼顧人員品質、教學品質、行政品質和環境品質等，因此，完整的教育品質應能有效涵蓋上述之品質內涵。

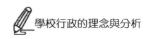

(四)家長知覺學校教育品質滿意度中「課程教學」層面之多元逐步迴歸分析

「課程教學」為學校教育的核心工作，對學校教育的產生有著重要的影響。師資素質、環境設施與行政管理都直接支撐著課程與教學的工作，而三者對課程教學的影響探究，有助於學校課程教學工作之推動。家長知覺學校教育品質「課程教學」層面之多元逐步回歸分析摘要表，如表 27。

表 27　學校教育品質「課程教學」層面之多元逐步迴歸分析結果摘要表

投入變項順序	R	R^2	R^2 增加量	β 係數	F 值
行政管理	.744	.554	.554	.517	754.344***
師資素質	.772	.596	.043	.267	448.503***
環境設施	.779	.607	.011	.113	311.980***

***p< .001

由表 27 分析結果可知：學校教育品質「行政管理」層面、「師資素質」及「環境設施」層面能有效解釋「課程教學」層面，總解釋力達 60.8%，其中「行政管理」層面之解釋力最高，達 55.4%。其中，學校教育品質的「行政管理」層面最能有效預測「課程教學」層面，顯示學校行政管理品質之良窳影響課程教學品質甚深，因此學校應重視行政管理績效，有效配合課程教學的實際需求力求精進，方能有效提升課程教學品質。

六、結論

一、學生家長知覺學校教育品質滿意度四個層面之平均數均高於 4.00 分以上，其中以「老師能夠為學習優異學生提供加深及加廣的學習」、「學校具有優質的校園建築與規劃」、「學校能建立相關課程專業社群從事課程研究發展」、「學校能經常辦理學生的各種社團活動」等四個因素，在四個層面中

最為滿意。

　　二、家長教育程度不同在知覺學校教育品質之滿意度上有顯著差異存在，其中高中程度之家長在「環境設施」、「課程教學」兩個層面之得分均顯著高於研究所畢業之家長；高中與專科程度之家長在「行政管理」層面之得分顯著高於研究所畢業之家長。研究發現家長在教育品質滿意度之知覺上有所不同，學校應重視不同家長的需求，方能促進整體品質的提升。

　　三、家長知覺學校教育品質滿意度四個層面之相關係數介於 .402 至 .744 之間，顯示「師資素質」、「環境設施」、「行政管理」、「課程教學」四個層面間有顯著相關存在。因此在學校教育過程中，應同時兼顧四個層面的協調運作、相互支援，方能有效提升教育品質。

　　四、學校教育品質滿意度中「行政管理」、「師資素質」、「環境設施」層面對「課程教學」層面有顯著預測力，總解釋力為 60.8%，其中「行政管理」層面之解釋力最高，達 55.4%。此研究結果對於傳統「行政支援教學」的理念，在家長的知覺反映上看到明顯的印證。

七、發展趨勢

（一）重視師資素質，強化學生個別學習，施以適性發展

　　在顧客導向的年代，學生的學習成就與發展，是吸引學生來源的重要利器。近年來家長教育選擇權理念的興起以及社會大眾對於學校教育品質提升的強烈訴求，讓學校的教育產出成果顯得更加重要。而教師是學生學習成敗的重要因素，影響學校整體教育品質的產出。

　　本研究發現在「師資素質」品質層面，家長滿意度較不足之品質因素有「老師能夠為學習優異學生提供加深及加廣的學習（4.22）」、「老師能夠予以學生較高的期望（4.31）」、「老師能夠為學習緩慢學生安排補救教學（4.33）」，此三項品質因素皆屬教師能否針對學生個別差異給予適切期望，

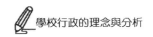

進而實施補救、加深、加廣之學習。教師為學校課程教學之主體，課程教學為學校教育工作的核心，影響學生學習成就之產出。因此，未來學校在師資的聘用與教師在職專業發展之規劃上應重視教師所應具備之理念與能力，能為學生進行適性教育。

（二）建構親、師、生溝通機制，規劃適當教育措施

親、師、生是班級經營的核心，亦是影響學校教育品質的重要因素。近年來隨著加家長教育水準的提升以及教育政策的開放，家長逐漸走入學校參與學校相關政策與活動；再加上學生來源逐漸減少的影響，促使家長對子女教育與學校教育品質更加重視，因此親、師、生關係之建立更相形重要。

本研究發現「學校能經常辦理各種親師活動（4.21）」、「學校能經常辦理學生的各種社團活動（4.13）」、「學校能為家長說明學校的辦學理念與願景（4.14）」等三項品質因素在家長教育品質滿意度中表現相對不佳；另家長教育程度不同知覺學校教育品質「環境設施」、「課程教學」、「行政管理」三個層面之因素有顯著差異存在。研究顯示學校應加強規劃多元性的親、師、生活動，適時行銷學校辦學理念，諸如辦理家長參觀日、親職講座等，以提升家長正確教育觀及對學校辦學理念之認知；另亦應擴展學生多元的學習，如辦理學生假期活動等，均有助於學校拉近親、師、生的關係。

（三）加強校園閒置空間規劃，營造優質校園環境

近年來校園空餘教室等閒置空間逐漸增加，學校如能有效的活化校園閒置空間，將有助於學生學習活動場所的擴充；若無法有效加以規劃利用，不僅造成教育資源的浪費，亦可能成為校園的死角。

本研究發現在「環境設施」品質層面中「學校具有優質的校園建築與規劃（4.26）」、「學校閒置空間能有效做好規劃運用（4.34）」、「學校運動場地設施充足（4.35）」等三項品質因素滿意度較低，顯示學校整體環境之規劃與運用尚有努力之空間，學校若能妥善的進行校園規劃，此項滿意度當可逐

步提升。另在閒置空間之規劃上，學校將閒置空間規劃為藝文展演館、英語村等設施，延伸學生學習與活動之場域，建立校園辦學特色，提升教育品質。

（四）重視課程教學品質的提升

九年一貫課程教育改革的推動，學校積極建立「課程統整」的理念，將學科知識作有效連結，並將知識與生活加以整合，營造學校課程特色；而即將實施的十二年課綱亦應做好知識整合與課程特色之建立；另外亦經由教學的多樣化與評量的多元化來延伸學生的學習內涵及有效的評量學生的學習成效，藉以提升整體教學品質。

本研究發現，「課程教學」層面各品質因素中，除「能進行學科課程統整，讓學生獲得完整的知識（4.40）」、「能規劃適當的學習教材與教學資源（4.52）」、「能選擇適切的教學目標與評量（4.44）」等三項品質因素得分較高外，其餘品質因素之滿意度得分相對較低。因此學校應積極成立課程教學有關的專業社群，加強課程教學的規劃、設計、評鑑、研究與開發工作，逐步發展學校課程特色，建立學校本位課程。

（五）強化行政績效，建立與家長與社區的良好關係

近年來隨著教育改革步伐的加速，如「教育基本法」、「國民教育法」、「教師法」的修訂，讓家長參與學校校務有了明確的法源依據，因此，教育決策過程應採取多元參與，廣泛聽取家長與社區各方不同的意見，藉由過程的巡禮來尋求最佳策略的產出。

本研究發現在學校教育品質四個層面中，「行政管理」品質層面整體平均數得分最低，顯示家長對於「行政管理」品質層面的重視及不滿意。再探究各項品質因素，其中以「學校能經常辦理各種親師活動（4.21）」、「學校能經常辦理學生的各種社團活動（4.13）」、「學校能為家長說明學校的辦學理念與願景（4.14）」、「學校能建立家長與社區的良好互動關係（4.20）」四

項因素滿意度較低，因此學校應持續加強與家長及社區的互動，適時了解家長及社區對學校教育發展之見地，尋求對學校教育之支持，使其成為學校教育的夥伴關係，共同努力提升學校辦學品質。

（六）掌握教育脈動，完整學校教育品質

學校教育工作中，從行政管理、課程教學、人力素質、教育成效、環境設施、社區家長參與等，任何一個面向均足以撼動學校教育品質。因此，學校應隨時掌握教育脈動，審視學校整體教育品質，方不致在教育改革的洪流中淹沒。

本研究發現在家長知覺學校教育品質因素四個層面有顯著相關存在，相關係數介於 ..402 至 .744 之間；另外學校教育品質「師資素質」、「環境設施」、「行政管理」層面能有效預測「課程教學」層面，其總解釋力為60.8%。由上可知，學校教育品質因素各層面間環環相扣、互為影響，學校必須完整各項教育品質內涵，方能成就優質學校的誕生。

第十二章　校園學習社群分析

　　Roberts 與 Pruitt（2003）指出校園學習社群乃指透過校長、教師、學生、父母、以及社區人士所建立的學校學習社群。為了達成大家的共同目的與需要，對會影響學校教育品質的問題進行持續性的對話，其實施方式可分為團隊工作、研讀小組、教室觀察等。

　　本研究旨在探討校長推動校園學習社群所持的認知與實施策略。研究方法採取開放、半結構式訪談，希冀經由研究結果作為校長在推動校園學習社群之參考。

一、研究目的

　　針對上述研究動機，本研究目的如下：
　　一、探討校長對校園學習社群的認知。
　　二、探討校長對校園學習社群的實踐策略。
　　三、探討校長對校園學習社群永續發展的策略。

二、研究樣本

　　本研究以中部地區 8 所公立國民小學校長為研究對象，取樣依據為校長親自參與校內相關學習社群（教學團隊與閱讀社群），對於學習社群運作有豐富的經驗。經以立意抽樣選取 8 位校長，其中有 3 位女校長、5 位男校長，擔任校長年資從 5 年到 11 年。

三、訪談進行

　　根據文獻探討與研究目的等，編製半結構式訪談題綱，訪談內容包含二個主題：（一）學習社群已列為教育部精進課堂教學能力子計畫，請問校長您對校園學習社群理念的看法？（二）貴校學習社群已運作多年，校長又是實際的參與者，請問就校長您親自參與學習社群的經驗，學校學習社群運作過程中應有哪些策略？（三）學習社群是校園教師成長的重要機制，請問校長如何永續校園學習社群的運作？經與受訪校長溝通並取得同意後，提供訪談題綱，進行個別訪談，合計訪談 8 次，實施情形如表 28。

表 28　接受訪談人員資料表

姓名	性別	擔任校長年資	主要社群形式	編號
校長 1	男	10	自然生態教學團隊	P1/991210
校長 2	女	5	閱讀社群	P2/991214
校長 3	女	8	閱讀社群	P3/991217
校長 4	女	5	閱讀社群	P4/991223
校長 5	男	6	藝術人文教學團隊	P5/991228
校長 6	男	11	閱讀社群	P6/1000106
校長 7	男	6	閱讀社群	P7/1000111
校長 8	男	10	閱讀社群	P8/1000113

四、資料的蒐集

　　本研究除訪談資料之蒐集外，有關校內之刊物、報告以及媒體報導等均

列為重要探究內容，其中除加以編碼以保護受訪學校之隱私外，並與訪談內容作相互對照與互補。在文件編碼上依受訪談校長先後次序來將各校所蒐集之資料分別予以編碼，其情形如下：

校長 1：P11 開會通知單、P12 會議紀錄、P13 議事程序表、P14 教學成果看板、P15 活動相片、P16 教學團隊名冊。

校長 2：P21 週三進修計畫表、P22 工作計畫表、P23 成員報告摘要、P24 閱讀書目表、P26 社群名冊。

校長 3：P31 開會通知單、P32 會議紀錄、P33 社群活動計畫表、P33 社群人員名冊。

校長 4：P41 社群守則、P42 期末討論會議紀錄、P43 閱讀書目表、P44 教育議題彙整表、P45 社群名冊。

校長 5：P51 學期課表、P52 週三教師進修計畫表、P53 成員報告摘要、P54 學校網頁、P55 檔案資料夾、P56 剪報資料、P57 教育部公文、P58 獎狀、P59 教學觀摩相片、P510 校慶活動相片、P511 教育部補助經費公文、P512 教學團隊名冊。

校長 6：P61 閱讀心得專輯、P62 開會通知單、P63 會議紀錄、P64 議事程序表、P65 教學成果看板、P66 活動相片、P67 社群名冊、P68 社群討論議題。

校長 7：P71 開會通知單、P72 會議紀錄、P73 議事程序表、P74 教學成果看板、P75 活動相片、P76 讀書會人員名冊、P77 閱讀書單、P78 心得分享資料。

校長 8：P81 社群公約、P82 開會通知單、P83 會議紀錄、P84 議事程序表、P85 教學成果看板、P86 活動相片、P87 讀書會人員名冊、P88 研究議題。

五、研究的信、效度

潘慧玲（2003）認為知識建構仍是每個研究中不能不涉及的一項目的。因此，一項研究能成立的重要依據就是信實度。為建立本研究之信度與效度，研究者首先詳述研究的進行過程，以作為未來相關研究之依據；其次，

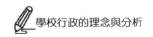

透過與校長訪談與校內外相關文件、資訊進行多重資料的三角檢證；最後，經由分析，讓研究成果可類推在類似個案研究中。

Neuman（1991）認為訪談效度可分為成員確認效度、生態效度、自然歷史（朱柔若譯，2000），因此本研究之本訪談效度如下：

（一）成員確認效度：將訪談內容分析後，交回受訪者判斷分析其適切性，經受訪者確認，並視為能夠反映其環境典範觀點，來符合成員確認效度。

（二）生態效度：研究者先取得受訪者的信賴，避免在訪談過程中，受訪者因研究者的存在而產生干擾。

（三）自然歷史：將研究計畫詳細描述，並公開說明本研究計畫之假定與實施過程以方便他人進行評估，增加本研究效度。

其次在信度方面，Patton（2001）提出以資料來源做三角檢證，在不同時間藉由不同方法來驗證所得到資料的一致性；陳向明（2002）指出三角檢定（triangulation）是指在研究中，將同一結論用不同的方法、在不同的情境和時間裡，對樣本中不同的人進行檢驗，以求獲得結論的最大真實度。因此，本研究之訪談信度如下：

（一）將所蒐集資料與訪談資料做比較。

（二）比較受訪者在相關學校文件中所發表的專文或序言。

六、研究倫理

在研究倫理部分首先告知受訪者本研究目的，並獲受訪者之首肯；其次，個案學校及受訪者皆以匿名方式處理，所有資料引用皆以編號方式呈現；最後研究結果，忠實呈現受訪者之原意，文章完成後與其共同確認文章內容，並徵詢其同意公開發表。

七、研究結果

本節依訪談題綱，將訪談結果依序列述如下：

（一）校長校園學習社群的認知

歸納不同受訪學校校長訪談結果得知，校長認為校園學習社群主要包含以下認知：

1. 社群應有共同的目

校長認為校園學習社群的成立應有共同的目的，這些目的包括促進個人專業的成長與需求、解決教師工作上問題與建立教學特色等三種。校長談到：

> ……成立學習社群主要在提升教師專業發展。……由於政府對於學校教育人員專業發展投注經費有限，因此藉由學習社群來提升學校同仁的專業發展是一個經濟又有效的方法（p1/991210）。

> ……每一個人各有不同領域的專長和經驗，如果他們願意帶著這些專長和經驗來到這個團體，藉著討論和分享一定可以提升教師和社群的專業知識（p3/991217）。

> 成立學習社群主要是想透過學習社群來提升教師專業成長進而帶動學生學習成效。……平常要聚在一起的機會不多，如果學校成立學習社群無形中便會將行政人員與教師結合在一起，透過知識與經驗的交流和分享來成長，老師也可以將獲得的知識用到教學工作（p2/991214）。

> ……教學團隊可以完成教學計畫來建立教學特色、解決教師教學

工作上的問題，不僅可以提升自己的能力，也可以幫助學校建立
特色（**p5/991223**）。

　　促進個人專業的成長與需求、解決教師工作上問題與建立教學特色是受
訪學校成立學習社群的共同目的，反映了學校學習社群不是一種隨機性的組
合，需有共同目的的支撐，正如 Bowes（2002）所提到的，學習社群應有共
同的利益、價值與目的，經由成員的溝通、合作以達成目標；周宏欣
（2009）研究亦發現，「共同願景」為社群發展最明顯之層面，顯示共同目
的在社群發展之重要性。

2. 教育人員是主要的成員

　　根據訪談發現，目前在校園所成立的學習社群大部分都聚焦在學校教育
人員的成人活動，採取鼓勵、志願的方式參加。其中社群成員除了少數行政
人員外，大部分都以教師為主。

> 我們學校的教學團隊是由與教學計畫有關的同仁參加，由行政人
> 員與 教師人數組成（**P16**），主要角色是老師，因為他們要從事
> 教學……（**p1/991210**）。

> 行政人員和老師都一起參加教學團隊（**P512**），出發點是希望讓
> 教學與行政做緊密結合，當教師的教學過程面臨困難或挑戰時，
> 能 夠 適 時 的 得 到 支 援 ， 建 立 行 政 支 持 教 學 的 氣 氛 ……
> （**p5/991223**）。

> ……考量時間的關係，所以讀書會都是學校教育同仁採自願方式
> 參加（**P26**），較不考慮家長參與的問題（**p2/991214**）。

> ……讀書會還是以老師為主體（**P33**），因為在聯繫上比較方便
> （**p3/991217**）。

我們曾經想邀請家長參加，但是他們意願都不高，……還是以學
校教師為主（**P45**）（**p4/991213**）。

……要將教師聚在一起已經不容易，要請家長參加可能難度更
高，……還是由教師自由參加（**P67**），以後有需要再考量家長
（**p6/1000106**）。

……讀書會最主要還是由教師發起，成員當中大部分為教師，行
政人員主要是校長，其餘行政人員參與人數則不多（**P76**），還沒
有考慮到校外人士（**p7/1000111**）。

……當初只是抱著試試看的心理，所以沒有考慮到家長參加的問
題，……教師為主要成員（P87），在聯繫溝通上比較方便。
（**p8/1000113**）。

　　周宏欣（2009）研究指出校園學習社群以正式教師學習社群為主。本研
究所探究的八所學校社群中，都由學校教職員所組成，缺乏學生、家長以及
社區人士的參與，此現象與周宏欣的調查發現有相同的之處。然依 Robert
與 Pruitt（2003）之見「校園學習社群的建構應有效結合行政人員、教師、
家長、學生以及社區多數人的智慧與技能」，本研究在社群成員上則尚無家
長、學生以及社區之參與，尚無法符應 Robert & Pruitt 的觀點。

3. 認同、信任、平等、尊重、分享、合作是不可或缺的要素

　　校長表示，學習社群中的每一個成員，他們的知識與經驗背景都不一
樣，在學校擔任的工作性質和教學的內容也不太一樣，因此他們來到這個社
群所抱持的觀念和態度，就變得很重要（p8/1000113）。要參加這個社群，
最起碼的條件是先要認同它，接著才會願意為社群做出貢獻（p4/991213）。

剛開始，教師來到這個社群，每個人都是你看著我、我看著你，
氣氛蠻僵硬的。……沒有人願意先開口講話，所以很容易就有冷

場……，主要原因是對社群還不熟悉，還在觀望，還沒有歸屬感
（**p8/1000113**）。

……在第一次活動中，每個人都在觀察別人的作法，如果沒有打
破這種氣氛，社群就沒辦法運作，……要告訴他們為什麼要成立
社群，社群對他們有什麼影響，讓他們慢慢的可以融入其中
（**p2/991214**）。

校長就要有帶頭作用，可以先簡單說明這個社群成立的目的與功
能，來獲得教師對社群的信任，……再一步一步的引導老師進入
社群活動（**p5/991223**）。

當教師來到這個社群，我就告訴他們在社群中可以做個人理念、
經驗與知識的分享，是幫助個人成長的好機會，……透過社群對
教師的影響來讓教師認同它（**p1/991210**）。

……教師如果可以認同社群，彼此間才會產生信任感，每一個人
才會毫無保留的付出並且和大家一起討論、研究，這樣對個人和
社群本身才會有真正的幫助（**p4/991223**）。

另外，校長亦提到社群裡面的成員彼此能夠平等、尊重對方、願意分享
他們的知識和經驗、用合作來達成社群目的以及幫助社群成長等，都是社群
很重要的因素。

我常告訴教師，社群中的每一個人應該是平等的，不能因為職務
或年資的關係而有不平等的對待，這樣人人才能暢所欲言……
（**p8/1000113**）。

……社群中的每一位成員彼此都應該相互尊重，像仔細聽對方的
發言、夠尊重對方的發言權和發言內容等，……營造相互尊重的

氣氛，對於社群的發展和運作才有幫助（**p7/1000111**）。

……「分享」是很重要的觀念，如果每一個人都只是想從別人身上得到知識，而不願意將他的知識和別人分享，社群就沒有存在的意義……（**p5/991223**）。

……只有成員懂得分享才能提升自己和社群的知識，這樣社群的存在才有實質的意義（**p1/991210**）。

……我認為「合作」才能集合每個人的想法與經驗，才能有效解決問題，完成共同目的……（**p5/991223**）。

學校社群的成立都有它的目的，需要不同成員集思廣益、腦力激盪產生良好的互動，才能完成目的，所以合作是很重要的……（**p7/1000111**）。

在訪談的校長中，對於校園學習社群提出了認同、信任、平等、尊重、分享、合作幾個要素，而這些要素也決定了校園學習社群的發展。Wilson, Ludwig-Hardman, Thornam 與 Dunlap（2004）曾提出學習社群的組成應包含認同、合作等要素；蔡進雄（2006）指出學習社群應透過平等對話與分享討論的學習方式，來促進組織目標的達成；何文純（2005）的研究中亦發現，「分享實務」、「分享決策」是學習社群層面運作中最明顯的。校長在校園學習社群運作的實際經驗支持上開學者之論述與研究。

（二）校長在校園學習社群的實踐策略

從不同學校校長所經歷之社群實踐加以分析，可歸納出以下策略是校園學習社群運作不可或缺的：

1. 先從學校同仁觀念的改變做起

校長提到，學習社群並不是每一位教師都願意參加，因此改變成員的觀

念和想法就變的很重要（p1/991210）。要讓學校同仁知道，現在是一個團隊時代，社群可以幫助每個人的成長，共同解決所面臨的問題（p6/1000106）。

> 就我的觀察，大部分的教師都還是比較習慣自己做自己的事，和別人共同分享討論的意願不是很高，所以觀念很重要…..（p1/991210）。

> ……要成立學習社群就先要從教師的觀念來改變，讓他們知道學習社群可以幫助他們成長，解決他們所遭遇的各種工作上的問題……（p6/991223）。

> ……從很多文章雜誌可以發現，現在的社會重視團隊合作，是一個團隊的時代，應先讓教師有這樣的認知……（p5/991223）。

> ……讓老師了解到有很多教學或學生輔導的問題，是可以由大家集思廣益共同來解決的，而不應該由教師單打獨鬥……（p3/991217）。

Spillane 與 Louis（2002）認為校園專業學習社群應該能支持教師個人的成長和觀念的改變。上述校長提到應讓教師改變團隊合作而非單打獨鬥的觀念，將有助於教師成長與解決問題的需求之論述，與上述學者之主張頗為相符。

2. 讓「反省」成為教師成長的動力

校長強調，要讓「反省」成為教師成長的動力，透過個人的反省來了解自己不足的地方，然後便會產生想讓自己向上提升的動能（p7/100111）。

> ……「反省」可以讓教師免於自滿、發現問題、產生新的理念以及知道自己不足的地方，激發教師參與的動機（p7/1000111）。

> 要讓教師知道，透過每一個人智慧的集結可以解決自己所面對的

問題，或挑戰以及充實自己的知識，……「反省」是教師參與社群的動力（**p4/991223**）。

……為了鼓勵教師參加社群，我都會鼓勵教師思考他們的需要和目前遭遇的問題，並將這些需要和問題列入社群探討的主題（**P88**），……能夠激勵教師參與社群活動的意願……（**p8/1000113**）。

反省是成員成長的動力，讓教師反省所產生的問題作為社群探討的議題，有助於教師參與學習社群，正如 Roberts 與 Pruitt（2003）提出教師反省及教學實務上的需求有助於協助營造學習社群，所以讓教師深思反省感到自我之不足，是教師參與社群的重要動力；黃秀莉（2008）研究中亦發現，學習社群運作過程中「省思」與「協作」是最先出現的，此研究發現與本研究校長在學習社群的實踐經驗頗相符合。

3. 校長應協助同仁提升學習社群的知能

校長強調，社群知識的提升是進入學習社群前的重要功課（**p5/991223**）。當學校教師有意願參與學習社群，校長便有義務來協助教師提升學習社群的相關知識與技能，避免讓他們剛接觸社群，便遭遇挫折感而感到害怕（**p8/1000113**）。校長談到：

……改變教師的觀念只是開始，讓教師擁有社群運作的知識和能力才是重點（**p5/991223**）。

校長應該協助老師成長，讓他們在參與學習社群的時候知道如何運作，和別人有較好的互動，……避免一開始有挫折感，降低參與意願……（**p8/1000113**）。

校長有義務協助社群成員提升社群的知識與能力，正如 Elmore（2000）談到校長有責任去提升學習社群成員相關得技巧、態度和知識，並

且創造出成員能使用此技巧和知識的文化。由上可知，校長在校園學習社群扮演重要的角色，如能親自參與並協助教師成長，將有助於學習社群的發展。

4. 校長參與社群會有正向功能

校長表示，校長參與學習社群有助於提升教師進入學習社群的動機（p6/1000106）。一般教師都會以為校長不喜歡教師組成小團體，怕會對學校行政帶來一些問題，所以常常對參與社群也會有所顧忌。因此校長如果能夠參與學習社群，就可以充分表達校長支持學習社群的意志，免去教師籌組社群的疑慮（p7/1000111）。校長表示：

> ……教師對於籌組類似學習社群的動作不是很積極，因為害怕被行政貼上標籤。……校長如果能以身作則，籌組、支持及參與學習社群，就會有效的免去教師的一些疑慮（**p6/1000106**）。

> ……通常教師會害怕學校行政尤其是校長會對教師籌組團體不給予支持，因此會產生疑慮，怕造成教師和行政的對立（**p7/1000111**）。

校長在社群中也要發揮他的功能，校長指出：

> ……校長也要遵守社群的規定（P41），拋開校長的角色，把自己當作社群的一員，跟其他成員一樣要懂得分享，包括權利、資源、知識和經驗等，……校長的帶頭作用，成員的互動就會慢慢的熱絡起來（**p4/991223**）。

Clark 與 Astuto（1994）曾提到，培育校園專業社群，校長的角色是複雜的和充滿挑戰性的，因為他必須專注於一種專業實踐的倫理與同僚的規範上；何文純（2005）研究指出「分享實務」和「分享決策」是學習社群中表現最明顯的面向。因此校長在建構校園學習社群，除了需說服教師的疑慮

外，亦必須遵守社群在運作時的相關規範以及專業倫理，並且能充分的分享他（她）的領導權、知識、經驗及資源，建立一種溫馨的社群氣氛。

5. 透過行政手段協助社群活動時間與環境的安排

校長深深感受到，時間的配合和活動環境的安排是社群運作最重要的關鍵（p1/991210）。因為社群成員的教學時間與工作性質不一，所以要能全部出席討論是一大挑戰，因此校長應透過行政的機制，來安排社群共同活動的時間和場地（p5/991223）。

> ……因為每一位老師的教學時間和工作性質不大一樣，所以要安排聚會就非常需要行政給予支持，……先前就要做課表安排（P51）或者是利用週三下午的時間（P52）（p5/991223）。

> ……國小有週三下午時間可安排，但仍須配合校內教師進修活動，所以在剛開學的時候，就會將這學期的週三進修排定（P21），其餘時間就可以運用……（p2/991214）。

> ……週三下午是可以安排的時間，如果週三下午無法安排，有時候也會利用放學後之時間聚會（P11、P13）（p1/991210）。

Hoy 與 Miskel（2007）提到，學習社群在初期運作階段可能面臨社群活動的空間規劃以及課程教學的時間安排等問題，學校領導者必須給予適時的援助；Wilson, Ludwig-Hardman, Thornam 與 Dunlap（2004）強化學習社群的策略包括建構安全與支持的環境；張淑宜（2009）、丁琴芳（2007）等人研究亦指出，「結構層面的支持」為學習社群發展運作中最明顯的層面。而本研究中校長亦提到社群時間與環境的安排是社群面臨的問題，而此問題乃屬學校結構層面之問題，因此行政的支持將能有效解決上述兩個因素。

6. 訂定學習社群運作規範

校長有感而發的表示，就像在玩遊戲一樣，要先有一些遊戲規則才能順

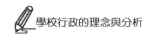

利的進行遊戲（p8/1000113）。為了要有效提升社群運作成效，「社群規範」的擬定有絕對的必要。

> ……我會和成員討論各項運作的規範（**P81**），因為總不能讓成員想來就來，不想來的時候就不來，這樣社群根本就無法運作……（**p8/1000113**）。

> ……此外要透過開放的討論來結合全體成員的共識，訂定學習社群的運作規範（**P13**），讓它成為一個有制度的學習社群（**p1/991210**）。

> 我會先和成員共同討論一些請假的規則（**P41**），但原則上還是以鼓勵的方式來規劃，避免一開始便給教師帶來壓力……（**p4/991223**）。

> 我會和成員探討社群運作的方式，比如說，討論會議議程，先由會議主持人報告，接著是負責當次會議主題分享者報告，然後開放成員討論，再由報告者針對成員意見來說明，最後會議主持人來做最後結論（**P31**、**P32**）……（**p3/991217**）。

> 我會請成員提供他們所要探討的議題和閱讀的書籍（**P22**），在針對成員所提出的資料，大家共同討論來排定時程……（**p2/991214**）。

> 為了日後社群成果的管理，我會和全體成員討論資料的保存方式，做好資料整理的工作，例如書面報告的格式（**P53**）、建置社群網頁提供分享（**P54**）、以及資料建檔的分類與保存方式（**P55**）等（**p5/991223**）。

校長認為社群規範的建立是維持社群正常運作的重要策略，透過社群規

範的實踐才能提升社群運作的成效，此實踐經驗與 Kruse,Louis 與 Bryk（1995）所提出，學習社群的運作過程中應有共享的價值與規範，來建立學習社群的基礎；Australian National Training Authority（2003）認為建構社群的永續性應建立社群規範等之理念相一致。

(三) 校長對校園學習社群永續發展的策略

校園學習社群的推動最害怕的就是流於形式，因為不僅會造成時間與體力的浪費，對於校園學習文化的建立也是一種打擊。

1. 要做好學習社群績效的檢視

校長表示，任何行政作為都應該要做出績效，校園學習社群是校內很重要的成長機制，所以應該讓它能充分發揮功效，這樣社群的存在才有它的實質意義（p5/981223）。

> 我們的教學團隊配合學校的本位課程在校內已經實施多年，因為經過一段時間便有一些成果出現（**P14**、**P15**），無形中給了教師一些誘因，……成員雖然有流動，但很快就會有新成員加入（**P16**）……（**p1/991210**）。

> ……前幾年我們獲得教育部教學卓越獎的殊榮（**P56**、**P57**、**P58**），也建立了學校特色，讓學校和教師對於這個團隊更加給予肯定，也激勵了教師參與的意願（**p5/991223**）。

> ……這幾年把老師閱讀書籍的心得集結成冊（**P61**），透過展示和在圖書室陳列的方式，供學校同仁和學生分享，……呈現社群的具體成效，成員本身也有所成長，也帶動了閱讀風氣（**p6/1000106**）。

> 讓教師會在晨會分享他們的閱讀心得（**P23**），告訴其他教師他們

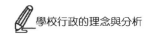

的收穫，有助於教師選擇參加社群的動機……（**p2/991214**）。

……對於已經有具體成效的教學策略，會利用教學觀摩會或校慶時展示教學成果（**P59、P510**），讓教師知道社群可以幫助他們成長（**p5/991223**）。

校長認為學習社群要持續發展，就應建構績效檢視，而績效內涵包括社群目的的達成、社群成員的成長、閱讀風氣的形成、學習分享的氣氛等，正如高博銓（2008）提出學習社群的發展應能確保學校教育的革新以及教師本身的成就感與專業認同感。因此，學習社群績效的檢視和肯定對於學習社群的持續發展有著密切之關係。

2. 社群運作的轉型

校長強調，社群運作一段時間後，總是有一些人會感到厭倦與枯燥，所以轉變不同的議題延續社群成員的熱忱與動力（**p3/991217**）。

……教學計畫完成後，社群成員共同討論，重新擬定新的計畫及招募新的成員。……先前我們以藝術人文領域作為教學計畫主軸，在獲得教育部教學卓越獎的獎勵後，就有成員提議配合學校堅強的資訊教師群，改由資訊融入教學作為新的教學研究專題，……該專題計畫獲得教育部資訊種子學校經費補助（**P511**），……重新招募有意願及相關領域的教師加入社群（**P512**）（**p5/991223**）。

我們每一年都會安排要閱讀的書籍（**P24**），除了教育類書籍外，也安排勵志性的書籍供教師閱讀，……轉換不同的閱讀內容，可以避免教師感 到乏味，也可以增加不同領域的知識，給教師不同的體驗與嘗試……（**p2/991214**）。

在學年結束前我們會討論下學年要規劃的活動（**P42**），原則上我

們會安排一學期閱讀書籍（**P43**），下學期改為以教育相關議題作為探討的主題（**P44**）……（**p4/991223**）。

我們會彈性規劃閱讀書籍與探討主題交叉進行（**P33**），讓教師能獲得多元的成長，不會對同樣模式感到厭倦……（**p3/991217**）。

社群的轉型在消極面可避免社群成員重複同一事件而感到厭煩，在積極面則可以開拓社群成員知識涉獵的層面，有助於延伸知識的觸角。校長認為教學團隊、讀書會等校園學習社群運作內涵可彈性化，做適度的轉變，此觀點與 Coalition for Community Schools（2009）提到社群目標應能連結成員專長，並且對於社群能做深度有系統的改變之觀點一致。

3. 建立校園的學習文化

校長談到，學習社群的推動是希望進一步建立校園學習文化（**p6/1000106**）。

從社群籌畫到有了初步的績效，是一段很辛苦的過程，……從成員的觀望到全心投入社群的運作，進而交出社群的成績單（**P14**），獲得成員的認同，是需要不斷的努力、溝通與調適……，最後才能讓教師學習成長，把學習當成一件快樂的事（**p1/991210**）。

當我們看到社群穩定成長後，學習氣氛慢慢的在校園蔓延，……讓教師知道除了鼓勵學生學習外，自己也可以學習，我想這就是一種學習文化（**p6/1000106**）。

我們的讀書會是因為觀摩其他學校的作法而產生的，從剛開始的摸索到有制度的運作是經過很多次的討論與協調的結果。……現在大家都駕輕就熟，都把它當作例行性的工作（**p3/991217**）。

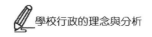

……現在學校讀書會讓老教師感覺到真的可以幫助教師成長，教師自己也覺得在讀書會裡面和成員相互討論、腦力激盪，好像又回到學生時代的學習狀況，感受到學校這種學習氣氛真好，……慢慢的教師喜歡參與學習活動（**p4/991223**）。

……利用教師晨會時間，教師一起分享知識與經驗時（**P78**），常常會看到教師專注的眼神，……有教師甚至表示如果可以他也希望有機會能與其他教師一起學習、一起分享，讓我感受到學習正在發生（**p7/1000113**）。

……現在我們已經依教師的專長成立各種不同的教學團隊（**P512**），如藝術人文教學團隊、語文教學團隊、資訊科技教學團隊，……我們希望不斷的共同成長與學習、讓學習成為校園的一種氣氛、一種文化（**p5/991228**）。

　　黃秀莉（2008）研究指出「學習社群有助於學習文化的形成」；蔡進雄（2003）認為學校領導者建立教師學習社群的具體作為包括建立校園學習型組織。本研究受訪校長認為，建立校園學習社群的永續發展，有助於社群成員與學校整體的成長，進而催化校園學習文化的誕生，此實踐經驗與上述研究結果及論述頗為一致。

八、結論

　　由受訪校長參與校園學習社群的實踐訪談過程中可得到以下結論：

（一）校長校園學習社群的認知已臻成熟，值得大力展推

　　（一）校園學習社群之組成首先應有共同的目的來凝聚社群成員的向心力，這些目的包括個人專業的成長與需求、解決教師工作上問題與建立教學

特色。

（二）為有效推動校園學習社群運作已建立良好績效，社群中的每一位成員應秉持認同、信任、平等、尊重、分享與合作等信念來參與社群。

（二）校長在校園學習社群的實踐策略可進一步擴大實施

（一）受訪學校所推動之校園學習社群，在成員組成部分均傾向於由教育人員所組成之團體，較缺乏學生、家長與社區人士之參與，因此可鼓勵上述人員參與，讓教師與家長共同成長。

（二）校園學習社群的實踐首先應從學校同仁觀念的改變做起，讓同仁了解團隊合作時代的來臨。

（三）鼓勵學校同仁透過「反省」機制來感知自己的不足與面臨的困境，進而能進一步透過社群來追求自我的成長與問題的解決。

（四）當學校同仁有參與社群動機之後，校長應提升學校同仁社群知識，避免讓同仁在參與社群運作中產生挫折感，並應讓學習社群的運作與成員需求做連結，以提升成員對社群的向心力。

（五）當學習社群成立後，應訂定相關社群規範，作為社群運作的準則。

（六）校長應親自參與社群，透過知識、資源、決策與經驗等的分享，給予社群適度的支持，並與社群成員共同解決社群可能遭遇的問題。

（三）校長對校園學習社群永續發展的策略，可作為學校永續發展學習社群之策略

校長認為要促進校園學習社群永續發展，其方法包括社群運作的績效檢視、社群的轉型以及建立校園學習文化等。

九、發展趨勢

（一）社群成員可鼓勵學生、家長或社區相關人員加入

　　學校、社區與家長是學校教育的生命共同體，如能相互融入、共同成長，相信對於學校整體辦學品質的提升、個人需求的滿足與成長將帶來實質的效益。

　　歸納本研究八所學校學習社群成立之目的不外個人專業的成長與需求、解決教師工作上問題與建立教學特色。整體而言，個人成長與需求的滿足有助於其在學校工作的專注與投入；解決教師工作上問題與教學計畫實踐，則更直接受益於教學工作的成效。因此，上述與教學成效有關的社群組織當不能完全脫離學區與家長甚至於學生的參與，抽離了學生、家長與社群的參與，可能將導致日後運作不良、溝通不順的困境，畢竟在顧客導向的教育市場中，忽略了顧客的要素將可能讓教育產生缺憾。綜上，校園學習社群的組成，可視學習社群組成的共同目的與需求，適時邀請學生、家長或社區人士參與，以收資源整合、知識整合以及意見整合之效。

（二）在學校人力許可下，可同時規劃不同目的之學習社群，呈現多元特色

　　學校是一個聲音豐富、人才濟濟、承擔多重任務，是一個生態多元且豐富的組織。因此，為建構全方位的學校辦學特色，校園學習社群的多樣性將有助於學校知識觸角的延伸，知識型學校的建立。

　　在學校人力、設備與資源等許可下，學校可因應不同的行政與教學上之需求，來成立不同的學習社群作為知識成長與問題解決的互動團體。例如本研究透過閱讀書籍成長的讀書會以及專案教學計畫的教學團隊等，均可同時存在於學校組織中。此外，如當前存在學校運作許久的教學研究會，以及因應九年一貫課程所籌組的領域課程小組等，都可帶入學習社群的理論概念來

提升其運作成效，透過個人與社群知識的成長來提升學校組織知識的豐富性。

（三）校長支持校園學習社群，應同時培養社群領導人

領導權的分享有助於學校轉型為學習社群。

由本研究所訪談八所學校之學習社群發現，在學習社群成立初始，校長扮演了引領者與促進者的角色，由於校長親自參與並予以一定程度的支援，對於校園學習社群發展產生相當的效益。然而，要使學習成為校園的文化，讓學習社群成為學校理論與實踐融合與發展的場所，校長有必要透過領導權的分享來建立各社群的領導人，由社群本身所推選的領導人來進行社群活動的規劃、討論、反省、分享與合作等，讓社群成員能在社群運作中自然成長，學習新的知識與技能來改善他們的教學效果與學生的學習成效。

（四）建構個人、社群與組織知識的循環與運用

知識只是一種工具，其價值在於運用。社群的運作有助於社群成員與社群本身知識的成長，但是如果知識無法做有效的管理與運用，將無法為學校帶來實際的效益。

由本研究八個訪談學校在實施校園學習社群之運作成果可發現，無論就學校內部知識的整合或校外辦學成果的績效表現，已有具體的成效與運作模式，相信在日後社群的運作上將會更加的順暢與有效。然而，知識的產生只是一個開始，學校如何將個人與社群知識納入學校整體知識中，將個人層次、社群層次、學校層次之知識將以整合、運用，以提升學校知識創新的績效，方能為個人與學校帶來雙贏的情境。因此，學校應施以知識管理的理念，做好學校知識管理的工作，建構校園知識分享、存取、擴散、溢出與創新的工作，以成就一個知識豐富的校園文化。

第十三章　校長領導、教師學習社群與教師專業發展分析

　　對學校而言如何推動教師專業發展卻是一項艱鉅的任務，因為學校組織成員之間，彼此關係看似互相連結但卻又保持各自獨立性 Weick（1976），若由學校行政全力主導，恐會造成「上有政策，下有對策」的反效果，無法有效促成教師專業發展，若由教師自行主導，又怕會欠缺動力及資源整合而效果不佳；因此，近年來許多研究都指出，透過教師專業社群的途徑，可以協助教師專業發展並對於教師專業發展具有正面的影響力（馮丰儀，2007；蔡進雄，2003，2009）。

　　學校應落實推展教師社群以提升教師專業發展，但由於大多數的教師，在學校習慣各自努力而鮮有互動，所以，要如何才能有效推展學校內的教師社群運作，校長領導將是影響教師社群發展的重要因素，許多學者指出校長是影響學校發展的關鍵人物，校長的領導型態將會影響到教師社群的凝聚與發展（蔡進雄，2009；Scribner, Cockrell, Cockrell & Valentine, 1999）。

　　本研究目的在探討校長領導、教師學習社群與教師專業發展關係，今將研究過程與結果及未來發展說明如下：

一、研究目的

　　根據上述研究動機，本研究目的如下：

　一、了解國民小學校長領導、教師學習社群和教師專業發展的相關情

　　形。

二、探討國民小學校長領導、教師學習社群對教師專業發展的影響關
　　係。

三、探討國民小學校長領導、教師學習社群對教師專業發展的解釋
　　力。

二、研究架構

　　依據研究動機與目的，並綜合文獻探討與分析，擬定本研究架構如圖
8。本研究以校長領導（塑造願景及目標、著重教學改善、激勵教師學習、
營造合作信任的環境四類）、教師學習社群（組織運作、精進教學、合作學
習、專業對話四類）為解釋變項，教師專業發展（課程設計與教學、班級經
營與輔導、研究發展與進修、敬業精神與態度四類）為反映變項。本研究以
AMOS 進行結構方程分析，首先，探討校長領導、教師學習社群與教師專
業發展之相關；接續分析校長領導、教師學習社群對教師專業發展之影響效
果；最後則進一步分析校長領導、教師學習社群對教師專業發展之解釋力。

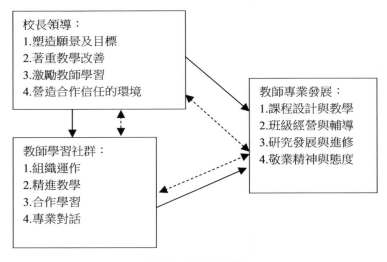

圖 8　研究架構

三、研究對象與取樣

　　首先在預試樣本方面，隨機抽取五個縣市國民小學各 5 所，每校發放問卷 6 份，共 150 份，計回收問卷 148 份，進行問卷預試；其次，在正式樣本部分，在排除預試樣本學校後，依據教育部 100 學年度中部地區各縣市國民小學總數為 835 所（苗栗縣 121 所、台中市 234 所、南投縣 149 所、彰化縣 175 所、雲林縣 156 所），依學校數比例作為抽樣校數之依據，採分層隨機抽樣，選取 100 所公立國民小學教師為研究對象，每校寄發問卷 7 份，計發放問卷 700 份，回收 633 份，剔除無效問卷 19 份，共計有效問卷 614 份，有效問卷回收率為 87.7%。Roscoe、Langc 與 Sheth（1975）曾提出，在多變量研究中，樣本規範應數倍於研究變項題目，且最好是 10 倍以上；Ghiselli、Campbell 與 Zedeck（1981）亦認為，如研究涉及到量表的使用時，研究樣本數最少需為題數的 10 倍。本研究變項三個層面共有題數 60 題，依據上述學者之見解，樣本數至少為 600 份，本研究有效問卷為 614 份，已具研究代表性，有效樣本基本資料如表 29。

表 29　有效樣本基本資料

變項	類別	次數
性別	男	241
	女	373
	合計	614
服務年資	5 年以下	96
	6-10 年	114
	11-15	155
	16-20 年	168
	21 年以上	81
	合計	614

變項	類別	次數
最高學歷	師大或師院（含一般大學教育系）	336
	一般大學	141
	研究所以上（含 40 學分班）	137
	合計	614
學校班級數	6-12 班	121
	13-24 班	203
	25-48 班	197
	49 班以上	93
	合計	614

四、研究工具

本研究依據文獻探討所獲得之變項層面據以編製相關問卷。所設計之問卷包括三個量表用以測量校長領導、教師學習社群與教師專業發展之關係。其中校長領導量表分為塑造願景及目標、著重教學改善、激勵教師學習、營造合作信任的環境等四個分量表，題數共計 20 題；教師學習社群量表分為組織運作、精進教學、合作學習、專業對話等四個分量表，題數共計 19 題；教師專業發展量表分為課程設計與教學、班級經營與輔導、研究發展與進修、敬業精神與態度等四個分量表，題數共計 21 題。所設計題項作答方式皆採用李克特（Likert）四點量表，視受試者對題項之感受填答，從「非常不同意」、「不同意」、「同意」到「非常同意」，依序給予一到四分的評等。

五、問卷之效度與信度

（一）問卷信度分析

本研究三個研究量表「校長領導」、「教師學習社群」、「教師專業發展」

之信度分析，其 Cronbach's α 係數分別為 .922、.948、.936。校長領導之四個分量表信度值分別為塑造願景及目標 .856、著重教學改善 .916、激勵教師學習 .887、營造合作信任的環境 .896；教師學習社群四個分量表信度值分別為組織運作 .885、精進教學 .902、合作學習 .906 以及專業對話 .894；教師專業發展四個分量表信度值分別為課程設計與教學 .903、班級經營與輔導 .914、研究發展與進修 .896、敬業精神與態度 .887，各個研究構面 Cronbach's α 係數均大於 .7，依據 Cuieford（1965）提出 α< .35 為低信度， .35≦α< .7 為中信度，α≧ .7 為高信度，因此本研究所建構之理論層面具有良好信度。

（二）問卷效度分析

為探求本研究理論層面之適配度，採 AMOS 二階驗證性因素分析，並參考 Hair, Anderson, Tatham 與 Black（1998）、Dunn, Everitt 與 Pickles（1993）、Joreskog 與 Sorbom（1989）、邱政皓（2004）、周子敬（2006）等人所論述整體適配標準作為分析之依據。統計分析結果校長領導、教師學習社群及教師專業發展三個層面卡方檢定不顯著，分別為校長領導 χ^2 =33.43，df =16，$p>$ .05、教師學習社群為 χ^2 =39.89，df =18，$p>$ .05、教師專業發展為 χ^2 =13.16，df =6，$p>$ .05；其平均近似值誤差平方根（RMSEA）分別為 .02、.00、.00，標準化假設模型整體殘差（SRMR）分別為 .02、.01、.01，兩者均符合小於 .05 適配度良好之要求；其次適配度指數（GFI）分別為 .98、1.00、.99，調整後適配度指數（AGFI）分別為 .94、.97、.95，基本適配指數（NFI）分別為 .91、.99、.98，比較適配指數（CFI）分別為 .97、1.00、.99，上述分析皆符合大於 .9 之要求。依據統計分析結果並參照上述學者之論點，本理論層面適配良好，理論層面獲得適當支持，可作為檢測之依據。

另在測量模式之收斂效度與信度分析方面，各測量模式最佳配適度模式之因素負荷量皆大於 .5 以上，且 p 值達 .05 顯著水準；組合信度（CR）介

於 .63 到 .89 之間，符合 Fornell 與 Larcker（1981）建議值 .6 以上；另平均變異抽取量（AVE）介於 .52 到 .71 之間，全部大於 Fornell 和 Larcker 建議值 .5 以上，故本測量模式具有一定水準的收斂效度與信度。

六、研究結果與討論

（一）校長領導、教師學習社群及教師專業發展之相關分析

就校長領導、教師學習社群與教師專業發展之間的相關性加以探討，經皮爾遜積差相關（Pearson product-moment correlation）分析結果，如表 30、表 31 及表 32。由表 30、表 31 及表 32 可知，除教師專業發展的「敬業精神與態度」與教師學習社群的「組織運作」、「合作學習」與「專業對話」三個層面未達 .05 顯著水準外，三個變項之分層面彼此間均呈現顯著正相關（p< .05）。校長領導與教師學習社群各層面之相關介於 .135 至 .419；教師學習社群教師專業發展各層面之相關介於 .142 至 .335 之間。綜合論之，三個變項分層面彼此間皆為正向關聯。另外，在變項整體層面之相關方面，由表 33 得知，三者間之相關系數皆為正值，且皆達 .05 顯著水準，相關係數介於 .29 至 .39，三者間呈現正向關聯。

表 30　校長領導與教師學習社群相關分析摘要表

	塑造願景及目標	著重教學改善	激勵教師學習	營造合作信任環境
組織運作	.344（**）	.309（**）	.338（**）	.288（**）
精進教學	.317（**）	.419（**）	.337（**）	.218（**）
合作學習	.214（**）	.263（**）	.151（**）	.135（**）
專業對話	.292（**）	.338（**）	.289（**）	.142（**）

** p<.01

表 31　校長領導與教師專業發展相關分析摘要表

	塑造願景及目標	著重教學改善	激勵教師學習	營造合作信任環境
課程設計與教學	.326（**）	.255（**）	.201（**）	.212（**）
班級經營與輔導	.323（**）	.142（**）	.178（**）	.200（**）
研究發展與進修	.297（**）	.231（**）	.213（**）	.173（**）
敬業精神與態度	.335（**）	.220（**）	.231（**）	.284（**）

** p<.01

表 32　教師學習社群與教師專業發展相關分析摘要表

	課程設計與教學	班級經營與輔導	研究發展與進修	敬業精神與態度
組織運作	.177（**）	.173（**）	.252（**）	.065
精進教學	.320（**）	.254（**）	.303（**）	.150（**）
合作學習	.213（**）	.176（**）	.229（**）	.067
專業對話	.244（**）	.215（**）	.241（**）	.068

** p<.01

表 33　校長領導、教師學習社群及教師專業發展之相關分析摘要表

	校長領導	教師學習社群	教師專業發展
校長領導			
教師學習社群	.39**		
教師專業發展	.35**	.29**	

** p<.01

由上述分析可知，無論就變項分層面或整體層面之關係而言，校長領導、教師學習社群與教師專業發展三者間之關聯皆為正向，但相關係數普遍不高，顯示尚有其他影響因素。另外，值得探討的是教師專業發展的「敬業精神與態度」與教師學習社群的分層面大部分未達顯著相關，而達相關的係數（.150）亦不高，研究顯示教師「敬業精神與態度」尚有其他相關影響因素。

（二）校長領導、教師學習社群及教師專業發展結構方程模 式圖與分析摘要表

　　本研究就校長領導、教師學習社群對教師專業發展的影響力與預測力加以探討，其整體影響關係模式圖，如圖 9；整體模式（結構方程模式）之標準化迴歸加權估計數據與內容，如表 34；徑路分析值，如表 35；整體模式中複迴歸分析數據與內容，如表 36。

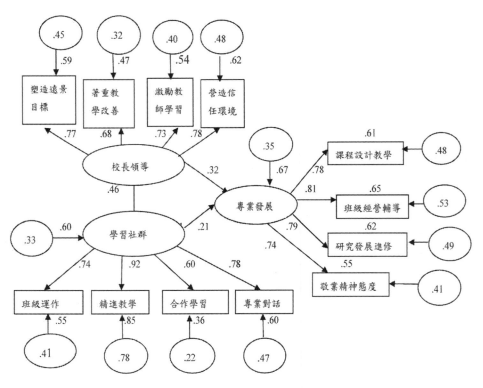

圖 9　整體影響因素關係之模式圖

表 34　標準化迴歸加權數值摘要表

變項關係 迴歸係數（regression weights）	標準化 估計值（β 值）	p 值
校長領導→教師學習社群	.46***	.000
教師學習社群→教師專業發展	.21**	.007
校長領導→教師專業發展	.32***	.000

p<.01；*p<.001

表 35　路徑分析各項效果值摘要表

路徑分析	直接效果	間接效果	總效果
校長領導→教師學習社群	.46		.46
教師學習社群→教師專業發展	.22		.22
校長領導→教師專業發展	.32		.32
校長領導→教師學習社群→教師專業發展	.46	.09	.55

　　由圖 9、表 34 及表 35 可知，標準化估計值代表標準迴歸係數值（β值），即變項間的路徑係數，此路徑係數值為標準化直接效果值。此三個路徑係數值均達 .05 的顯著水準，且 β 值均為正數，表示校長領導對教師學習社群（β 值=.46，p=.000<.05）及教師專業發展（β 值=.32，p=.000<.05）皆具直接正向影響效果，亦即校長領導對教師學習社群及教師專業發展皆具有顯著直接正向的影響效果，其效果值分別為 .46、.32；而教師學習社群對教師專業發展亦達顯著水準，亦即教師學習社群對教師專業發展具有顯著正向影響效果，其效果值為 .21；校長領導對教師學習社群及教師專業發展皆具有顯著直接與間接正向的影響效果，其總效果值為 .55。針對此方面，許多學者的研究也指出，教師學習社群可以促進提升教師專業發展（施心梅，2010；張基成，1998；楊深耕，2001b；彭煥勝、吳璟，2001；Jonathan et al, 2010）與本研究有謀合之處。然而依據本研究結果顯示，透過教師學習社群

學校行政的理念與分析

對教師專業發展的影響不如校長領導的影響效果，細究其可能之原因，研究者認為目前國小教師學習社群因政府尚未全面推展，對教師相對較為陌生，因而教師對此一團體之運作功能還未能充分了解與掌握，以至於造成無法有效運用教師學習社群來提升教師專業發展，值得政府在推動校園學習社群時做更深入之省思與探討。

表 36　校長領導、教師學習社群對教師專業發展複迴歸分析摘要表

多元相關係數平方（R^2）	
教師學習社群	.35
教師專業發展	.47

　　另再由圖 9 及表 36 可知有二條結構方程式，其多元相關係數的平方（R^2）分別為 .35、.47，根據模式圖（圖 9）可知：透過校長領導的變項可以解釋「教師社群」變項 35%；而透過校長領導與教師學習社群的變項可以解釋「教師專業發展」變項 47%。研究顯示校長領導、教師學習社群對教師專業發展之解釋力不高，顯示尚有其他變項因素影響教師專業發展，值得後續相關研究進一步加以探討。

（三）綜合討論

　　本研究旨在分析校長領導、教師學習社群與教師專業發展之關係。首先就各變項之相關分析來看，本研究所獲致結果與過去大部分研究（馮丰儀，2007；林官蓓，2007；DuFour, Eaker, & DuFour, 2005；Hord, 2004；Tool & Louis, 2002）頗能相互呼應，亦即校長領導、教師學習社群與教師專業發展有直接正向關聯。惟值得指出的是，雖然三個變項間彼此有正向關聯，但相關係數不高，此與上述研究結果之相關係數有所差異，上述研究相關係數普遍高於本研究結果，此現象可做為後續研究之參考；另外教師專業發展的「敬業精神與態度」與教師學習社群的分層面大部分未達 .05 顯著水準，基

本上教師的敬業精神與態度較受到師資養成過程的影響頗多，以及教師本身
對於此項工作的重視程度，因此未呈現顯著相關有其合理性。

　　其次，再就校長領導、教師學習社群對教師專業發展之影響可發現，校
長領導與學習社群對教師專業發展有其直接與間接之影響效果，其值介
於 .22 至 .55 之間；再探究其預測力則介於 .35 至 .47 之間，此研究結果與國
內外相關研究與論述（施心梅，2010；張基成，1998；楊深耕，2001b；彭
煥勝、吳璟，2001；Jonathan et al, 2010）亦能相互呼應，唯值得一提的是其
影響效果值與預測力並不高，顯示尚有其他因素影響教師專業發展，值得再
深入加以探究。

七、結論

　　本研究旨在探討國民小學校長領導、教師學習社群與教師專業發展之關
係，以問卷調查法針對中部地區 5 縣市之國民小學教師加以施測，並進行統
計分析。根據分析結果與討論，本研究提出以下結論：

（一）校長領導、教師學習社群及教師專業發展三個變項具有正向低度相關

　　為了解校長領導、教師學習社群與教師專業發展三者間之關聯性，本研
究進行變項間之相關分析。就變項整體層面之相關而言，三者間皆呈現顯著
正相關；另就變項分層面之關聯而言，三者間除了教師專業發展的「敬業精
神與態度」與教師學習社群的分層面大部分未達顯著相關，而達相關的係數
亦不高外，其餘分層面皆呈現顯著正相關，由此可窺知，三者兼有息息相
關、密不可分之關係。

學校行政的理念與分析

（二）校長領導、教師學習社群對教師專業發展有顯著直接與間接正向影響效果

　　本研究為了解校長領導、教師學習社群對教師專業發展之影響效果，透過徑路分析得知校長領導對教師學習社群及教師專業發展皆具有顯著直接正向的影響效果、教師學習社群對教師專業發展具有顯著正向影響效果、校長領導對教師學習社群及教師專業發展皆具有顯著直接與間接正向的影響效果，由上可得知，校長領導、教師學習社群對教師專業發展具有正向直接及間接的影響。

（三）校長領導、教師學習社群對教師專業發展具有正向預測作用

　　為了解校長領導、教師學習社群對教師專業發展之預測力，經由迴歸分析可知透過校長領導的變項可以解釋「教師社群」變項35%；而透過校長領導與教師學習社群的變項可以解釋「教師專業發展」變項47%。由研究結果可知校長領導、教師學習社群對教師專業發展具有正向預測作用。

八、發展趨勢

（一）國民小學之實踐策略

1.建立優質的領導作為，帶動教師的專業成長

　　優質的校長領導作為應能因應學校生態之不同，以及充分掌握教育的時代脈動，方能有效建構學校內外部的領導策略。本研究校長領導、教師學習社群與教師專業發展的認同上有顯著相關且具有正向的影響效果，其中校長領導對教師專業發展的影響效果更甚於教師學習社群，而校長領導亦影響教師學習社群之成效。因此，無論從校園內部教師生態之不同到校園外部政府

政策之推動，校長領導作為都深深影響學校的發展以及教師的專業成長，因此校長如何建構優質的學校領導策略，如建立學校成為學習型組織、成立教師專業社群、規劃教師校內、外進修活動等，是身為校長刻不容緩的工作。

2. 強化校園學習社群的理念，營造成員的合作關係

教師學習社群是當前教育部門在推動精進課堂教學能力計劃中的重要子計畫之一，其精神乃在營造教師的團隊精神與合作態度來追求群體的專業成長與發展。本研究發現，教師學習社群層面對教師專業發展有顯著正向直接影響效果，對於處在高度競爭的社會環境中，教師如何透過學習社群來提升自我的專業知識與能力；學校如何透過學習社群來提升組織的知識與效能，是身為學校教育工作者必須去思考與面對的問題。因此，校長應強化教師校園學習社群的理念，積極營造成員的合作關係，進而提升學校教育人員在個人與組織知識與能力增長，以因應不可預知教育的未來挑戰。

3. 營造良好學校氣氛，建立生命共同體

行政與教學的合作方能成就成功的學校教育。校長與教師是學校校務運作的兩大骨幹，支撐著學校辦學的成敗。有效的校長領導是引導教師積極奉獻與成長的動能；而教師的專業投入與成長能帶來學生良好學習成效的產出，進而帶動學校整體教育的成功。本研究發現校長領導與教師學習社群與教師專業發展有顯著相關存在，而校長領導對教師學習社群之運作與教師專業發展之提升皆有顯著正向的影響效果，校長與教師在學校發展過程中已形成牢不可破的生命共同體，唯有透過合作的氣氛方能產出卓越的教育成效，帶動學校的永續發展。因此，校長在學校領導過程中，應發揮領頭羊的角色，如參與校園教師專業社群、與教師共同規劃與討論教師專業發展需求及內涵，藉由同儕之激勵共同帶動成員專業成長，提升專業能力。

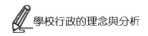

（二）未來研究方向

1. 深入探討教師敬業精神與態度之相關因素

　　「天、地、君、親、師」，自古以來教師在社會中扮演了崇高的角色，甚受社會大眾所敬重。然近年來由於校園生態與社會結構的改變，讓傳統的師生關係與教師地位受到嚴重的挑戰，尤其是層出不窮的校園事件（教師體罰、師生衝突、校園霸凌等）更重創了學校教師形象。因此，如何提升教師敬業精神與態度來獲得社會大眾對學校教師的認同，乃為當前教育工作之首要。本研究教師學習社群與教師專業發展分層面「敬業精神與態度」大部分無顯著相關存在，然專業精神與態度是身為教師的必要條件，是否在當前教育環境中已逐漸式微？應深入加以探討。

2. 進一步探討影響教師專業發展之因素

　　本研究發現學習社群與教師專業發展各層面之關係仍有少數層面未達顯著相關，且校長領導可以預測解釋「教師學習社群」35%，而校長領導透過教師學習社群可以預測解釋「教師專業發展」47%，研究發現尚有其他因素影響教師專業發展。近年來不僅政府在政策上的積極推動，即使教師本身亦必須因應社會環境的變動與教育之發展趨勢，來積極更新自我專業知識與能力，方不至於落入「以過去的知識，教育現在的學生，去因應未來生活」的窘境。本研究發現在校長領導與教師學習社群兩個變項對教師專業發展之預測力與相關係數不高，顯示尚有其他因素影響教師專業發展，值得後續相關研究人員進一步加以探討。

第十四章　校長效能與教師效能對學生學習成就分析

　　從學校效能的相關研究中發現，教學品質與領導是改進學校教育成果必須思考的兩個重要因素，而毫無疑問的教師與學校領導者對於學校的產出成果（如行政績效、教學績效、學生學習成就等）有著重要的影響（Branch et al. 2008; Branch & Rivekin, 2009; Brewer & Dominic, 1993; Eberts, Randall & Joe, 1988）；另外，在相關研究中也發現，校長領導會決定教師工作的滿意度以及教師是否願意繼續留在該校服務（Boyd, et al. 2009; Ussem & Elizabeth, 2003），以及校長效能應包括領導行動、教師效能與學生成就等因素（New Leaders for New School, 2009）。歸結上述研究發現，學校產出成果的良窳與校長領導與教師效能有關，而優質的校長領導更能提升教師的工作滿意度以及留住優秀的教師，而此關係的連結也揭露校長效能、教師效能與學生學習成就間密不可分的關係。

　　本研究目的在探討校長效能、教師效能對學生學習成就之關係，今將研究過程與結果及未來發展說明如下：

一、研究目的

　　一、探討不同背景變項之教師對於校長效能、教師效能與學生學習成就知覺之差異性。
　　二、探討校長效能、教師效能與學生學習成就的關係。

三、探討校長效能、教師效能對學生學習成就的預測力。

二、研究架構

本研究將研究樣本教師之背景變項分成學校建校年數、學校班級數、平均班級學生數、職務別、學校所在地等五類（即背景變項），以樣本的背景變項為自變項，以校長效能（分為校長教學領導、轉型領導、校長任期等）、教師效能（分為教師的專業發展、聘期、遷調等）、學習成就（學科成績、校內外競賽成績、出缺席紀錄等）為依變項，探討上述自變項對依變項之影響差異；另以校長效能、教師效能為自變項，以學生學習成就為依變項，探討校長效能、教師效能與學習成就之關係及其影響力。據此，本研究提出圖 10 之分析架構進行考驗。

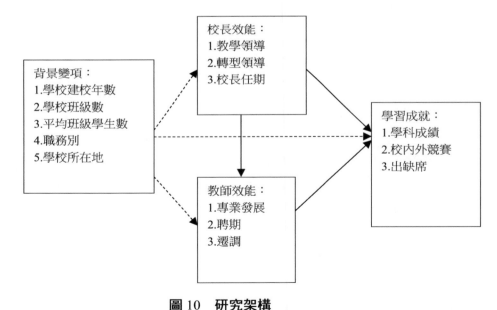

圖 10　研究架構

三、研究樣本

研究樣本以全國國民小學為母群體，分北區（臺北市、新北市、基隆市、桃園市、新竹縣市）、中區（苗栗縣、臺中市、南投縣、彰化縣、雲林縣）、南區（嘉義縣、嘉義市、臺南市、高雄市、屏東縣、澎湖縣）、東區（宜蘭縣、花蓮縣、臺東縣）四區，依學校數比例作為抽樣校數之依據，採取隨機取樣選取 400 所公立國民小學教師為研究對象，每校寄發問卷 5 份，計發放問卷 2000 份，依吳明隆（2013）提出全國性的調查研究，適當抽樣樣本數的大小約為 800 至 1200，因此本研究樣本數以具代表性。

本研究問卷回收 1243 份，剔除無效問卷 22 份，共計有效問卷 1221 份，有效問卷回收率為 61.05%，有效樣本背景變項資料如表 37。

表 37　研究樣本之背景變項描述性統計

研究樣本背景變項	變項項目內容	次數
建校年數	40 年以下	438
	41-50 年	371
	51-60 年	227
	61 年以上	185
學校班級數	6 班	532
	7-12 班	268
	13-24 班	227
	25 班以上	194
每班學生平均數	10 人以下	552
	11-15 人	311
	16-20 人	207
	21 人以上	161
職務	教師	682
	教師兼組長	295
	教師兼主任	244

研究樣本背景變項	變項項目內容	次數
學校所在地	都會地區	304
	一般鄉鎮	643
	偏遠地區	274

四、研究工具

本研究依據文獻探討所獲得之變項層面據以編製相關問卷。所設計之問卷主要分為「校長效能層面」量表（15 題），涵蓋「教學領導」、「轉型領導」、「任期」三個向度；「教師效能層面」量表（14 題），分為「聘期」、「專業發展」、「遷調」三個向度；以及「學生學習成就層面」量表（15 題），分為「學科成績」、「校內外競賽」、「出缺席紀錄」三個向度，所設計題項作答方式皆採用李克特（Likert）五點量表，視受試者對題項之感受填答，從「非常不同意」、「部分不同意」、「同意」、「部分同意」到「非常同意」，依序給予 1 到 5 分的評等，其中分數越高者表示受試者越認同該題目之意旨。

五、問卷之信度與效度

（一）問卷項目分析與信度分析

本研究預試問卷的項目分析統計結果，參考吳明隆（2013）與邱皓政（2009）提出的項目分析方法，其中任一題目 CR 值小於 3 者，題項與總分相關小於 0.4 者，校正題項與總分相關小於 0.4 者；共同性小於 0.2 者，因素負荷量小於 0.45 者，項目刪除時的 α 值較原量表 α 值高者均予以刪除，因此本研究三個研究層面量表「校長效能」計刪除 3 題剩 12 題、、「教師效能」計刪除 3 題剩 11 題、「學生學習成就」計刪除 4 題剩 11 題；另外在信

度分析方面，「校長效能」、「教師效能」與「學生學習成就」三個層面其 Cronbach's α 係數分別為 .93、.90、.94。校長效能之三個分量表，信度值分別為教學領導 .89、校長任期 .90、轉型領導 .90；教師效能三個分量表，信度值分別為教師聘期 .89、教師專業發展 .80、教師遷調 .84；學生學習成就三個分量表，信度值分別為學科成績 .92、校內外競賽 .91、出缺席 .90，各個研究構面 Cronbach's α 係數均大於 .7，依據 Cuieford（1965）提出 α< .35 為低信度， .35≦α< .7 為中信度，α≧ .7 為高信度，因此本研究所建構之理論層面具有良好信度。

（二）問卷效度分析

為探求本研究理論層面之適配度，採 AMOS 二階驗證性因素分析，並參考 Hair, Anderson, Tathm 與 Black（1998）、Dun, Everitt, 與 Pickles（1993）、Joreskog 與 Sorbom（1989）、邱政皓（2004）、周子敬（2006）等人所論述整體適配標準作為分析之依據。統計分析結果校長校能、教師效能及學生學習成就三個層面卡方檢定不顯著，分別為校長效能 χ^2=44.03，df =21，p> .05、教師效能 χ^2=57.89，df =27，p> .05、學生學習成就 χ^2=47.35，df =23，p> .05；其平均近似值誤差平方根（RMSEA）分別為 .01、.00、.01，標準化假設模型整體殘差（SRMR）分別為 .01、.00、.01，兩者均符合小於 .05 適配度良好之要求；其次適配度指數（GFI）分別為 .98、1.00、.99，調整後適配度指數（AGFI）分別為 .95、.98、.95，基本適配指數（NFI）分別為 .94、.97、.95，比較適配指數（CFI）分別為 .98、1.00、.99，上述分析皆符合大於 .9 之要求。依據統計分析結果並參照上述學者之論點，本理論層面適配良好，理論層面獲得適當支持，可作為檢測之依據。

另在測量模式之收斂效度與信度分析方面，各測量模式最佳配適度模式之因素負荷量皆大於 .5 以上，且 p 值達 .05 顯著水準；組合信度（CR）介於 .73 到 .82 之間，符合 Fornell 和 Larcker（1981）建議值 .6 以上；另平均變異抽取量（AVE）介於 .62 到 .75 之間，全部大於 Fornell 和 Larcker 建議

值 .5 以上，故本測量模式具有一定水準的收斂效度與信度。

六、結果與討論

（一）不同背景變項之教師在校長效能、教師效能及學生學習成就各層面之差異分析摘要表

不同背景變項之教師在校長效能、教師效能及學生學習成就各層面經單因子變異數分析後達顯著差異之變項，其差異分析摘要表，如表 38、39、40。

表 38　不同背景變項教師對校長效能層面變異數分析摘要表

依變項 背景變項	校長效能（整體平均數介於 4.18 至 4.49）		
	教學領導（平均數介於 4.20 至 4.49）	轉型領導（平均數介於 4.20 至 4.34）	任期（平均數介於 4.18 至 4.29）
建校年數	*A（M=4.41）>B（M=4.22）		
學校班級數	***A（M=4.31）>B（M=4.20）	** A（M=4.34）>B（M=4.20）	** A（M=4.29）>B（M=4.18）
每班學生平均數	* A（M=4.49）>10 人以下（M=4.26）		
職務	***A（M=4.34）>B（M=4.20）	***A（M=4.34）>B（M=4.20）	**A（M=4.26）>B（M=4.18）
學校所在地	***A（M=4.34）>B（M=4.22）；A>C（M=4.24）	***A（M=4.34）>B（M=4.23）；A>C（M=4.24）	**A（M=4.29）>B（M=4.19）；A>C（M=4.20）

* p<.05 ** p<.01 ***p< .001

由表 38 得知，不同背景變項之學校教育人員對於校長效能之知覺有顯著差異存在，茲分別列述如下；

（一）在學校建校年數方面：建校年數 61 年以上（A）之教育人員在

校長效能層面「教學領導」向度之得分顯著高於建校年數 40 年以下（B）之教育人員，研究顯示建校年數越高之學校教育人員相較於建校年數較少之學校教育人員知覺校長「教學領導」有顯著差異存在。

（二）在學校班級數方面：學校班級數 13-24 班（A）之學校教育人員對於校長效能層面「教學領導」、「轉型領導」、「校長任期」向度之得分均顯著高於 7-12 班（B）之教育人員，研究顯示學校班級數 13-24 班之學校教育人員相較於 7-12 班之學校教育人員知覺校長「教學領導」、「轉型領導」、「校長任期」有顯著差異存在。

（三）在每班學生平均人數方面：每班學生平均人數 21 人以上（A）之教育人員在校長效能層面「教學領導」向度之得分顯著高於每班學生平均人數 10 人以下（B）之教育人員，研究顯示每班學生平均人數越高之學校教育人員相較於每班學生平均人數較少之學校教育人員知覺校長「教學領導」有顯著差異存在。

（四）在擔任職務方面：擔任教師兼主任（A）之學校教育人員對於校長效能層面「教學領導」、「轉型領導」、「任期」向度之得分均顯著高於擔任教師兼組長（B），研究顯示擔任教師兼主任工作之教育人員相較擔任教師兼組長知覺校長「教學領導」、「轉型領導」、「校長任期」有顯著差異存在。

（五）在學校所在地方面：學校位處偏遠地區（A）之學校教育人員對於校長效能層面「教學領導」、「轉型領導」、「校長任期」向度之得分均顯著高於都會地區（B）與一般鄉鎮（C）之教師，研究顯示學校位處偏遠地區之學校教師相較於都會地區與一般鄉鎮之教師知覺校長「教學領導」、「轉型領導」、「任期」有顯著差異存在。此研究發現與 Branch, Hanushek 與 Rivkin（2009）之研究發現類似，該研究發現指出，在文化不利地區之校長效能更加重要。

另就校長效能層面中「教學領導」、「轉型領導」、「校長任期」三個向度之平均數加以探討發現，整體而言，該三個向度之平均數分別介於 4.20 至 4.49、4.18 至 4.29 以及 4.20 至 4.34，在五點量表中屬高度認同，研究顯示

大部分學校教育人員普遍認同「教學領導」、「轉型領導」、「校長任期」是校長效能的重要因素。此研究結果與 Cullen 與 Michael（2007）、New Leaders for New Schools（2009）之論述相似，上述兩者皆強調校長領導績效與薪資是校長效能的重要因素。

表 39　不同背景變項教師對教師效能層面變異數分析摘要表

依變項 背景變項	教師效能（整體平均數介於 4.19 至 4.53）		
	專業發展（平均數介於 4.19 至 4.48）	聘期（平均數介於 4.20 至 4.44）	遷調（平均數介於 4.18 至 4.53）
建校年數	* A（M=4.48）>B（M=4.20）	* A（M=4.44）>B（M=4.20）	* A（M=4.53）>B（M=4.22）
學校班級數	*** A（M=4.31）>C（M=4.19）	**B（M=4.32）>C（M=4.12）	*A（M=4.30）>C（M=4.18）
每班學生平均數		* A（M=4.28）>C（M=4.20）	*B（M=4.31）>C（M=4.22）
職務	** A（M=4.31）> B（M=4.19）	** A（M=4.30）> B（M=4.20）	* A（M=4.30）> B（M=4.18）
學校所在地	*** A（M=4.32）> B（M=4.21）；A>C（M=4.21）	*** A（M=4.38）> B（M=4.20）；A>C（M=4.20）	*** A（M=4.37）> B（M=4.22）；A>C（M=4.23）

* p<.05 ** p<.01 ***p< .001

　　由表 39 得知，不同背景變項之學校教師對於教師效能之知覺有顯著差異存在，研究發現如下；

　　（一）在學校建校年數方面：建校年數 61 年以上（A）之教育人員在教師效能層面「專業發展」、「聘期」、「遷調」三個向度之得分顯著高於建校年數 40 年以下（B）之教育人員，研究顯示建校年數越高之學校教師相較於建校年數較少之學校教師知覺教師效能「專業發展」、「聘期」、「遷調」三個向度有顯著差異存在。

　　（二）在學校班級數方面：學校班級數 13-24 班（A）以及 25 班以上

（B）之學校教師對於教師效能層面在「專業發展」、「聘期」、「遷調」三個向度之得分均顯著高於 7-12 班（C）之教師，研究顯示學校班級數 13-24 班以及 25 班以上之學校教師相較於 7-12 班之學校教育人員知覺教師效能「專業發展」、「聘期」、「遷調」、有顯著差異存在。

（三）在每班學生平均人數方面：每班學生平均人數 11-15 人（A）以及 21 人以上（B）之學校教師在教師效能層面、「聘期」、「遷調」兩個向度之得分顯著高於每班學生平均人數 10 人以下（C）之學校教師，研究顯示每班學生平均人數越高之學校教師相較於每班學生平均人數較少之學校教師知覺教師效能層面「聘期」、「遷調」有顯著差異存在。

（四）在擔任職務方面：擔任教師兼主任（A）之學校教師對於教師效能層面「專業發展」、「聘期」、「遷調」三個向度之得分均顯著高於擔任教師兼組長（A）之學校教師，研究顯示擔任教師兼主任相較擔任教師兼組長之學校教師知覺教師效能在「專業發展」、「聘期」、「遷調」有顯著差異存在。

（五）在學校所在地方面：學校位處偏遠地區（A）之學校教師對於教師效能「專業發展」、「聘期」、「遷調」三個向度之得分均顯著高於都會地區（B）與一般鄉鎮（C）之學校教師，研究顯示學校位處偏遠地區之學校教師相較於都會地區與一般鄉鎮之學校教師知覺教師效能在「專業發展」、「聘期」、「遷調」有顯著差異存在。

另就教師效能層面中「專業發展」、「聘期」、「遷調」等四個向度之平均數加以探討發現，整體而言此四個向度之平均數分別介於 4.19 至 4.48、4.20 至 4.44 以及 4.18 至 4.53 之間，在五點量表中屬高度認同，研究顯示大部分學校教師普遍認同「專業發展」、「聘期」、「遷調」是教師效能的重要因素。此研究結果與 National Council on Teacher Quality（2009）之觀點相似，該機構認為教師的任期、遷調與專業發展是激勵高效能教師的重要措施。

表 40　不同背景教育人員對學生學習成就層面變異數分析摘要表

依變項 背景變項	學生學習成就（整體平均數介於 4.22 至 4.46）		
	學科成績（平均數介於 4.22 至 4.46）	校內外競賽（平均數介於 4.22 至 4.43）	出缺席（平均數介於 4.23 至 4.41）
建校年數	**A（M=4.40）> B（M=4.27）	*A（M=4.41）> B（M=4.24）	
學校班級數	** A（M=4.40）>C（M=4.27）；B（M=4.34）> C	* A（M=4.33）> C（M=4.23）；B（M=4.33）>C	* A（M=4.33）> C（M=4.23）；B（M=4.35）>C
每班學生平均數	** A（M=4.38）> C；B（M=4.36）> C	* A（M=4.40）> C（M=4.24）；B（M=4.39）> C	
職務	** A（M=4.39）> B（M=4.23）	* A（M=4.34）> B（M=4.23）	*** A（M=4.35）> B（M=4.23）
學校所在地	*** A（M=4.46）> B（M=4.31）；A>C（M=4.26）	*** A（M=4.43）> B（M=4.26）；A> C（M=4.22）	*** A（M=4.41）> B（M=4.27）；A> C（M=4.25）

* p<.05 ** p<.01 ***p< .001

　　表 40 得知，不同背景變項之學校教師對於學生學習成就之知覺有顯著差異存在，茲分別列述如下；

　　（一）在建校年數方面：建校年數 61 年以上（A）之學校教師在學生學習成就層面「學科成績」、「校內外競賽」二個向度之得分顯著高於建校年數 40 年以下（B）之學校教師，研究顯示建校年數越高之學校教育人員相較於建校年數較少之學校教育人員知覺學生學習成就「學科成績」、「校內外競賽」有顯著差異存在。

　　（二）在學校班級數方面：學校班級數 13-24 班（A）、25 班以上（B）之學校教師對於學生學習成就層面「學科成績」、「校內外競賽」、「出缺席」等三個向度之得分均顯著高於 7-12 班（C）之學校教師，研究顯示學校班級數 13-24 班之學校教師相較於 7-12 班之學校教師知覺學生學習成就「學科

成績」、「校內外競賽」、「出缺席」有顯著差異存在。

（三）在學校平均班級人數方面：學校平均班級人數 11-15 人（A）、21 人以上（B）之學校教師在學生學習成就層面「學科成績」、「校內外競賽」二個向度之得分顯著高於學校平均班級人數 10 人以下（C）之學校教師，研究顯示學校平均班級人數越高之學校教師相較於學校平均班級人數較少之學校教師知覺學生學習成就「學科成績」、「校內外競賽」有顯著差異存在。

（四）在擔任職務方面：擔任教師兼主任（A）之學校教師對於學生學習成就層面「學科成績」、「校內外競賽」、「出缺席」三個向度之得分均顯著高於擔任教師兼組長（B）之學校教師，研究顯示擔任教師兼主任工作之學校教師相較擔任教師兼組長之學校教師知覺學生學習成就「學科成績」、「校內外競賽」、「出缺席」」有顯著差異存在。

（五）在學校所在地方面：學校位處偏遠地區（A）之學校教師對於學生學習成就層面「學科成績」、「校內外競賽」、「出缺席」等三個向度之得分均顯著高於都會地區（B）與一般鄉鎮（C）之學校教師，研究顯示學校位處偏遠地區之學校教師相較於都會地區與一般鄉鎮之學校教師知覺學生學習成就「學科成績」、「校內外競賽」、「出缺席」有顯著差異存在。

另就學生學習成就層面「學科成績」、「校內外競賽」、「出缺席」三個向度之平均數加以探討發現，整體而言此三個向度之平均數介於 4.22 至 4.46 之間，在五點量表中屬高度認同，研究顯示大部分學校教育人員普遍認同「學科成績」、「校內外競賽」、「出缺席」是學生學習成就的重要因素。此研究結果符應余民寧（2006）之論述。

（二）校長效能、教師效能及學生學習成就相關分析

校長效能、教師效能及學生學習成就之相關分析，結果如表 41。

表 41　校長效能、教師效能及學生學習成就之相關分析摘要表

	校長效能	教師效能	學生學習成就
校長效能			
教師效能	.84**		
學生學習成就	.78**	.88**	

** p<.01

　　由表 41 得知，校長效能、教師效能與學生學習成就，三變項具有顯著的正相關，相關係數介於.78 至.88，研究顯示在學校運作過程中校長效能、教師效能與學生學習成就有其環環相扣之關係。此研究發現與 Beteile, Kalogrides 與 Loeb（2009）、New Leaders for New School（2009）提出校長效能、教師效能與學生學習成就彼此間互有相關之主張類似。

（三）結構方程模式之模式圖與分析摘要表

　　本研究之結構方程模式圖，如圖 11；其整體模式（結構方程模式）之標準化迴歸加權估計數據與內容，如表 42；徑路分析值，如表 43；整體模式中複迴歸分析數據與內容，如表 44。

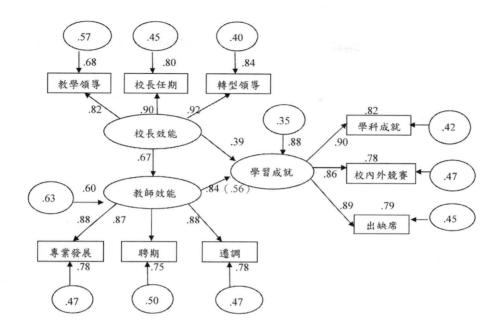

圖 11　整體影響因素關係之結構方程模式圖

表 42　標準化迴歸加權數值摘要表

變項關係 迴歸係數（regression weights）	標準化 估計值（β 值）	p 值
校長效能→教師效能	.67***	.000
教師效能→學生學習成就	.84***	.000
校長效能→學生學習成就	.39***	.000

***p<.001

表 43　路徑分析各項效果值摘要表

路徑分析	直接效果	間接效果	總效果
校長效能→教師效能	.67		.67
教師效能→學生學習成就	.84		.84
校長效能→學生學習成就	.39		.39
校長效能→教師效能→學生學習成就	.39	.56	.95

　　由圖 11、表 42 及表 43 可知，標準化估計值代表標準迴歸係數值（β值），即變項間的路徑係數，此路徑係數值為標準化直接效果值。此三個路徑係數值均達.05 的顯著水準，且 β 值均為正數，表示校長效能對教師效能（β 值=.67，p=.000<.05）及學生學習成就（β 值=.39，p=.000<.05）皆具直接正向影響效果，亦即校長效能對教師效能及學生學習成就皆具有顯著直接正向的影響效果，其效果值分別為 .67、.39，研究顯示校長效能對教師效能之直接影響遠大於學生學習成就；另教師效能對學生學習成就亦達顯著水準，亦即教師效能對學生學習成就具有顯著正向影響效果，其效果值為 .84，顯示學生學習成就之直接影響因素主要來自於教師效能；最後，校長效能對教師效能及學生學習成就皆具有顯著直接（.39）與間接（.67*.84= .56）正向的影響效果，其總效果值為 .95，此研究發現，校長效能與教師效能如能有效連結將更能促進學生學習成就表現。另教師效能對學生學習成就之直接影響效果遠大於校長效能對於學生學習成就之直接影響效果，此研究發現則與張繼寧（2011）、Rockoff（2004）之研究發現類似。

表 44　校長效能、教師效能對學生學習成就複迴歸分析摘要表

	多元相關係數平方（R^2）
教師效能	.60
學生學習成就	.77

由圖 11 及表 44 可知有二條結構方程式，其多元相關係數的平方（R^2）分別為 .60、.77，根據模式圖（圖 11）可知：透過校長效能的變項可以解釋「教師效能」變項 60%；而透過校長效能與教師效能的變項可以解釋「學生學習成就」變項 77%。研究顯示校長效能、教師效能對學生學習成就具有相當高的解釋力，是促進學生學習成就表現的重要因素。此研究發現與 Branch et al.（2008）、Brewer 與 Dominic（1993）、Eberts、Randall 與 Joe（1988）等人之研究發現類似，上述研究指出學校領導者、教師會對學生學習成就產生影響。

七、結論

（一）不同背景變項學校教師對於校長效能層面、教師效能層面與學生學習成就三個層面所涵蓋之因素向度呈現高度認同

經由不同背景學校教師對於本研究所調查之校長效能層面（包括教學領導、轉型領導與校長任期，平均數介於 4.18 至 4.49）、教師效能層面（包括專業發展、遷調、聘期，平均數介於 4.19 至 4.53）與學生學習成就層面（包括學科成績、校內外競賽成績、出缺席，平均數介於 4.22 至 4.46）之得分可知，受試者對於校長效能、教師效能與學生學習成就三個層面所涵蓋之因素向度予以高度認同，顯示本研究所列之因素向度均為該層面之重要內涵。

（二）不同背景變項學校教師對於校長效能、教師效能與學生學習成就三個層面之知覺上呈現顯著差異

檢視研究結果發現，不同背景變項學校教師在校長效能、教師效能與學生學習成就等各因素構面之認知上有所差異。其中在建校年數方面，建校年數越久之學校在校長效能、教師效能與學生學習成就之得分顯著高於建校年

數較少之學校；在學校班級數方面，13 班以上學校在校長效能、教師效能
與學生學習成就之得分顯著高於 7-12 班之學校；在每班學生平均數方面，
11-25 人以及 21 人以上之學校之得分顯著高於 10 人以下之學校；在擔任職
務方面：教師兼主任在校長效能、教師效能與學生學習成就之得分顯著高於
教師兼組長；在學校所在地方面：偏遠地區之學校教師在校長效能、教師效
能與學生學習成就之得分顯著高於一般地區與都會地區。

（三）教師對於校長效能、教師效能與學生學習成就之認知有顯著相關存在

分析結果顯示，校長效能、教師效能與學生學習成就存在著顯著相關，
相關係數介於 .78 至 .88。研究顯示此三層面環環相扣、互有影響，在實踐
過程中應同時兼顧其效益。

（四）校長效能、教師效能對學生學習成就具有影響力

研究結果發現校長效能、教師效能對學生學習成就具有四條正向、直接
及間接的顯著影響效果，其中教師效能對學生學習成就正向直接影響效果最
高；校長校能對教師效能及學生學習成就皆具有顯著直接正向的影響效果；
校長效能透過教師效能對學生學習成就產生直接與間接正向的影響效果；校
長效能層面中「教學領導」、「任期」二個向度與教師效能層面「專業發
展」、「任期」、「遷調」三個向度可解釋學生學習成就（學科成績、校內外競
賽、出缺席三個向度）變項77%。

八、發展趨勢

（一）進行校長與教師聘期、遷調制度之檢討

如本研究文獻探討所陳，校長效能與其在學校任期時間之長短有關；教

師的任期、遷調是激勵高效能教師生涯管理的有效措施。因此校長與教師之任期與遷調是影響其效能的重要因素，而本研究亦發現，受試者對於將校長與教師之任期與遷調納入其效能之一環亦持高度認同，顯示校長效能與教師效能之重要性。

在我國，校長之任期與遷調有其相關之規範，但因校長之任期與遷調往往無法與校長辦學績效相連結，以至於遷調與任期流於形式，造成少數校長以為只要學校不出事，便不會影響其任期與遷調，造成學校辦學績效不彰的現象；另，在教師任期與遷調方面，我國對於教師任期與遷調缺乏相關之約束力，因而造成少數教師持著只要不犯重大錯誤便可在校安然退休的想法，缺乏積極改變與創新的動能，影響教師本身效能的提升。因此，主管教育行政機關應於校長任期將屆滿前進行校長效能之評鑑，如進行校務評鑑、統合視導或校長評鑑等措施，將評鑑結果提供校長遴選委員會，以作為校長任滿是否繼續留任或任期屆滿遴選填他校之重要依據；其次，在教師效能上，應積極訂定提升教師效能之相關措施，如進行教師評鑑等，將評鑑結果交由學校教師評審委員會以及縣市教師遷調作業委員會作為教師聘期及教師縣內、外遷調之依據，藉以提升教師專業素質。

（二）兼重知、情、意兼備的學生完整學習成效

從文獻探討可知，國內對於學生學習成就之研究往往僅限於學生的學科成績表現，忽略了學生多元的學習發展。本研究將學科成績、校內外競賽成績、出缺席紀錄等納入學生學習成就之要素，已普遍獲得受試學校教育人員之高度認同，此現象反映出學校教育人員認為學生學科成績表現已非學生學習的單一目標，應廣泛的納入與學生學習有關的各項因素，方能正確的陳述學生學習成就的整體表現。因此，學校教育如何兼顧學生知、情、意兼備的完整學習成效，拋棄傳統升學導向的舊有思維，是當前學校教育應加以深思課題。

(三) 建立評鑑機制，提升學校整體辦學效能

「有怎樣的校長，就有怎樣的學校」，是一句久而不褪色的名言，因為校長的領導作為關係著學校的教育走向與發展；而教師的持續專業發展是確保教師不落入「以過去的知識，教導現代的學生，去適應未來生活」的窘境。

從本研究文獻探討中可知，有效能的校長會加速教師的專業革新，進而影響學生的學習成就。而本研究亦發現，校長效能、教師效能與學生學習成就呈現高度相關，且校長效能與教師效能對於學生學習成就有直接與間接之影響效果，並且擁有高度的預測作用。因此為確保學生學習成就的有效提升，校長效能與教師效能之提升乃當務之急，而有效的作為即是進行規劃適當的評鑑機制，透過評鑑加以改進，經由改進來提升效能，唯有校長效能、教師效能與學生學習成效的改善，方能促進學校整體效能的提升。

參考文獻

丁一顧與張德銳（2005）。中小學校長參與及其與教育品質的關係。**教育研究月刊**，135，81-91。

丁琴芳（2007）。**國民小學教師專業學習社群發展之研究**（未出版碩士論文）。國立臺北教育大學，臺北。

內政部戶政司（2016）。**內政部戶政司人口資料庫**。取自 http://www.ris.gov.tw/zh_TW/346

尤克強（2001）。**知識管理與創新**。臺北：天下文化書坊。

王小平、吳立崗與夏惠賢（1997）。**帶領孩子走向世界──二十一世紀國際型人才基礎素質探索**。廣西：教育出版社。。

王如哲（2000）。**知識管理的理論與應用──以教育領域及其革新為例**。臺北：五南圖書出版公司。

王如哲（2002a）。全球化的教育改革動向之一：因應知識經濟的國家教育改革策略。**現代教育論壇**，7，129-132。

王如哲（2002b）。**知識經濟與教育**。臺北：五南圖書出版公司。

王如哲（2002c）。知識經濟時代的學校競爭力。**臺灣教育**，613，11-19 。

王彩鸝（2016）。**臺灣準備好了嗎？ PISA 2018 加考「全球素養」**。取自 https://udn.com/news/story/6885/1780953 。

王逢振（1998）。全球化、文化認同和民族主義，載於王宇、薛曉源（主編），**全球化與後殖民批評**（頁 90-106）。北京：中央編譯社。

王繼華（2001）。**WTO 環境下的教育競爭和校長職業化研修簡報**。取自

　　　　　http//www..chinamanagers.com/department/training/peisan/jianbaoel.sht
　　　　　ml

臺北市政府教育局（2004）。**精緻教育——臺北市優質學校經營手冊**，臺
　　　　　北：作者。

白育琦（2003）。**幼兒教育品質指標體系建構之研究**（未出版碩士論文）。國
　　　　　立政治大學，臺北。

石之瑜（2003）。全球化的方法論與反方法論。**政治與社會哲學評論**，6，
　　　　　141-194。

朱永新（2001）。**WTO 環境下的教育競爭和校長職業化研修簡報六**。取自
　　　　　http//mvw.chinamanagers.com/department/training/peisan/jianbaoe6.sht
　　　　　ml。

朱柔若（譯）（2000）。Neuman, W. L 著。**社會研究方法：質化與量化取向**。
　　　　　臺北：揚智。

江語珊（2004）。**公私立小學行銷策略之研究——以臺北市四所學校為例**
　　　　　（未出版碩士論文）。國立臺北教育大學，臺北。

行政院教育改革審議委員會（1996）。**教育改革總諮議報告書**。臺北：作
　　　　　者。

何文純（2005）。**國民小學社會資本與學習社群關係之研究**（未出版碩士論
　　　　　文）。國立臺北教育大學，臺北。

何志平（2000）。**國民小學輔導人員專業倫理行為與倫理判斷取向之研究**
　　　　　（未出版碩士論文）。國立臺中師範學院，臺中。

余可平（1998）。全球化的二率背反。載於余可平、黃齊平（主編），**全球化
　　　　　的悖論**（頁 245-252）。北京：中央編譯社。

余民寧（2006）。影響學習成就因素之探討。**教育資料與研究雙月刊**，73，
　　　　　11-24

吳天元、吳天方、樊學良與林建江（2003）。**教育競爭力理論基礎之建構**。
　　　　　全球化、教育競爭力與高等教育改革國際學術研討會，國立中正大

學，嘉義。

吳天方與費業勳（2007）。由人力資源提升教育品質方案探討，**教育資料與研究雙月刊**，79，41-60。

吳百祿（2010）。**教師領導研究**。高雄：復文。

吳京（2000）。知識經濟時代的教育政策，載於高希均、李誠（主編）。**知識經濟之路**。臺北：天下遠見出版公司。

吳宗立（2007）。教育品質：學校經營的挑戰。**教育研究月刊**，160，17-29。

吳明隆（2011）。**SPSS 操作與應用：問卷統計分析實務**。臺北：五南。

吳明隆（2013）。**SPSS 操作與應用：問卷統計分析實務**（二版）。臺北：五南。

吳建華（2008）。學校行銷的理念與實踐——以東莞台商子弟學校為例。**學校行政**，53，175-191。

吳政達（2006）。高級中等學校教育發展指標系統之研究。**研習資訊**，23(1)，13-18。

吳清山（1989）。**國民小學管理模式與學校效能關係之研究**（未出版博士論文）。國立政治大學，臺北。

吳清山（2001）。**教育行政人員專業倫理內涵之研究**（行政院國家科學委員會專題研究計畫成果報告編號：NSC 89-2413-H133-010-S）。臺北：中華民國行政院國家科學委員會。

吳清山（2002）。提升學校競爭力的理念與策略。**臺灣教育**，613，2-10。

吳清山（2004）。學校行銷管理理念與策略。**北縣教育**，47，23-34。

吳清山、林天祐（2010）。專業學習社群。**教育研究月刊**，191，125-126。

吳清山與林天祐（2003）。教育競爭力。**教育研究月刊**，9，1 59。

李佩玲（2002）。**教師分級制對教師專業發展的影響——專業學習社群教師的觀點**（未出版碩士論文）。國立花蓮師範學院，花蓮。

李佳玲（2002）。國小校長決定行為分析。**學校行政雙月刊**，21，28-40。

李政宏（2004）。**臺北市國民小學校長轉型領導與學校教育品質管理之研究**（未出版碩士論文）。臺北市立師範學院，臺北。

李郁怡（2006）。BIT，品牌進化論。**管理雜誌**，9，44-45。

每日頭條（2018）。**突破跨文化領導的瓶頸**。取自 https://kknews.cc/zh-tw/career/omyezn5.html

沈介文、陳銘嘉和徐明儀（2004）。**當代人力資源管理**。臺北：三民書局。

沈姍姍（1998）。教育改趨向與影響因素分析：國際比較觀點。**教育資料集刊**，23，39-53。

沈柵柵（1998）。教育改革趨向與影響因素分析：國際比較觀點。**教育資料集刊**，23，39-53。

辛俊德（2008）。**國民小學社群特徵與教師教育信念及專業表現關係之研究**（未出版博士論文）。國立臺北教育大學，臺北。

阮翊峰（2009）。**國小學校創新對教育品質影響之研究**（未出版碩士論文）。國立暨南國際大學，南投。

周子敬（2006）。**結構方程模式（SEM）：精通 LISREL**。臺北：全華科技。

周百崑（2004）。**國民小學校長倫理決定之研究**（未出版碩士論文）。國立臺中師範學院，臺中。

周宏欣（2009）。**臺中市國民小學教師學習社群發展之研究**（未出版之碩士論文）。國立嘉義大學，嘉義。

林天佑（1997）。學校經營與教育品質。**教育資料與研究雙月刊**，19，28-32。

林佳芸（2008）。**國民小學家長參與學校教育與學校教育品質之研究**（未出版碩士論文）。國立中正大學，嘉義。

林官蓓（2007）。校長如何提升學校的教與學。**教育研究月刊**，153，81-89。

林忠仁（2009）。**國民小學校長分佈領導、灰猩猩效應與教師專業學習社群關係之研究**（未出版博士論文）。國立臺北教育大學，臺北。

林明地（1999）。重建學校領導的倫理學觀念。**教育政策論壇**，2(1)，129-157。

林明地（2007）。教育市場的概念與國民中小學的經營。**教育資料與研究雙月刊**，79，139-154。

林思伶（2004）。析論僕人式／服務領導（Servant-Leadership）的概念發展與研究。**高雄師範大學學報**，16，39-57。

林思伶與蔡進雄（2005）。論凝聚教師學習社群的有效途徑。**教育研究月刊**，132，99-109。

林清達（2007）。**優質化學校之學校行銷與社區關係**。臺灣東區中小學校長優質學校經營研討會，國立花蓮教育大學，花蓮。

林紹仁（2006）。專業學習社群運用於師資培育自我評鑑之研究。**中正教育研究**，5(2)，79-111。

林進丁（2012）。探討學校行銷概念及其應用於國民中小學之有利因素。**學校行政雙月刊**，77，27-45。

林進山（2016）。建構智慧校園永續發展的實務。**教師天地**，1(3)，1-12。

林曉薇（2012）。**以同儕關懷策略融入大學教學媒體課程之線上學習社群研究**（未出版博士論文）。國立臺北教育大學，臺北。

邱玉蟾（2012）。中小學國際教育政策與行動。**國民教育**，53，64-71。

邱政皓（2004）。**結構方程模式：LISREL 的理論、技術與應用**。臺北：雙葉。

邱國良、王文君（2007）。社會正義的闡釋與我國城鄉教育公平。**江西社會科學**，11，218-220。

邱皓政（2005）。**量化研究法（二）統計原理與分析技術：SPSS 中文視窗版操作實務詳析**。臺北：雙葉。

邱皓政（2009）。**量化研究與統計分析──SPSS 中文視窗版資料分析範例解析**（三版）。臺北：五南。

施心梅（2010）。**臺北縣國民中學教師專業學習社群與教師專業發展關係之**

研究（未出版之碩士論文）。輔仁大學，臺北。

柳麗玲（2007）。**國民小學教育品質影響因素之研究**（未出版博士論文）。國立臺北教育大學，臺北。

洪志林（2011）。**國民小學校長多元架構領導、教師專業學習社群與教學效能關係之研究**（未出版之碩士論文）。國立屏東教育大學，屏東。

洪雯柔（2012）。面向未來：以建構全球競爭力為基礎的國際教育。**竹縣文教**，43，19-23。

洪榮昭（1995）。**人力資源管理**。臺北：哈佛企管顧問公司。

紀玉祥（1998）。全球化與當代資本主義的新變化，載於俞可平、黃齊平（主編）。**全球化的悖論**（頁 25-42）。北京：中央編譯社。

胡政源（2006）。**品牌管理：品牌價值的創造與經營**。臺北：新文京開發出版股份有限公司。

范麗娟（2007）。臺灣弱勢者教育的現況分析與未來展望。**教育資料與研究專刊**，49，77-90。

孫治本譯（1999）。Ulrich Beck 著。**全球化危機**。臺北：商務。

秦夢群（2001）。全球化的教育改革：美國一九九〇年代後之教育改革及對我國之啟示。**教育資料與研究**，43，1-8。

高博銓（2008）。學校學習社群的發展與挑戰。**中等教育**，59(4)，8-20。

國家教育研究院（2015）。**學習成果指標**。取自 http://terms.naer.edu.tw/detail/1314444/

康新貴（2009）。**是公平與正義？還是效率優先？兼顧公平？**取自 http://big5.China-labour.org.hk/chi/node/79347

張奕華與陳樂斌（2010）。高中職學校教育人員對學校行銷策略認知及其運作之研究。**學校行政雙月刊**，69，20-44。

張基成（1998）。教師專業成長網路學習社群之規劃及其預期效益與挑戰。**教學科技與媒體**，40，31-42。

張淑宜（2009）。**臺中縣市國民小學學習社群與教師專業表現關係之研究**

（未出版之碩士論文）。國立臺中教育大學，台中。

張鈿富（2000）。新世紀教育行政績效責任的建構。**商業職業教育**，78，17-21。

張鈿富、張曉琪（2010）。社會公義領導：促動教育界革命。**當代教育研究季刊**，18(1)，147-156。

張德銳、王淑珍（2010）。教師專業學習社群在教學輔導教師制度中的發展與實踐。**臺北市立教育大學學報**，41(1)，61-90。

張麗玲（2009）。**臺北市優質學校教育指標應用及其適切性之研究**（未出碩士論文版）。國立臺北教育大學，臺北。

張繼寧（2011）。教師效能對學生學業成就的影響有多大？**臺灣師資培育電子報**，16，1-5。

教育部（2006）。**試辦中小學教師專業發展評鑑宣導手冊**。臺北：作者。

教育部（2011）。**中小學國際教育白皮書：扎根培育 21 世紀國際人才**。臺北市：作者。

教育部（2014）。103-104 年教師合作問題解決教學能力提升計畫。臺北：作者。

教育部（2014）。十二年國民基本教育課程綱要。取自 https://www.naer.edu.tw/ezfiles/0/1000/attach/87/pta_5320_2729842_56626.pdf

郭怡君（2007）。**幼稚園行銷策略及其成效之個案研究**（未出碩士論文版）。淡江大學，臺北。

陳文宗（2014）。**國民小學校長專業成長需求調查研究——以嘉義縣市為例**（未出版碩士論文）。國立中正大學，嘉義。

陳文彥（2017）。領導、能力建立與學校改進：概念、主題及影響。**當代教育研究**，25(3)，105-113。

陳木金與邱馨儀（2007）。**推動優質學校行政管理保障教育品質**。學校行政論壇第十八次學術研討會，中華民國學校行政學會，臺北。

陳木金與楊念湘（2008）。**優質學校行政管理對校長領導與學校經營的啟**

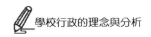

示。2008 教育經營與產學策略聯盟國際學術研討會，國立屏東教育大學，屏東。

陳正哲與王俊傑（2016）。學校行銷策略及服務品質滿意度關係之研究──以台南市某國小為例。**遠東學報**，33(1)，41-62。

陳向明（2002）。**社會科學質的研究**。臺北：五南。

陳利銘（2006）。智慧領模式的評論及其教育實踐。**學校行政雙月刊**，44，136-144。

陳貞君與楊淑晴（2016）。「國中學生全球化覺知量表」編製及模式之驗證研究。**教育學報**，44(1)，1-24。

陳益興（2006）。**優質高中之經營理念與作為**。取自 http://www.fcsh.khc.edu.tw/chinese/95/1.doc

陳瑜芬與劉家樺（2011）。**創新管理**。臺中：滄海。

陳瑞相（2005）。**桃園縣公立國民小學教育人員對學校行銷策略認知及運作之研究**（未出版碩士論文）。國立臺北教育大學，臺北。

陳顗如（2013）。**新北市三鶯區國民中學學校行銷策略之研究**（未出版之碩士論文）。國立臺灣師範大學，臺北。

陳麗惠（2005）。**學習社群應用於國小教師之行動研究**（未出版之碩士論文）。國立臺北教育大學，臺北。

彭煥勝與吳璟（2001）。e 世代教師的進修途徑──以行動研究建立親師合作的學習社群。**國教世紀**，196，73-78。

馮丰儀（2007）。校長領導如何協助教師專業發展。**教育月刊**，153，71-80。

黃三吉（2007）。**臺北市優質學校之理念、指標建構與運用**。臺灣中區優質學校經營研討會，國立臺中教育大學，臺中。

黃子玲（2005）。**學校行政人員對學校行銷理念與策略認知及運作之研究──以新竹縣市國民中學為例**（未出版之碩士論文）。國立臺灣師範大學，臺北。

黃月純與王如哲（2013）。臺灣、韓國國際教育之展望。**教育研究月刊**，230，121-135。

黃秀莉（2008）。**對話學習社群的理論建構與實施——以閱讀理解為例**（未出版之博士論文）。國立花蓮師範學院，花蓮。

黃政傑（2015）。**教師專業學習社群的特質與推動策略**。取自 https://teachernet.moe.edu.tw/BLOG/Article/ArticleDetail.aspx?proid=24&aid=109

黃秋鑾（2008）。**臺灣地區國民中學校長知識領導、學習社群與學校創新經營效能關係之研究**（未出版之博士論文）。國立臺北教育大學，臺北。

黃強倪（2002）。**企業水平競合分析模式之發展與運用——以大型購物中心為例**（未出版碩士論文）。國立成功大學，臺南。

黃捷（2016）。**全球文化素養調查北歐包辦前 5 名**。取自 https://anntw.com/articles/20160321-PBgy

黃琬婷（2003）。**國民小學校長倫理取向與教師工作滿意之相關研究**（未出版碩士論文）。輔仁大學，臺北。

黃義良（2005）。國中小學校行銷指標與運作。**師大學報：教育類**，50(2)，139-158。

黃義良與丁學勤（2013）。學校行銷研究之發展分析：EBSCO 期刊資料庫論文的探索。**臺中教育大學學報：教育類**，27(2)，105-124。

黃裕美譯（1999）。Samuel P. Huntington 著。**文明衝突與世界秩序的重建**（五刷）。臺北：聯經。

黃聯海與張舫禋（2007）。**Kano 模式分析於教育品質需求之探討**。中華民國品質學會第 43 屆年會暨第 13 屆全國品質管理研討會，國立新竹教育大學、中華民國品質學會，新竹。

楊振昇和王如哲等合著（1999）。**教育行政**。高雄：麗文文化公司。

楊深耕（2001a）。塑造學習社群的學校。**社教雙月刊**，104，28-34。

楊深耕（2001b）。學校成為「學習社群」的發展途徑。**師友**，407，40-43。

葉兆祺（2007）。策略行銷研究——國小在地遊學活動之實證分析。**管理科學與統計決策**，4(3)，73-88。

靳希斌（2001）。WTO **環境下的教育競爭和校長職業化研修簡報四**。取自 http//ft&ww.chinamanagers.com/departnent/trming/peism/jianbaoe-4.shtml

廖文靜（2013）。中小學國際教育之探討。**教育研究月刊**，230，41-54。

劉明盛（2008）。應用 Kano 模式探討大學教育品質——以某科技大學為案例。**品質學報**，15(1)，39-61。

劉暉與湯建靜（2016）。高等教育品質保障政策研究進展綜述，**教育行政論壇**，8(1)，68-80。

劉靜宜（2013）。美國加州大學海外學習計畫模式及其啟示。**教育資料集刊**，60，61-92。

歐用生（1999）。新學校的建立一九年一貫課程的展望。**國民教育雙月刊**，39，6，頁數不詳。

潘佑廷（2012）。**從網路虛擬物種「活死人」論社會正義**（未出版碩士論文）。南華大學，嘉義。

潘慧玲（2003）。**教育研究的取徑：概念與應用**。臺北：高等教育。

蔡秀華（2009）。**學校自製影片之教育行銷功能探究——以臺北市健康國小為例**（未出版之碩士論文）。國立臺北教育大學，臺北。

蔡金田（2011）。一所國小校長在學校行銷的實踐探究。**嘉大教育研究學刊**，27，29-54。

蔡金田（2013）。校長在校園學習社群的認知與實踐探究——八所國小校長的經驗。**教育學術彙刊**，5，59-82。

蔡進雄（2003）學校領導的新思維：建立教師學習社群。**技術與職業教育雙月刊**，78，42-46。

蔡進雄（2006）。從學習社群的觀點論校長專業發展。**研習資訊**，23(4)，

129-136。

蔡進雄（2009）。學校經營的新典範：論教師學習社群的建立與發展。**教育研究月刊**，188，48-59。

蔡靜儀（2013b）。**英國中小學教育國際化研究**。中小學國際教育國際研討會——理論與實踐的對話，國立中正大學，嘉義。

鄧進權（2007）。發展校務評鑑系統以確保學校教育品質。**教育研究月刊**，160，53-66。

鄭以萱（2013）。以非政府組織支援的海外服務學習培育國際化人才。**教育資料與研究**，110，27-48。

鄭彩鳳與吳慧君（2009）。國小校長競值領導效能評估、360 度回饋態度與型為改變意圖關係之研究。**教育政策論壇**，12(2)，177-217。

駱奕穎（2011）。**國民小學校長知識領導、教師學習社群與創新教學效能關係之研究**（未出版之博士論文）。國立臺北教育大學，臺北。

龍應台（2000）。**本土化與國際化是對立嗎?臺灣文化的危機**。第六屆亞太地區教育與文化國際學術研討會，臺北。

優質教育基金會（2009）。**傑出學校獎勵計劃**。取自 http://qef.org.hk/big5/outstand/main.htm

薛玉綢（2011）。**國民小學實施教師專業學習社群功能、困境與改進策略之研究**（未出版之碩士論文）。國立屏東教育大學，屏東。

謝文全（2002）。**學校行政**。臺北：五南圖書。

簡良平（2009）。偏遠國小學校課程實踐脈絡分析：教育促成社會正義之觀點。**初等教育學刊**，34，1-24。

顏肇廷、曾冠堯與高三福（2008）。運動團隊家長式領導研究之探討。**中華體育季刊**，22(4)，96-102。

羅紅（2001）。WTO 環境下的教育競爭和校長職業化研修簡報。取自 http//www.chinamanagers.com/department/training/pe isa n/ji anbaoe I.shtml

蘇芊遐（2007）。**國民小學校長決策風格與倫理決定之相關研究**（未出版碩

士論文）。國立臺南大學，臺南。

龔素丹（2009）。**國民小學校長權力運用、教師專業權能與學校教育品質關係之研究**（未出版博士論文）。國立臺北教育大學，臺北。

Aaker, D. A. (1991). *Managing brand equity*. NY: Free Press.

Aaker, D. A. (1996). *Building strong brands*. NY: Free Press.

Aaker, D. A., & Joachimsthaler, E. (2000). *Branding leadership*. New York: The Free Press.

Adams, D. (1993). *Defining educational quality*. US: Improving Educational Quality Project

Aditya, R., & House, R. J. (2002). Interpersonal acumen and leadership across cultures: Pointers from the GLOBE study. In R. E. Riggio, & S. E. Murphy (Eds.), *Multiple intelligences and leadership* (pp. 215-240). Mahwah, NJ: Erlbaum.

Alexander, K. L., Entwisle, D. R., & Olsen, L. S. (2001). Schools, achievement, and inequality: A seasonal perspective. *Educational Evaluation and Policy Analysis, 23*(2), 171-191.

Alinsky, S.D. (1971). *Rules for radicals: A practical primer for realistic radicals*. New York: Random House.

American Association of School Administrators (2001). *The school Leadership Challenge. Strategies-for school system leaders on district-level change*. Retrieved from http://www.aasa.org/publications/strategies/index.htm

Anafo, P. (2014). Marketing strategies for information services: A case studyof the institute of chartered accountants (Ghana)library and information services. *Library Philosophy and Practice (e-journal), 1033*, 1-24.

Apple, M. (2001). Comparing neo-liberal projects and inequality in education. *Comparative Education, 37*(4), 409-423.

Apple, M. (2002). Patriotism, pedagogy, and freedom: On the educational meanings of September11[th]. *The Teachers College Record, 104*(8), 1760-1772.

Arizona Character Education Foundation (2006). *Making ethical decisions.* Retrieved from http://www.azcharacteredfoundation.org/ethical/html

Arnold, F. S. (2012). *From teacher education to student progress: Teacher quality since NCLB, teacher quality 2.0. Special report1.* Retrieved from https://www.thefreelibrary.com/From+teacher+education+to+student+progress%3A+teacher+quality+since...-a0305839273

Atwater, A., & Waldman, D. (1998). 360 degree feedback and leadership development. *Leadership Quarterly, 9,* 423-426.

Australian National Training Authority (2003). *What are the conditions for and characteristics of effective online learning communities?* Retrieved from http://flexiblelearning.net.au/guides/

Bagley, C. (2006). School choice and competition: A public-market in education revisited. *Oxford Review of Education, 32*(3), 347-362.

Baiju, K.N. & Meera, B. (2010). *Teacher-Pedagogy Approach for Sustainable Proficiency.* Retrieved from http://www.eric.ed.gov/ERICDocs/data/ericdocs2sql/content_storage_01/0000019b/80/46/5e/cf.pdf

Baker E., Homan S., Schonhoff, R., & Kreuter, M. (1999). Principles of practice for academic/practice/community researchpartnerships. *American Journal of Preventive Medicine, 16* (3 Supply), 86-93.

Banjamin, S. (2007). *The quality rubric: A systematic approach for implementing quality rubric: A systematic approach for implementing quality principles and tools in classrooms and schools.* Milwaukee, Wisconsin: American Society for Quality.

Barrett, A. & Beeson, J. (2002). *Developing business leaders for 2010.* NY: The Cofference Board.

Barth, R. S. (1990). *Improving schools from within: Teachers,parents,and principals can make the difference.* San Francisco: Jossey-Bass.

Bassett, M. (1999). *How we make ethical decisions.* Retrieved from:http://www.realtor.org/rmomag.nsf/pages/ethicsnov1999

Beck, L. G. & Murphy, J. (1996). T*he four imperatives of a successful school.* Thousand Oaks, CA, Corwin Press.

Beech, D. (2002). *Shaping leaders for the fouture.* Retrieved from http://www.ashridge.org.uk

Berry, L. L. (2000). Cultivating service brand equity. *Academy of Marketing Science Journal, 28*(1), 128-137.

Beteile, T., Kalogrides, D., & Loeb, S. (2009). Effective schools: Managing the recruitment, and retention of higher-quality teachers. *CALDER Working Paper, 37,* 1-32.

Bishop, R., & Glynn, T. (1999). *Culture counts: Changing power relations in education.* Palmerston North, New Zealand: Dunmore.

Black, J. S. & Gregersen, H. B. (1999). The right way to manage expats. Harvard *Business Review, 77*(2), 52-59.

Blanke, V. (1993). *Organization theory. Columbus.* OH: The Ohio State University.

Block C., & Tulasiewicz, W.(1994). *Education in a single Europe.* London: Cassell.

Bogatz, G. (2008a). *Relationship building through telesales.* Retrieved from http://www.marketingworks.com/pdfs/Relationship_Bldg_WP.pdf.

Bogatz, G. (2008b). *Edu-marketing: A full service approach to school marketing.* Retrieved from http://www.marketingworks.com/pdfs/Edu-Marketing_ WP.pdf

Bogdan, R. C. & Biklen, S. (1998). *Qualitative Research for Education: An Introduction to Theory and Methods.* Needham Heights, MA; Allyn &

Bacon.

Bowes, J. (2002). *Building online community for professional networks*. Retrieved from http://www.educationau.edu.au/globalsummit/papers/jbowes.htm

Boyd, J., Grossman, P.L., Ing, M., Lankford, H., Lobe, S. & Wyckoff, J. H. (2009). *The influence of school administrators on teachers retention decisions* (CALDER Working Paper 25). Washington, DC: The Urban Institute.

Branch, G. H., & Rivekin, E. (2009). *Estimating practice effectiveness.*Retrieved from:http://www.caldercenter.org/publications.cfm#2009

Branch, H., Gregory, F., Eric, A. Hanushek, E., & Steven, G. R. (2008). *Principal turnover and effectiveness*. Paper presented at American Economic Association Meeting, American Economic Association, US.

Brewer, j. & Dominic, D. (1993). Principal and student outcomes: Evidence from U.S. HIGH SCHOOL. *Economic and education Review, 12*(4), 281-292.

Broome, G. H. & Hughes, R.L. (2004). Leadership development: Past,present, and future. *HumanResource Planning, 27*, 24-32.

Brown, R. (2010)*Comparability of degree standards?* Retrieved from: http://www.hepi.ac.uk/455-1838/Comparability-of-degree-standards.html.

Bruce. A. H. (2002). *Ethical decision-making quick test*. Retrieved from: http://www.refresher.com/!bahquicktest.html

Bunker, V. J. (2008). *Professional learning communities, teacher cololaboration, and student achievement in an era of standards based reform* (Unpublished doctoral dissertation). Lewis and Clark College, Oregan.

Canadian Bureau for International Education, CBIE (2013). *About IE*. Retrieved from: http://www.cbie-bcei.ca/about-ie/

Carroll, A. B. (1994). Social issues in management research: Experts' views, analysis and commentary. *Business & Society, 33*,5-29.

Chapman, D. W. & Carrier, C. A. (1990), *Improvement educational quality: A*

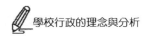

global perspective, New York: Greenwood Press.

Chapman, J., & Boyd, W. L. (1986). Decentralization, development, and the school principal: Australian lessons on statewide education reform. *Educational Administration Quarterly, 22*(4), 28-58.

Chappelow, C. T. (2004). 360 degree feedback. In C. D. McCauley, & E.Van Velsor,(Eds.)*Handbook of leadership development* (3rded)(pp.58-84). San Francisco: Jossey-Bass.

Chernatony, L. D., & McWilliam G. (1989). Branding terminology the real debate. *Marketing Intelligence and Planning, 7*(7/8), 29-32.

Clark, B. D. & Matze, M. G. (1999). A core of global leadership: Relational competence. *Advances in Global Leadership, 1*, 127-161.

Clark, D. L. & Astuto, T. A. (1994)Redirecting reform: Challenges to popular assumptions about teachers and students. *Phi Delta Kappan, 75*, 512-520.

Coalition for Community Schools. (2009). *Turning the curve on high school dropouts*.Retrieved from http://www.communityschools.org

Cohen, W. A. (2006). *The Marketing pla*n. Hoboken, NJ: J. Wiley & Sons.

Colclough, C., Rose, P., & Tembon, M. (2000). Gende inequalities in primary schooling the roles of poverty and adverse cultural practice. *International Journal of Educational Development, 20*, 5-27.

Conrad, C. F., Haworth, J.G., & Millar, S. B. (2001). A positioned subject approach to inquiry. In C. F. Conrad, J.G. Haworth, L. R. Lattuca (Eds.)*Qualitative research in higher education: Expanding perspectives*. Boston: Pearson Custom Publishing.

Covington, M. V. (2005). *Handbook of competence and motivation*. NY: The Guilford Press.

Creemers, B. P. M. (1994). *The effective classroom*. London: Cassell

Crow, G. W., Hausman, C. S., & Scribner, J. P. (2002). Reshaping the role of the schoolprincipal. In J. Murphy (Ed.), *The educational challenge: Redefining leadership for the 21st century* (pp. 189-210). Chicago: University of Chicago Press.

Crowan, D. F. (2010). The professional teaching and learning cycle. In K. K. Hipp & J. B.Huffman (Eds.), *Demystifying professional learning communities: School leadership at its best* (pp. 57- 68). Lanham, MD: Rowman & Littlefield Education.

Crowson, R. L. (1993). Qualitative research methods in higher education. In C. Conrad, A.Neumann, J.G. Haworth, & P. Scott(Eds.), *Qualitative research in higher education: Experiencing alternative perspectives and approaches* (pp. 167-208). Needham Heights, MA: Ginn Press

Cuieford,J.P. (1965).*Fundamental statistics in psychology and education*(4thed.). NY: McGraw-Hill.

Cullen, J. B., & Michael J. M.(2007). *Implicit Performance Awards: An Empirical Analysis of the Labor Market for Public School Administrators.* Unpublished manuscript.

Dale, R. & Robertson, S. (2002). They varying effects on national policy: a focus of the mechanisms. *Journal of Education Policy, 14*(1). 1-17.

Deal, T. E., & Peterson, K. D. (1994). *The leadership paradox: Balancing logic and artistry in school.* SanFrancisco: Jossey-Bass.

Den Hartog, D.N., House, R.J., Hanges, P.J., Ruiz-Quintanilla, S.A., Dorfman, P.W., & other Globe Country Investigators. (1999). Culture specific and cross-culturally generalizable implicit leadership theories: Are attributes of charismatic/transformational leadership universally endorsed? *Leadership Quarterly, 10*, 219-256.

DfEE. (1992). *Choice and Multiple: The School Framework.* England: Department

for Education and Employment.

Dotlich, D. L., & Noel, J. L. (1998). A*ctioning learning: How the woed's top companies are re-creating their leaders and themselves*. San Francisco: Jossey-Bass.

DuFour, R., Eaker, R., & Dufour, R. (2005). Recurring themes of professional learning communities and the assumptions they challenge. In R. DuFour, R. Eaker, &R.,Dufour (Eds.), *On common ground: The power of professional learning communities*(pp. 7-30). Bloomington, IN: National Educational Services.

Dunn, G., Everitt, B., & Pickles, A. (1993). *Modeling covariances and latent variables using EQS.London*. UK: Chapman & Hall.

Eberts, D., Randall, W. & Joe, A. S. (1988). Student achievement in public schools: Do principals make a difference? *Economic and education Review, 7*(3), 291-299.

Edomonds, R. R. (1997). Effective school for the urban poor. *Educational Leadership, 37*, 15-27.

Elizabeth, W. (2009). The influence of learning communities on the interaction leaves of developmental English student. *Inquire, 14*(1), 55-67.

Elmore, R. (2000). *Building a new structure for school leadership*. Washington, DC: The Albert Shanker Institute.

Filed, M. (2006). *Leadership of the future*. Retrieved from ttp://www.leadership 501.com/leadership-of-the-future/19/

Filzerald, R. J. (2005). *Smart teaching: Using brain research and data to continuously improve learning*. Milwaukee, Wisconsin: American Society for Quality.

Fornell, C., & Larcker, D. F. (1981). Evaluating structural equation models with unobservable and measurement error. *Journal of Marketing Research,*

1(18), 39-50.

Foskett, N. (2002). Marketing. In T. Bush & L. Bell (Eds.), *The principle sand practice of educational management* (pp. 241-257). London: Paul Chapman.

Fraser, J. （2014）.*Bashkortostan: Smart school work for the future*. Retrieve from http://unesdoc.unesco.org/images/0023/002303/230362E.pdf

Frick, T. (2012). *Dimensions of educational quality*. Retrieved from http://educology.indiana.edu/Frick/Dimensions%20of%20Educational%20Quality.pdf

Frick, T., Chadhd, R., Watson, R., & Zlatkovska, E. (2010). Improving course evaluations to improne instruction and complex learning in high education. E*ducational Technology Research and Development, 58*(2), 115-136.

Friedman, T. L. (2005). *The world is flat: A brief history of the twenty-first century*. US: Picador.

Fullan, M. (2003). *The hope for leadership in the future*. Toronto: Toronto University Press.

Gates, B. (1999). *Business@ The Speed of Thought: Using A Digital Nervous System*. New York: Warner Book, Inc.

Gerstl-Pepin, C. (2001). *Administrative licensure and social justice in Georgia*. Paper presented at the American Educational Research Association annual meeting, Seattle, American Educational Research Association, WA.

Ghiselli, E. E., Campbell, J. P., & Zedeck, S. (1981). *Measurement theory for the behavioral science. San Francisco*. CA: Freeman & Company.

Gibbs, G. (2010). *The assessment of group work: lessons from the literature*. Retrieved from http://www.brookes.ac.uk/aske/documents/Brookes%20

groupwork%20Gibbs%20Dec%2009.pdf.

Giddens, A. (1994). *Beyond Left and Right: The Future of Radical Politic*s. Cambridge: Polity Press.

Gmelch, W. H., & Gates G. (1998). The impact of personal, professional and organizational characteristics on administrator burnout. *Journal of Educational Administration, 36*(2), 146-159.

Goldsmith, M. (2005a). *The global leader of the future: New competencies for a new era.* Retrieved from http://www.leader-values.com/Content/detail. asp?ContentDetailID=937

Goldsmith, M. (2005b). *Building Partnerships.* Retrieved from http://www. marshallgoldsmith.com.

Goldsmith, M.（2005). *The global leader of the future: New competencies for a new era.* Retrieved from http://www.leader-values.com/Content/detail. asp?ContentDetailID=937

Gordon, S. P. (2004). *Professional development for school improvement.* Boston: Pearson Education.

Grace, G. (1995). *School leadership: Beyond education management.* London: Falmer.

Green, A. (1997). *Education, Globalization and the National Stat*e. London: Macmillan Press.

Greenfield, W. D. (1993). Articulating values and ethics in administrator prepar-ation. In Colleen A. Capper (Ed.), *Educational administration in a pluralistic society*(pp.267-287). Albany, NY: SUNY.

Green-Hennessy, S. & Reis, H. T. (1998). Openness in processing socialinform-ation among attachment types.*Personal Relationships, 5*(4), 449-466.

Grossman, P. L., Wineburg, S., & Woolworth, S. (2000). What makes teacher community different from a gathering of teachers? *Center for the Study of Teaching and Policy*, 5- 56.

Grozdanic, R., & Weatherley, R. (2001). *Designing for a viable online professional development community*. Retrieved from http://flexiblelearning.net.au/nw2001/01_attending/program/tuesday.htm

Grzybowski, M. (2013). Educational technologies in South Korea. *General and Professional Education, 1*, 3-9.

Hair, J. F., Jr., Anderson, R. E., Tatham, R. L., & Black, W. C. (1998). *Multivariate data analysis with readings(5thed.)*. Englewood Cliffs,NJ: Prentice Hall.

Hallinger, P. (2011). Leadership for learning: Lessons from 40 years of empirical research. *Journal of Educational Administration, 49*(2), 125-142.

Hallinger, P. (2001). *School leadership development: sate of the art at the turn of the century*. Paper presented at the International conference on school leader preparation, licensure/Certification, selection, evaluation, and professional development, National Taipei Teachers College, Taipei.

Hammer, M. (2002). *The getting and keeping of wisdom: Intel-generational knowedge transfer in a changing public service*. Retrieve from http://www.psc-cfp.gc.ca/research/knowedge/wisdom_e.pdf

Hampton, J.A. (1993). Prototype models of concept representation. In I.van Mechelen, J. A. Hampton, R.S. Michalski, & P. Theuns (Eds.), *Categories and concepts: Theoretical views and inductive data analysis*(pp. 67-95). London: Academic Press.

Hanson, E. M. (1996). *Educational administration and organizational behavior*. Boston: Allyn & Bacon.

Hanson, W. (2002). Making ethical decisions booklet-from the Josephson Institute of Ethics. Retrieved from http://www.josephsoninstitute.org/MED/MED-intro+toc.htm

Harman, W. (1990). From global mind change: The new age revolution in the way we think. New York: Werner

Hattie, J. (2009). *Visible learning: A synthesis of over 800 meta-analyses relating to achievement*. New York, NY: Routledge.

Heist (2004). *Pitching to win*. Retrieved from http//www.heist.co.uk/corporate. identity/pitchingtowin.cfm?a=a

Hopkins, W. E. & Hopkins, S. A. (1998). Diversity leadership: A mandate for the21st century workforce.*Journal of Leadership Studies, 5*(3), 129-141.

Hord, S. (2004). Professional learning communities: An overview. In S. Hord (Ed.), *Learning together, leading together: Changing schools through professional learning communities*(pp.5-14). New York: Teachers College Press.

Howard County Public School System (2006). *Selecting a quality school*. Retrieved from http://www.howard. K12.md.us/schools/quality.html

Hoy, W. K. & Miskel, C. G. (2007). *Educational Administration: Theory, Research, and Practice, 8th edn*. London: McGraw-Hill.

Hoy. C., Bayne-Jardin, C., & Wood, M. (2000). *Improving quality in education*. New York: Garland Inc.

Hulley, W. & Dier, L. (2005). *Harbor of hope: The planning for school and students success process*. Milwaukee, Wisconsin: American Society for Quality.

ICT IRELAND (n. d.). *Smart school= Smart economy*. Retrieved from https:// www.into.ie/ROI/Publications/OtherPublications/OtherPublicationsDow nloads/SmartSchools=SmartEconomy.pdf

Irene, W. & Cathleen X. (2002). *Decision-making procedures and ethics rules: The practical enablers of integrity and impartiality in telecommunic-ation regulation*. New York: Federal Communications Commission

International 123 Bureau press.

Jackson, D., & Temperley, J. (2006). From professional learning community to networked learning community. *International Congress for School Effectiveness and Improvement (ICSEI)Conference*, 1-24.

Jessop, T. & El-Hakim, Y. (2010)Evaluating and improving the learning environments created by assessment at program me level: Theory and methodology. *European Association for Research into Learning and Instruction Assessment.Conference*, University of Northumbria.

Jonathan, S., Philip, S., & Henry, M. (2010). How principals and peers influence teaching andlearning. *Educational Administration Quarterly, 46*(1), 31-56.

Jones, L., Stall, G., & Yarbrough, D. (2013). The importance of professional learning communities for school improvement. *Creative Education, 4*, 357-361.

Joplin, J. R. W. & Daus, C. S. (1997). Challenges of leading a diverse workforce. *The Academy of Management Executive, 11*(3), 32-48.

Joreskog, K. G., & Sorbom, D. (1989). *LISREL 7: A guide to the program and application* (2nd ed.). Chicago: SPSS Inc.

Juha Vaso, K.T. (2007). *The baldrige criteria for educational institutions*. Milwaukee, Wisconsin: American Society for Quality.

Kahn, H. (1998). *Chossing a perspective on the future*. Retrieved from http://www.ulteich.com/links/kahn.htm.

Karmen,. R., Roberto, B,. & Silva, B. (2013). Institutional quality of a higher education institution from the perspective of employers. *A Review of Science, Learning and Police, 51*, 71-92.

Kaye G, Wolff T. (2002). *From the ground up: A workbook on coalition building and community development*. US: Amherst: AHEC/Community Partners,

Inc.

Keller, K. L. (2001). Building customer-based brand equity. *Marketing Manage-ment, 10*(2), 14-19.

Kondo, Y. (2001). Customer satisfaction: How can I measure it? *Total Quality Management and Business Excellence, 12*(7), 867-872.

Korac-Kakabadse, N., Korac-Kakabadse, A., & Kouzmin, A. (2001). Leadership renewal:Towards the philosophy of wisdom. *International Review of AdministrativeSciences, 67*, 207-227.

Kotler, P. & Levy, S. J. (1969).Broadening the concept of marketing. *Journal of Marketing, 33*,10-15.

Kotler, P., & Armstrong, G., (2005). *Principles of marketing* (11[th]ed.). New Jersey: Prentice Hall.

Kotler, P., & Fox, K. F. A. (1995). *Strategic marketing for educational institution* (2nd ed.). Englewood Cliffs, New Jersey: Prentice-Hall.

Kraft, N. (2006). *Advertising agencies and higher education.* Retrieved from http://www.zenwrites.com/blog/?m=200607

Kraft, N. (2007a). *Integrated Marketing communications: Barriers in institutions of higher education.* Retrieved from http://www.zenwrites.com/blog/?m=200711

Kraft, N. (2007b). *Integrated marketing communications: Marketing as storytelling.* Retrieved from http://www.zenwrites.com/blog/?m=200712

Kraft, N. (2008). *Marketing plans for institutions of higher education.* Retrieved from http://www.zenwrites.com/blog/?m=200802

Kruse, S. D., Louis, K. S., & Bryk, A. (1995). An emerging framework for analyzing school-based professional community: In K. S. Louis & S. D. Kruse (Eds.), *Professionalism and Community: Perspectives on Reforming Urban Schools* (pp. 23-42). Thousand Oaks, CA: Corwin.

Lam, Y. L., Jack (2001). *Balancing Changes and Stability: Implications for ProfessionalPreparation and Development of Hong Kong Principals.* Paperpresented at the International conference on school leader preparation, Licensure/ Certification, selection, evaluation, and professional development, National Taipei Eduation College, Taipei.

Lancer, J. R. (2015). The meaning of quality professional learning for school improvement articulating a coherent vision rooted in a theoretical perspective on learning. *School Effectiveness and School Improvement, 26*(4), 639-667.

Leithwood, K., Patten, K. S., & Jantzi, D. (2010). Testing a conception of how school leadership influences student learning. *Educational Administration Quarterly, 46*(5), 671-706.

Leo, E. L., & Barton, L. (2006). Inclusion, diversity and leadership: Perspectives, possibilities andcontradictions. *Educational Management, Administration and Leadership, 34*, 167-176.

London, M., & Beatty, R. W. (1993). 360 degree feedback as a competitive advantage. *Human Resource Magagement, 32,* 353-372.

Luo, M., & Childress, M. (2009). *Data-driven decision making: The development andvalidation of an instrument to measure principals' practices.* Retrieved frpm from http://www.academicleandership.org/emprical_research/566. shtml

MacKinnon, D. (2000). Equity, leadership, and schooling. *Exceptionality Education Canada, 10*(1 & 2), 5-21.

Malcolm Baldrige National Quality Award (2004). *2004 Award winner: The Bama Companies, Inc.* Retrieved from http://www.nist.gov/public_affairs/ BamaPDFfinal.pdf

Mamp, B. (2004). *Association leadership for the future.* Retrieved from http://

enews.sentientinc.com/CSAE/issues/48/198.cfa?[ID]

Manning, T.T. (2001). *Love and work revisited: Attachment style, work attitudes and transformational leadership*. Presentation at the Annual Meeting of the Society for Personality and Social Psychology, San Antonio, TX.

Marshall, C. (2004). Social justice challenges to educational administration: Introduction to a special issue. *Educational Administration Quarterly, 40*, 3-13.

Marshall, C., & Oliva, M. (2010). *Leadership for social justice: Making revolutions in education* (2nd ed.). New York: Allyn & Bacon.

Marsick, V. J. (2002). E*xploring the meaning of action learning and ARL*. Retrieved from http://www.milinstitute.se/pub/arkiv/mil_arl.pdf

Martin-Kniep. (2004). *Developing learning communities through teacher expertise*. ThousandOsks, CA: Corwin.

Maxwell, J.A. (1998). Designing a qualitative study. In L. Bickman & D.J. Rog (Eds.), *Handbook of applied social research methods* (pp. 69-100)Thousand Oaks, CA: Sage.

McAuley, A., Stewart, B., Siemens, G., & Cormier, D. V. (2017). *The MOOC Model for digital practice*. Retrieved from http://www.elearnspace.org/Articles/MOOC_Final. pdf

McBride, S. R., & McKee, W. (2001). *Over-representation of Aboriginal children reported with behavior disorders*. Retrieved from: http://www.bced.gov.bc.ca/abed/abed_over.pdf

McKenzie, K. B., & Scheurich, J. J. (2004). Equity traps: A useful construct to preparing principals to lead schools that are successful with racially diverse students. *Educational Administration Quarterly, 40*, 601-632.

McLaren, P. L. (1985). The ritual dimensions of resistance: clowning and symbolic inversion. *Journal of Education, 167* (2), 84-97.

Measuring the Information Society (2012). *Committed to connecting the world.* Retrieved from http://www.itu.int/dms_pub/itu-d/opb/ind/dD-IND-ICTOI-2012-SUM-PDF-R.pdf

Michael, U, Barbara, McC & Mary, P. (2000). Tommorow's Principal. School leadership for the 21st Century Initiative.Retrieved from http://s199986426.onlinehome.us/publications/21st-century-school-leadership.html

Miller, W. C. & Miller, D. R. (2006).*Wisdom leadership: Exploring its relation to spirituality.* Retrieved from http://www.icvet.tafensw.edu.au/resources/life bsaedlearning.htm

Mortimore, P. (1998). *The road to improvement: Reflections on school effectiveness.* Abingdon, U.K.: Swets Zeitlinger Publishers.

Morze, N. V. & Glazunova, O.G. (2017). *What should be E-learning course for smart education.* Retrieved from http://ceur-ws.org/Vol-1000/ICTERI-2013-p-411-423-MRDL.pdf

National College for School Leadership (2001). *NCSL Leadership development.* Retrievw from http: //www.ncsl.org.uk/index.cfm?pageID=1dev-index.

National College for School Leadership. (2006). *Network leadership in action: Sharing leadership.* Retrieved from http://www.ncsl.org.uk/nlc

National Council on Teacher Quality. (2009). *Best practice for teacher effectiveness.* Retrieved from: http://www.gatesfoundation.org/united-states/Documents/ best-practices-teach-effectiveness.pdf

Navarro, J. R., & Gallardo, F. O. (2003). A model of strategic change: universities and dynamic capabilities. *Higher Education Policy, 16*, 199-212.

Neil, P., & Morgan, C. (2003). *Continuing professional development for teachers.* London:Taylor & Francis

New Leaders for New Schools (2009). *Principal effectiveness: A new principalship*

to drive student achievement, teacher effectiveness and school turnarounds. Retrieved from: http://www.newleaders.org/wp-content/uploads/2011/08/princpal_effectiveness_executive_summary_nlns.pdf

New Leaders for New Schools. (2009). *Principal effectiveness: A new principalship to drive student achievement, teacher effectiveness and school turnarounds.* Retrieved from: http://www.newleaders.org/wp-content/uploads/2011/08/princpal_effectiveness_executive_summary_nlns.pdf

Nieto, S. (1999). *The light in their eyes.* New York: Teachers College Press.

Norhasni, N.Z. (2009). Review the implementation of the smart svhools and the training of bestari teachers in Malaysia. *The Journal of International Social Research, 2*(6), 567-574.

Oakes, J., Quartz, K.H., Ryan, S., Lipton, M. (2000). Becoming good American schools. *PhiDelta Kappan, 81*(8), 568-576.

Ohlott, P. J. (2004). JOB assignments. In C. D.McCauley, & E. VanVelsor (Eds.). *The Center for handbook of leadership development* (2nd ed.)(pp.151-182). San Francisco, CA: Jossey-Bass.

Oliva, M., & Menchaca, V. (2001). *Texas educator sertiflcation and social justice.* Paper presented at the American Educational ResearchAssociation annual meeting, American Educational ResearchAssociation, Seattle, WA.

Oplatka, I. (2002). The emergence of educational marketing: Lessons from the experiences of Israeli principals. *Comparative Education Review, 46*(2), 211-233.

Organization for Economic Co-operation and Development, OECD. (2005). *Forum on Education and Social Cohesion, Dublin,* Retrieved from http://www.math.org.cn/forums/index.php?showtopic=38690-25k

Organization for Economic Co-operation and Development, OECD. (2016). *Global competency for an inclusive world.*Retrieved from: http://www. oecd.org/pisa/aboutpisa/Global-competency-for-an-inclusive-world.pdf

Orr, M. T. (2001). *Transforming or running aground: Principals in systemic education reform*. Paper presented at the annual meeting of the American Research Dissertation, The American Anthropological Association, Seattle, Washington.

Palmer, P. (2000). *Let your life speak: Listening for the voice of vocation.* San Francisco, CA:Jossey-Bass.

Palus, C. J., & Horth, D. M. (2004). Exploration for development. In C. D. McCauley, & E. VanVelsor, (Eds.). *The center for creative leadership handbook of leadership development* (2nded)(pp. 438-464). San Francisco, CA: Jossey-Bass.

Patton, M. Q. (2001). *Qualitative evaluation & research methods* (3 Eds). Thousand Oaks, London: International Educational and Professional Publisher.

Phelps, B. (2001). *Resources for leadership.* Retrieved from http://www.33 richmondscouts.org/WBI/Index/24.%20Resources%20For%20Leadership.pdf

Porter, M. E. (1990). *The competitive advantage of nations.* NY: Free Press.

Privanka, P., Sangeeta, G., & Venkatesh, S. (2009). Community participation in public schools: Inpact of information campaigns in three Indian states. *Education Economics, 17*(3), 355-375.

Publishers.Stewart, T. (1997)*Intellectual Capital: The New Wealth of Organizations*. New York: Nicholas Brealey Publishing, Business Digest

Putnam, R. D. (2004). *Education, diversity, social cohesion and "Social Capital".* Paper presented at OECD Forum on Education and Social Cohesion,

Organisation for Economic Co-operation and Development, Dublin.

Ranchhod, A., & Kofkin, D. (2003). *Branding in higher education*. Retrieved from: http://albany.bizjournals.com/albany/stories/2003/10/27/focus5.html

Ranchhod, A., Gauzente, C., & Tinson, J. (2004). *Marketing strategies: A 21st century approach*. Harlow, England: FT/Prentice Hall.

Reimers, F. M. (2013). *Assessing Global Education: an Opportunity for the OECD*. Retrieved from https://www.oecd.org/pisa/pisaproducts/Global-Competency.pdf

Reynolds, D., Sammons, P., De Fraine, B., Van Damme, J., Townsend, T., & Teddlie, C. (2014). Educational effectiveness research (EER): A state-of-the-art review. *School Effectiveness and School Improvement, 25*(2), 197-230.

Reynolds, P. (1992). *School effectiveness*. London: Cassell.

Rhinesmith, S.H. (1992)Global Mindsets for Global Managers. *Training and Development, 46*, 63-69.

Riester, A. F., Pursch, V., & Skrla, L. (2002). Principals for social justice: Leaders of school success for children from low-income homes. *Journal of School Leadership, 12,* 281-304.

Roberts, S.M., & Pruitt, E. Z. (2003). *School as professional learning community: Collaborative activities and strategies for professional development*. London: Sage Publications.

Robertson, R. (1995). *Globalization: Time-Space and Homogeneity-Heterogeneity. In Global Modernities*. London: Sage Publication.

Rockoff, M. & Jonah, C. (2004). The impact of individual teachers: Evidences from panel data. *American Economic Review, 94*(2), 247-252.

Roscoe, A.M., Lang, D., & Sheth, J.N. (1975). Follow-up methods, questionnaire length, and market differences in mail surveys. *Journal of Marketing,*

39(2), 20-27.

Rost, J. C. (1993). *Leadership for the twenty-first century*. Westport, CT: Praeger Row.

Sallis, E. (1993). *Total quality management in education*. London: Kogon Page.

Santa Clara University (1989). *A framework for thinking ethically*. Retrieved from http://www.scu.edu/ethics/practicing/desision/framework.html

Scheurich, J. J. (1998). Highly successful and loving, public elementary schools populated mainly by low-ses children of color: Core beliefs and cultural characteristics. *Urban Education, 33*(4), 451-491.

Schussler, D. L. (2003). School as learning community: Unpacking the concept. *Journal of School Leadership, 13*, 498-528.

Scribner, J. P., Cockrell, K. S., Cockrell, D. H., & Valentine, J. W. (1999). Creating professional communities in schools throug organizational learning: An evaluation of a school improvement process. *Educational Administration Quarterly, 35*(1), 130-160.

Senge, P. (1994). *The fifth discipline fieldbook: Strategies and tools for building a learning organization*. New York: Doubleday.

Sergionvanni, T. J. (2002). *Leadership: What is in it for school?* New York: Routledge.

Sergionvanni, T. J. (2005). *The principalship: A reflective practice perspective*(5th ed.). Boston: Allyn & Bacon.

Sergiovanni, T. J. (1995). *The principalship: A reflective practice perspective* (3rd.). San Francisco, CA: Allyn and Bacon.

Sergiovanni, T. J. (1994). *Building community in schools*. San Francisco, CA: Jossey-Bass

Sergiovanni, T. J., & Green, R. L. (2015). *The principalship: A reflective practice perspective* (7th Ed.). Boston, MA: Pearson.

Shampeny, R. (2003). *Colleges turn attention to branding in competition for new students. The Business Review.* Retrieved from thttp://albany.bizjournals.com/albany/stories/2003/10/27/focus5.html

Shields, C. M., & Oberg, S. L. (2000). *Year-round schooling: Promises and pitfalls. Lanham.* MD: Scarecrow/Technomics.

Shields, C. M., Mazawi, A. E., & Bishop, R. (2002). *Overcoming deficit thinking: De-pathologizing the lived experiences of children. Symposium.* Paper Presented at the annual conference of the New Zealand Association for Research in Education,the New Zealand Association, Palmerston North.

Shoho, A. R., Merchant, B. M., & Lugg, C. A. (2005). Social justice: Seeking a common language. In F. English (Ed.), *The Sage handbook ofeducational leadership* (pp. 47-67). Thousand Oaks, CA: Sage.

Sisaye, S. (1990). *Structure analysis of competitive forces in higher education industry: a conceptual framework.* Paper presented to the 21[st]Annual Meeting of the Northeastern Educational Research Association, the Northeastern Educational Research Association, NY: Ellenville.

Speck, M. (1999). *The principalship: Building a learning community.* Upper Saddle River, NJ: Prentice Hall.

Spillane, J. P., & Seashore-Louis, K. (2002).School improvement processes and practices: Professional learning for building instructional capacity. Yearbook of the National Society for the Study of Education, 101, 83-104.

Spreitzer, G. M., McCall, M. W., & Mahoney, J. D. (1997). Early identification of international executive potential. *Journal of Applied Psychology, 82*(1), 629.

Stachowski, C. A. (2011).Educational marketing: A review and implications for supporting practice in tertiary education. *Educational Management*

Administration & Leadership, 39(2), 186-204.

Stamats (2007). Higher education marketing: *Strategy and Planning*. Retrieved from http://www.stamats.com/whatwedo/creativeservices/brandmarketing/strategyandplanning.asp

Starratt, R. J. (1994). *Building an ethical school: A practical response to the moral crisis in schools*. London: The Falmer Press.

Strauss, V. (2012). *How the war in teachers is changing the profession. Washington, DC: The Washington posts*. Retrieved from http://www.washingtonpost.com/blogs/answer-sheet/post/how-the-war-on0teachers-is-changing-the-profession/2012/01/27/glQAbKyLWQ_blog.html.

Sullivan, K. (2007). *School design and student learning in 21st century*. Retrieved from http://www.archfoundation.org/aaf/documents/report.designforlearning.pdf

Takato, Y., & Yuriko, K. (2013). *Improving the quality of basic education for the future youth of Yemen post Arab spring*. Retrieved from http://www.brookings.edu/~/media/research/files/papers/2013/1/education%20yemen%20yuki%20kameyama/01%20education%20yemen%20yuki%20kameyama.pdf

The Louisiana Association of Educators (2005). *What is aquality school?* Retrieved from http://www.lae.org/instructional/qualified/quality_schools.html

The William Glasser Institute (2006). *Quality school program*. Retrieved from http://www.wglasser.com/quality.html

Theoharis, G. T. (2004). *Toward a theory of social justice educational leadership*. Paper presented at the University Council of Educational Administration, the University Council of Educational Administration, Kansas City, MO.

Thomas, M. D., & Bainbridge, W. L. (2002). *Shiring the glory: Educational leadership in the future will emanate not from positions, but from knowedge, wisdom, the ability to persuade and a personal commitment to fairness and justice-education.* Retrieved from http://findarticles. com/p/practice/mi_moHUL/is_3_31/ai_82092508

Tikhomirov, N.V. (2012). *Global for atrategy for the devdlopment of smart-society.* Retrieved from http://smartmesi.blogspot.com/2012/03/smart-smart.html

Toole, J., & Louis, K. S. (2002). The role of professional learning communities in international education. In K. Leithwood & P.Hallinger (Eds.), *the seconder international handbook of educational leadership* (pp. 245-279). Dordrecht，Neth.: Kluwer.

Touchton, D. & Acker-Hocevar, M. (2001, November). *Using a lens of social justice to reframe principals' interviews from high poverty, low performing schools.* Paper presented at the Annual Meeting of the University Council for Educational Administration. the University Council for Educational Administration Cincinnati,OH.

Tracey, T. M. (2003). *Leadership across cultures: Attachment style influences.* Retrieved from http://www.allbusiness.com/human-resources/employss-development-leadership/547202-1.html

Tucker, P. D. & Stronge, J. H. (2005). *Linking teacher evaluation and student learning.* Virginia: Association for supervision and Curriculum Development.

Tung, J. (2012). Key success factor in implementing marketing strategies intourism industry. *Pakistan Journal of Statistics, 2*8(5), 645-651.

United Nations Education Scientific and Cultural Organization, UNESCO.(2005). *EFA global monitoring report 2005.* Paris: UNESCO.

United Nations Education Scientific and Cultural Organization, UNESCO (2001). *International Decade for a Culture of Peace and Non-Violence for the Children of the World 2001-2010.* Retrieved from http://www.un-documents.net/a56r5.htm.https://en.unesco.org/decade-rapprochement-cultures.

United Nations Education Scientific and Cultural Organization, UNESCO (2008). *Overcoming inequality: Why governance matters (EFA global monitoring report 200*9. Paris: Author.

United Nations Education Scientific and Cultural Organization, UNESCO(2013). *The International Year for the Rapprochement of Cultures 2013-2022.* Retrieved from https://en.unesco.org/decade-rapprochement-cultures

United Nations Education Scientific and Cultural Organization, UNESCO. (2015). *Incheon Declaration: Education 2030 framework for action.* Retrieved from http://unesdoc.unesco.org/images/0024/002456/245656E.pdf

United Nations Education Scientific and Cultural Organization, UNESCO (2009): *(DESD,2005-2014)Review of Contexts and Structures for Education for Sustainable Development 2009, Section for DESD Coordination.* France: Division for the Coordination of United Nations Priorities in Education

Ussem, J. & Elizabeth, M. (2003). *The retention and qualifications of new teacher in Philadelphia's high poverty middle schools:Athree-year cohort study.* Philadelphia, PA: Philadelphia Education Fund.

Vanblaere, B., & Devos, G. (2016). Relating school leadership to perceived professional learningcommunity characteristics: A multilevel analysis. *Teaching and Teacher Education, 57,* 26-38.

Velasquez, M., Andre C., & Meyer, J. M. (1996). *Thinking ethically: A framework for moral decision making.* Silicon, CA: Santa Clara University press.

Velasquez, M., Andre, C., & Meyer, J. M. (1987). *What is ethics? Silicon,* CA:

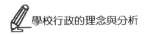

Santa Clara University press.

Waters, M. (1995). *Globalization*. London: Routledge.

Weick, K. E. (1976). Educational organizations as loosely coupled systems. *Administrative Science Quarterly, 21*, 1-19.

Wikipedia (2006). *Ethical decision*.Retrieved from http://en.Wikipedia.org/wiki/Ethical_decesion

Wilson, B. G., Ludwig-Hardman, S., Thornam, C. L., & Dunlap, J. C. (2004). Bounded community: Designing and facilitating learning communities in formal courses. *International Review of Research in Open and Distance Learning, 5*(3), 1-22.

Wittmer, D. P. (1994). Ethical decision making. In T. L. Copper(Ed). *Handbook of Administrative Ethics, 349-372.*. NY:Marcel Dekker, Inc.

Wordpress (2006). *How do I crate a brand marketing plan?* Retrieved from http://ubrander.wordpress.com/2006/08/31/how-do-i-create-a-brand-marketing-plan/

Youngs, P. & King, M. B. (2001). *Principal leadership for professional development to build school capacity in urban elementary schools.* Paper presented at the annual meeting of the American Research Dissertation,The American Anthropological Association, Seattle, Washington.

國家圖書館出版品預行編目(CIP) 資料

學校行政的理念與分析 / 蔡金田著. -- 初版. --
　　臺北市 : 元華文創, 民107.09
　　　面 ; 　公分

　　　ISBN 978-957-711-018-3(平裝)

　　1.學校行政

526　　　　　　　　　　　　　　107013405

學校行政的理念與分析

蔡金田　著

發 行 人：陳文鋒
出 版 者：元華文創股份有限公司
聯絡地址：100 臺北市中正區重慶南路二段 51 號 5 樓
電　　話：(02) 2351-1607
傳　　真：(02) 2351-1549
網　　址：www.eculture.com.tw
E-m a i l：service@eculture.com.tw
出版年月：2018（民 107）年 09 月 初版
定　　價：新臺幣 500 元

ISBN： 978-957-711-018-3(平裝)

總 經 銷：易可數位行銷股份有限公司
地　　址：231 新北市新店區寶橋路 235 巷 6 弄 3 號 5 樓
電　　話：(02) 8911-0825　　傳　　真：(02) 8911-0801